グローバルフロント東京

はじめに

東京は、その都市圏を含め先進諸国の中では類ない人口規模を有する大都市である。現在に至るまで、東京は第二次大戦以降の経済復興・経済大国へと成長する日本の首都として重要な役割を果たしてきた。中でも、東京都心部は多様性・効率性・正確性・安全性などの点で世界の中でも抜きんでて優れていることが、発展の原動力となってきた。

しかし、二一世紀を迎えた今、グローバル化、情報コミュニケーション技術（ＩＣＴ）化、ナレッジ・カルチャー（知識・文化）産業化が急速に進む社会の中で、都市に求められるものも高度化、多様化するなど大きく変化している。そうした状況の中で、世界を代表するいくつかの都市では、未来を見据えた動きをみせ始めている。

二〇一二年のオリンピック誘致に成功したロンドンでは、従来の市街地から東に拡がる地区への開発が進み、その開発軸の中で、オリンピック関連施設の整備がなされ、都心部の再生の原動力となっている。ニューヨークでは一九九〇年代以降の都市部の段階的な開発の動きが現在でも続いており、開発から取り残されてきたウエストサイドの再開発が活発に進められている。こうしたロンドンやニューヨークの都市開発は、従来の業務や産業中心の機能更新だけではなく、都心居住や文化・教育機能の新たな展開を図る複合的なものであるとともに、弱者・低所得者の取り込みや、ＢＩＤ（ビジネス・インプルーブメント・ディストリクト）などの柔軟な開発手法などの適用が特徴となっている。

さらに、かつて一九八〇年代にニューヨーク-ロンドン-東京という世界三極構造を形成する上での主導的要素であった国際金融業を軸として、新たに都市整備を積極化させている都市もある。その代表的な例は上海である。また、情報通信業をベースに成長著しいムンバイなども特徴的である。それぞれ中国、インドという今世紀後半に世界を先導していくであろう国家の中心都市であることもまた象徴的である。

こうした世界の多くの都市の元気な姿を見るにつけ、東京の現状についての不安は増すばかりである。ここ数年来に示されてきた東京のポジションはおおむね下落傾向にある。かつてトップを争ってきた都市間競争も最近ではトップテンに入れるのかどうかの議論にまでなり下がっている。

その背景にあるのは、東京が二一世紀における都市間競争において、都市の魅力の大きな要素となる国際的な側面や、芸術やライフスタイルなどの文化の熟成、さらには、新しい産業の創造という観点で、まだまだ世界の主要都市と比較して十分に優れているとは言いがたい状況にあるからである。

本書では、これからの東京が備えるべき機能や活動、特に東京が真の東アジアの拠点となると同時に世界の三極構造の一角として、今後、世界のフロントランナーとなるために必要不可欠な指針を提言したい。とりわけ、そこでの重点とされる対策はまぎれもなく東京都心部へ向けてのものである。

東京の指針を提示するにあたってのキーワードは、東京であるがゆえの魅力である。確かに、アジアにありながら欧米と同じ水準の都市運営と技術力を持った巨大都市である東京は、他の都市にはないユニークさを持ち合わせている。それは明らかに、この都市が有している魅力であり、それが世界の代表的な都市の一角に位置してきた理由でもある。しかし、二一世紀においてグローバル・フロントランナーとしての役割を担うのであれば、今までにない新たな魅力を創出しなければならない。

そのためには、第一に、誰のための魅力か、何のための魅力か、という点を明確にする必要があろう。そこで、ここでは、東京を訪れ、集い、学び、働き、滞在・居住するという幅広い人々にとっての魅力を対象とする。したがって、東京が備えるべきは、日本人、外国人を問わず、人々が東京を訪れたい、東京で集いたい、東京で学びたい、東京で働きたい、東京に滞在・居住したい、と思うような魅力である。第二に、こうした東京の魅力を考える上で、東京の強さ、弱さを世界の諸都市と比較して客観的に分析することが不可欠である。魅力とは、本来、主観的なものであることを踏まえれば、可能な限りの客観分析がなければならない。

序章では、市川宏雄が本書の分析枠組みを提示する。まず、一九八〇年代までの工業化の時代に培われてきた東京の都市空間の魅力を、多様性、効率性、正確・迅速性、安全・安心性といった四つのキーワードから整理する。その後で、グローバル化、ＩＣＴ（情報コミュニケーション技術）化、ナレッジ・カルチャー（知識・文化）産業化に代表される新しい時代に必要な魅力の要素を国際的な接触・融合、文化の成熟、産業の創造という新たな三つのキーワードから展開する。さらに、地震などの災害リスク、地球温暖化などの環境問題、高齢化の進展といった課題に解決策を提示することもまた、東京がグローバル・フロントランナーとなるために必須の課題であることも提示する。

第一章の「東京の磁力を高める　―磁場を創る―」では、六本木ヒルズに代表されるプロジェクトを通じて都心創造を実現してきた森稔が都市に磁場・磁力を発生させるための方策をヒルズ・シリーズを題材に具体的に論じる。

第二章の「東京のユニークな政策と力学　―対立と調整のあや―」では、東京都での行政経験を踏まえ、青山佾が東京の都市政策を歴史的に振り返りながら、時代ごとに浮かび上がった課題に対して、東京がいかに柔軟に、また、巧みに対応してきたかを論じる。

第三章の「知的創造都市・東京を目指して　―情報価値と文化機能―」では、福川伸次が、情報価値と文化の側面から魅力ある都市づくりの着眼点について論じる。

第四章の「東京生活を愉しむ　—豊富な生活スタイル—」では、栗山昌子が豊富な海外経験を通して、東京のライフスタイルの魅力と課題について論じる。

第五章の「東京のしたたかな経済力　—知らないうちにそっと—」では、黒川和美が、東京に関係する色々な立場の人々の様々な行動を通じて、人々が気がつかないうちにそっと経済・社会環境が変化していることを論じる。

終章では、序章での問題提起、第一章から第五章で提示された課題と処方箋を踏まえ、市川宏雄が「グローバル・フロントランナー東京の戦略」と題して、国際的な集在・居住都市となる、新日本文化を創る、新しい時代に打ち克つ産業を育てる、という三つの指針を五つのアクション・プロポーザルとともに提示する。

目次

はじめに

序章　東京の都市空間の魅力　―培った魅力と創らねばならない魅力―　市川宏雄

1．工業化の時代に培った魅力……2
（1）工業化の一四〇年
（2）培った魅力の四要素
2．新しい時代に打ち克つ魅力……10
（1）新しい時代の到来
（2）創造性（クリエイティビティ）の時代へ
（3）新しい魅力の三要素
（4）魅力の相乗効果
3．東京が直面する新たな課題……28
（1）災害リスクの顕在化
（2）環境制約の深刻化
（3）高齢化の進展

4. 新しい魅力を創りだす……30

第一章　東京の磁力を高める　―磁場を創る―　森　稔

1. 都市の磁場・磁力……34
（1）都市の磁場・磁力とはなにか
（2）なぜ、世界の要人がダボス会議に集まるのか
（3）なぜ、ＴＤＬはリピーターを獲得できるのか
（4）なぜ、「ウインブルドン現象」が国を救ったのか
（5）なぜ、アーティストはパリを目指すのか
（6）強い磁力の正体はオンリーワン＆ナンバーワン
2. 磁場を創る～ヒルズの取り組み……40
（1）先端ビジネスの集積と交流の場をつくる
（2）世界に開くプラットフォームをつくる
（3）ハードとソフトの相乗効果を高める仕組み
（4）二一世紀的「ゆたかさ」を模索する
（5）街そのものをメディア化して情報を発信する
3. 東京の磁力を高める処方箋……62
（1）日本人の感性と生き残りへのキーワード
（2）東京のバージョンアップに必要な要素

(3) 強いマイナスの磁力を排除する
(4) 潜在的な磁力を発掘し、プラスの磁力に変える
(5) 東京が目指すべき都市像と再生手法

第二章 東京のユニークな政策と力学 ―対立と調整のあや― 青山 佾

1. 大都市東京が基礎的自治体の仕事もする……78
(1) 大都市行政の一体性を確保
(2) 東京市の内部団体だった二三区
2. 意外に機能している地域コミュニティ組織……80
(1) 町会組織の力を占領軍司令部が危険視
(2) 東京独自の地域コミュニティ
3. 東京一極集中批判を多心型都市構造論で躱す……84
(1) 一見、分散政策にも見える多心型論
(2) 都庁の新宿移転と臨海副都心開発という二つの成果物を残す
4. 私鉄と地下鉄の相互直通運転により遠距離通勤を処理……88
(1) 自動車を持たなくとも生活できる都市
(2) 鉄道利便性は世界一
5. 道路面積率は低いが環状立体道路によって補完……90
(1) 震災復興計画で世界でも珍しい環状道路を計画

（2）首都高速中央環状線の完成で首都高の渋滞の九割が解消
6．都市公園面積は少ないが水とみどりの工夫……92
（1）占領軍、農地改革で公園用地を細分化して売却
（2）公園面積の拡大は課題だが水とみどりは豊富
7．変遷を重ねた容積率制度……95
（1）容積率とは
（2）ビルの機能や景観によって建築をコントロールする時代
8．世界一の省エネルギー都市をアピールしてオリンピック招致を……99
（1）地震と水害と噴火が東京を強くした
（2）最先端技術活用の省エネ都市像発信を

第三章　知的創造都市・東京を目指して　―情報価値と文化機能―　**福川伸次**

1．二一世紀都市の魅力を支えるものは何か……106
（1）激化する都市間競争
（2）都市の比較優位性
（3）コンパクト・シティに欠かせない情報価値機能と文化機能
2．情報通信機能と東京の魅力……109
（1）情報通信機能がもたらす価値創造力
（2）東京の情報インフラ

（3）情報通信技術が支える東京の経済ダイナミズム
（4）情報通信技術と都市生活
（5）教育の高度化
3．東京の魅力としての文化機能……119
（1）歴史にみる文化基盤の形成
（2）文化性を高める社会条件
（3）日本と東京の文化特性
（4）文化発展の新境地
4．東京の魅力を高めるために……134
（1）情報と文化を基点に知的創造都市を目指そう
（2）イノベーションを持続する都市に
（3）優れた人材と企業が集う東京に

第四章　東京生活を愉しむ　―豊富な生活スタイル―　栗山昌子

1．都市には人が住んでいる……140
2．多様な選択肢を持つ東京の生活……142
（1）交通の便利
（2）買い物の便利
（3）教育機会の豊富

（4）医療機会の豊富
（5）働く機会と雇用環境の豊富
（6）文化を愉しむ機会の豊富
3．異文化に出会う愉しみ……155
（1）異文化移入
（2）異文化から学ぶこと
（3）異文化理解の難しさ
4．外国人にとっての東京……160
（1）その魅力　―安全な都市・東京―
（2）その障害　―日本語―
5．老人も住む東京……164
（1）老人にやさしい都市
（2）癒しの空間と景観
（3）人とのつながりを求めて
6．都市生活の凝縮……171
第五章　東京のしたたかな経済力　―知らないうちにそっと―　黒川和美
1．東京一極集中とは言うけれど―頂上は高く裾野は広く―……176
2．ストック東京（1）―インフラが余った―……177

3．ストック東京（2）―膨らむ緑・編み込まれる交通ネットワーク―……180
4．ストック東京（3）―豊かな時代のアップルイーター―……184
5．ストック東京（4）―東京は財産持ち―……190
6．着実に潜在力を高めている東京……193
7．変わる経済社会構造の中で―捨てるべきもの、残すべきもの―……199

終章　グローバル・フロントランナー東京の戦略　市川宏雄

1．〔指針1〕国際的な集在・居住都市となる―真の世界都市へ―……204
（1）訪れ・集い・学び・働き・滞在・居住する人々のための魅力を高める
（2）国際的な集在・居住都市の模範を示す
―ホスピタリティとインクルージョン―
（3）交流を支える玄関都市として世界と日本を繋ぐ
2．〔指針2〕新日本文化を創る―伝統は革新の賜物―……224
（1）新日本文化で時代を拓く
（2）ライフスタイルを育む都市空間を造る
（3）都市空間の耐久性・持続性・ユニバーサル性を高める
（4）文化の受発信プラットフォームとして世界と日本を繋ぐ
3．〔指針3〕新しい時代に打ち克つ産業を育てる―新たな価値の創造―……239
（1）産業創造の場としての東京

（2）新しい時代に打ち克つ産業を育てる
（3）産業創造の拠点として世界と日本を繋ぐ
4．独自の個性を発信するグローバル・フロントランナーを目指す……246
アクション・プロポーザル……249
①国際金融都市
②歌舞伎文化都市
③環境共生都市
④オリンピック都市
⑤国際大学都市
おわりに……260

序章

東京の都市空間の魅力
——培った魅力と創らねばならない魅力——

市川宏雄

1　工業化の時代に培った魅力

（1）工業化の一四〇年

明治維新によって江戸から東京へと近代化の扉を開いてから一四〇年の間、戦前の産業革命期を経て、戦後は高度経済成長を達成し、その後も経済大国への道を邁進してきた。そのほとんどは工業化を進めた時代であり、東京は、主として工業化の中で形づくられてきたといえよう。

江戸の都市空間の基本骨格は江戸城と隅田川によって形づくられていた。その後、明治・大正期に五〇年余をかけて都心を囲む形で山手線が建設され、その一方で、郊外電車の延伸に伴う沿線開発で住宅地が都市外縁に拡がり、東京は西の山の手丘陵、東の低地へと広がり、現在の二三区に相当する東京が形成された。こうして震災、戦災を経てもなお東京は拡大した。そして現在、人口は一三〇〇万人弱、都市圏全体では約三五〇〇万人の世界最大の都市圏を形成するに至っている。

まずは、こうして人口が集中した事実こそ、工業化時代に備えた東京の持つ魅力の証左であろう。工業化は、一九八〇年代まで続いた。それまでの間、東京の魅力が日本全体の工業化を促し、また、工業化の進展によって東京の魅力が高まっていったといえるのではないだろうか。そこで、工業化時代に培った魅力、特に都心部のそれを効率性、多様性、正確・迅速性、安全・安心性という四つのキーワードから整理する。

(2) 培った魅力の四要素

効率性：工業化の進展を支えた空間配置

戦後の驚異的な経済発展を生み出した秘密は、都心部における政官業の近接立地にあるといわれている。つまり、東京では工業主導の産業育成のために必要な効率的な空間配置が実現しており、この近接立地という特徴が効率的な意思決定と政策遂行に寄与し得たといえるのである。実際、都心部のわずか数平方キロに、立法・司法・行政の中枢である永田町・霞ヶ関とビジネスヘッドクォターの集積する大手町・丸の内が立地している。さらに、その周囲には新宿・渋谷・六本木・品川・汐留・秋葉原とそれぞれ機能特化したビジネス・エリアが連続的に生まれ、わずか一〇km四方の地域に着々と増殖を続けている。

特色あるビジネス・エリアが都心域に連担・分散することに加えて、さらに、それらが短い時間距離で結ばれていることが東京では特徴的である。すなわち、拠点間の移動が概ね三〇分以内で可能となる交通網が東京では整備されている。とりわけ、山手線の内側に密度高くネットワークされた地下鉄路線網は、総延長において劣ってはいても、使い勝手でロンドン、ニューヨーク、パリを凌駕するレベルである。実際、東京の営業キロは二九二km（池袋─渋谷間の副都心線の開通で三〇一km）と、ロンドン（四〇八km）やニューヨーク（三七一km）に及ばないものの、輸送人員密度が非常に高い。そのため、東京の年間輸送人員は二八・一億人と、ニューヨーク（一四・五億人）、パリ（一二・五億人）、ロンドン（九・五億人）を大きく上回っている（図表1）。

都市圏としての東京は都市交通網の発展とともに拡大してきた。明治から南と北に別々に建設された鉄道が大正一四年に繋がって山手線となり、昭和になると路面電車が既成市街地に張り巡らされる。省線と呼ばれた官営の山手線の主要ターミナルからは、放射状に私鉄網が形成されて、郊外住宅地が新宿、渋谷、

魅力分野	項目	ロンドン（英国）	パリ（フランス）	シンガポール	上海（中国）	東京（日本）	ニューヨーク（米国）	出所
効率性	多国籍企業本社	22 社（BP 等）	26 社（TOTAL 等）	1 社（Flextronics 等）	2 社（Baosteel 等）	50 社（NTT 等）	22 社（CITI 等）	Fortune Global 500（2007. 7）
	代表的なオフィス・エリア	シティ、ウェストミンスター ドッグランド	パリ市中心部 デファンス地区	シェントン・ウェイ地区	浦西・中心部 浦東・陸家嘴地区	大手町・丸の内・有楽町 新宿西口、赤坂・六本木	ミッド・タウン、ウォール街	—
	平均通勤時間・距離（片道）	43 分	—	30 分	—	72 分	39 分	—
	昼夜間人口比	2.00 倍［都心 4 区］	—	—	—	4.82 倍［都心 4 区］	1.36 倍［マンハッタン］	東京都「環境白書 2006」等
多様性	地形（水辺と丘陵）	テムズ川	セーヌ川 モンマルトルの丘	マリーナ・ベイ シンガポール川	黄浦江	皇居濠、隅田川 東京湾、山の手の丘	ハドソン川 イースト川	—
	都市内緑地・公園	ハイドパーク リージェントパーク	ブローニュの森、ヴァンセンヌの森 ルクセンブルグ公園	フォート・カニング公園	人民広場	皇居、新宿御苑 神宮外苑	セントラル・パーク	—
	代表的なショッピング・エリア	ボンド通り リージェント通り	シャンゼリゼ サンジェルマン・デ・プレ	オーチャード通り	南京路、准海路	銀座・新宿・渋谷	5 番街	—
	歴史的な百貨店	ハロッズ（1849 年）	ボン・マルシェ（1852 年） プランタン（1865 年）	—	友誼商店（1958 年）	三越（1904 年） 高島屋（1930 年）	ブルーミング・デール（1872 年） バーニーズ（1923 年）	—
	現代的な商業施設	—	フォーラムデザール（1979 年）	サンテック・シティ・モール（1995 年）	Plaza66（2001 年）	表参道ヒルズ（2006 年）	—	—
正確・迅速性	地下鉄・営業キロ（駅数）	408 km（275 駅）	212 km（297 駅）	109 km（67 駅）	94 km（67 駅）	292 km（274 駅）	371 km（468 駅）	日本地下鉄協会「世界の地下鉄」
	地下鉄・平均駅間距離	1.5 km	0.7 km	1.6 km	1.4 km	1.1 km	0.8 km	
	地下鉄・輸送人員	9.5 億人/年	12.5 億人/年	4.6 億人/年	5.0 億人/年	28.1 億人/年	14.5 億人/年	

図表 1　工業化時代に培った魅力：効率性、多様性、正確・迅速性

池袋を基点とした扇状に形成されていくことになる。昭和四〇年代に入ると、モータリゼーションの進行する中で、路面電車は東京での主役の座を失い、その地位を地下鉄にとって代わられた。

東京の都市圏拡大においてユニークであったのは、郊外への私鉄電車が地下鉄と相互乗入を行うことによって、都心と郊外を結ぶ広大な都市交通網が形成されたことである。こうした都市交通網の拡大は、工業化の時代において、都心部の業務地化を進め、一方で、住宅を郊外にシフトさせることを加速させた。

この結果、東京の都市空間は、都心部が業務に特化、郊外部が住居に特化し、都心四区の昼夜間人口比は四・八二倍（二〇〇〇年）と、ニューヨーク・マンハッタン（一・三六倍、二〇〇〇年）、ロンドン・都心四区（二・〇〇倍、二〇〇一年）をも大きく上回っている。このことによって、多くの人々が長い通勤を余儀なくされ、鉄道利用者の通勤時間は片道平均七〇分近くとなっている。

しかしながら、工業化の時代、こうした職住分離のライフスタイルは、経済成長を持続する上の大きな前提であったともいえる。つまり、都心部では、主として画一的な本社での事務管理に大量の労働者を必要とし、その供給元として郊外が位置づけられ、通勤電車の整備のために補助金が投入されたのである。一方、創造性を要する技術の革新は、郊外や地方の研究所や工場で行われ、また本格的な工場就業労働者であるブルーワーカーは遠隔地に居住することになった。

多様性：点在する魅力ある商業・文化集積

政官業の効率的な空間配置が経済発展の原動力となる一方で、点在する多様で特色のある商業・文化集積の存在は、東京での生活を魅力的なものとしてきた。商業・文化集積とは、ダウンタウン、いわゆる盛り場、繁華街である。東京の繁華街は、浅草に始まり、日本橋、銀座、新宿、渋谷そして青山・赤坂・六本木へと、その時々の都市活動に符号する形で新しく生まれ、そして進化しながら依然として留まることを知らずにいる（図表2）。

都市空間の要となる盛り場が時間の経過とともに変貌することは、東京のもつ最大の特徴のひとつである。一九世紀半ばのオスマン時代にその後の都市構造の骨格が形成されたパリ、一九世紀のヴィクトリア時代に都市構造が規定されたロンドン、二〇世紀初頭に摩天楼を中心とした都市構造を確立したニューヨークとは異なった形で、東京の都市空間は常に変貌を続けるダイナミズムを内包し、過去と現在のカルチュラル・ミックスが刻み込まれて、その特徴を生みだし続けていくのだといえる。

こうして形成されていく東京の商業・文化集積は実に多様である。高層ビルが林立する大規模な商業・文化集積とともに、かつての町人地が発展した形で出来上がった商店街の賑わいも残る。またその一方で、歴史性ある界隈文化と現代的で先進性の溢れた都心型商業施設を中心としたエリアも併存している。そして、大規模な商業・文化集積の間の谷間ともいえる住商混在エリアに、フレンチ、イタリアンから始まり、さらにはタイまでと国籍を問わない世界各国のレストラン等が点在するエリアもある。

こうした一見継ぎはぎにみえる多様性が、東京の魅力を生み出す一因ともなっている。確かに、街路や建物の整然とした空間構成を通じて明快な都市計画を目指す欧米の基準からすると、継ぎはぎ都市は、理解しにくい。しかし一方で、街路を隔てると、全く新しい街区、界隈が見えてくる東京は、明快さのみを追求した都市とは異なるアジア的混沌の魔力を内在している。東京の歴史を振り返れば、急速な近代化の過程で合理性を重視して都市改造を実施した時期もあり、また、江戸・東京の歴史的重層性が生み出す多様性を尊重した時期もある。こうしたバランスの上に形づくられてきたものが現在の東京であり、歴史的多様性と合理性の融合による一種のバランスこそが、東京の都市空間の持つ魅力の特質である。

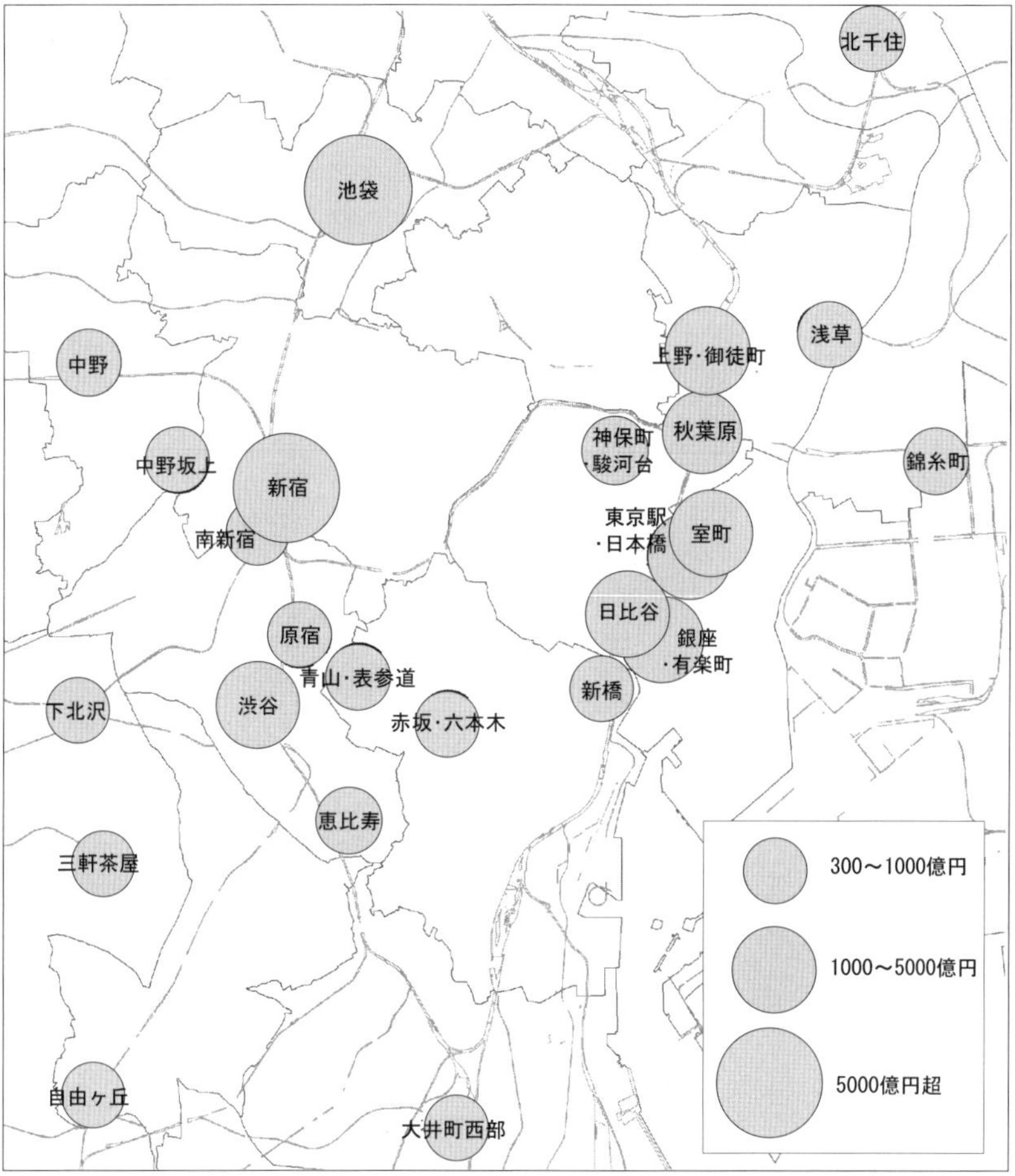

（出所）東京都「商業統計調査 2002 年版」

図表 2　東京の代表的なショッピング・エリア（年間商品販売額 300 億円以上）

正確・迅速性：比類なき社会システムの品質

ビジネスにおける効率性や都市生活の多様性という東京の特質を生みだしている背景には、都市活動を行う人々に基本的なサービスを提供することのできる社会システムの品質の高さが存在している。その質の高い社会システムを示す例は、都市内交通網に顕著に表れている。三五〇〇万人というカナダ一国の人口を超すほどの巨大集積を抱える東京圏では、一日に通勤・通学者八四七万人が鉄道を利用して都市圏内を移動する。しかも、さしたる混乱もなく整然と移動している。この移動を混乱なく支えることができることこそが、社会システムの品質の高さを示しているといえよう。それは高度な技術レベルを有したハード面と柔軟な運用というソフト面によって構成されていることにその秘訣がある。そこには、技術水準の高い輸送システムの存在のみならず、利用者として社会システムに参加する多くの人々が、日常的に秩序を維持する能力と、そして高密度な人的接触を容易に許容する力を持ち合わせていることを忘れてはならない。

こうした都市内交通網の正確・迅速性を示すひとつの指標は、地下鉄の運行頻度に表れている。例えば、丸の内線の池袋駅と新大塚駅の間では、ピーク時で一時間に最大三〇本が運行されている。ちなみに、パリではコンコルド駅の二〇本が最多である（図表3）。

少し視点は異なるが、都内のコンビニは七三二〇店舗、つまり、一平方キロメートルに三・五店舗立地する。またコンビニでのレジの処理のスピードの早さは、この種の店舗ではおそらく世界一であろう。それを支えるシステムとして、品揃えから仕入れまでを顧客が購買した時点で瞬時に行ってしまうPOSシステムがある。地下鉄の過密ダイヤを可能としている情報技術の水準の高さと同じことが、ここにもある。また、街のあちこちに配置された自動販売機にも、人々の都市活動に対してサービスを提供する社会シス

			ニューヨーク	ロンドン	パリ	東京
輸送人員	百万人/年	A	1,450.0	947.6	1,248.0	2,812.0
営業キロ	km	B	371.0	408.0	212.1	292.2
車両数	両	C	6,183	2,796	3,533	3,609
駅数	駅	D	468	275	297	274
輸送人員密度	百万人/km	A/B	3.9	2.3	5.9	9.6
車両密度	両/km	C/B	16.7	6.9	16.7	12.4
平均駅間距離	km	B/D	0.8	1.5	0.7	1.1
車両効率	百万人/両	A/C	0.2	0.3	0.4	0.8
運行頻度（単方向）	1日当り		234本/日		326本/日	330本/日
	ピーク		17本/時間		20本/時間	30本/時間
	平均		10本/時間		17本/時間	17本/時間
	駅		42st駅		コンコルド駅	新大塚駅

（出所）日本地下鉄協会「世界の地下鉄」等

図表3　地下鉄輸送効率の国際比較

テムの正確・迅速性の高さを見ることができる。

安全・安心性：犯罪が少なく環境にやさしい都市生活

これまで見てきた効率性、多様性、正確・迅速性といった東京の魅力のすべては、実は、安全・安心性が確保されていることによって、その魅力の発揮が担保されているともいえる。安全・安心性は、ある意味では、正確・迅速性と同じものに根ざすところが大きい。高度な技術というハード面のみならず、人々の日常の営みというソフト面の両面によって実現しているからである。

安全・安心の水準を推し計るのに最適なデータは、犯罪の少なさである。東京都における犯罪件数は一九九〇年代後半に一時的に増加したものの、二〇〇二年をピークに減少しており、依然として、安全・安心性は世界有数の水準を保っている。確かに、ジュリアーニ市長によって犯罪都市と呼ばれてきたニューヨークの犯罪件数は著しく減少して、東京に近い水準となっている。ところが、そのうちの凶悪犯罪についてみれば、依然と東京の発生率が世界で突出して少ないことに変わりはない。

このように、生命に直接的な危害を加えられることに対する安全性と人々の安心の気持ちは、確かに犯罪の少なさという事実から説明される。しかしながら、人々の生命を脅かす要因となるものは犯罪といった属人的なものだけではない。人々が生活していく上での環境の水準がよりマクロレベルで存在する。東京は、一九六〇年代の高度成長期に問題となった公害問題を克服した。東京の水や空気の質は世界最高水準を誇っており、例えば、河川の水質については、ＢＯＤ（生物化学的酸素要求量）が、都内のいずれの河川においても一〇mg／ℓを下回っている。また、一人当りエネルギー消費量を世界主要都市と比較しても、東京はニューヨークやロンドンを下回る水準にある。二一世紀初頭の東京は、環境にやさしい循環型都市であったことが知られている江戸への回帰へ向けた取り組みを進めつつある。

2　新しい時代に打ち克つ魅力

(1)　新しい時代の到来

工業化時代に、東京は、効率性（工業化を支えた空間配置）、多様性（点在する魅力ある商業・文化集積）、正確・迅速性（比類なき社会システムの品質）、安全・安心性（犯罪が少なく環境にやさしい都市生活）の四つの要素で、他の大都市に抜きんでた豊かな魅力を備え、そして繁栄を続けた。しかし、一九九〇年代というバブル経済の崩壊による長期の経済の低迷に悩んだ日本と、その一方で新たな経済発展と大都市の更新に向けて動き始めた米国や欧州という対比的な状況のなかで、時代を先導する要素は大きく変化した。

すなわちグローバル化、ＩＣＴ（情報コミュニケーション技術）化、ナレッジ・カルチャー（知識・文化）産業化の進展が都市の発展に影響を与えるキーワードとして登場したのである。

こうした状況の変化を、一九八〇年代後半と二〇〇〇年代の東京を巡る環境変化によってみてみよう。工業化の時代の終焉を決定づけるがごとくのエポックとなった一九八五年のプラザ合意の後、円高を背景として、国際社会における日本のプレゼンスが急速に大きくなった。そして東京が担うべき世界都市としての役割について論じられた際のキーワードは、国際化、情報化、サービス産業化の三つであった。一九七〇年代に第三次産業従事者が五割を超した日本にあっては、それを受け入れるのに相応しいタイミングとなっていた。

ところがその後、バブル経済が崩壊し、それまで持ちつづけた戦後の成功体験に自信を失う。そして、失われた一〇年と呼ばれた先の見えない改革の嵐の時期を経て、ようやく平静な経済状態を回復し始めることになる。光明を見出しつつある二一世紀初頭の日本において、かつて、一九八〇年代に世界都市を語るときに用いられた三つのキーワードが再び浮かび上がってきている。しかし、それは、大きく形を変えて、より一層大きなインパクトを持つことになった。国際化はグローバル化に、情報化はＩＣＴ化に、サービス化はナレッジ・カルチャー（知識・文化）産業化にそれぞれ置き換えられたのである。なぜなら、日本が過去とのしがらみに葛藤していた失われた一〇年の間に、世界では、大きな環境変化が生じていたからである。

グローバル化

一九八〇年代後半、ハイテク製品を中心として輸出を伸ばすとともに、経常黒字により海外投資を進め、

「外への国際化」を果たした日本は、貿易摩擦に対応する形で、市場開放という「内なる国際化」に努めなければならなかった。その後、冷戦の終結とソ連崩壊によって、旧共産圏が市場経済へ移行し、同時に、米国経済が再生してくる中で、財の貿易というレベルを超え、サービスの貿易、国際資本の移動、さらには国際的な労働力の移動が急増した。すなわち、国際化はグローバル化という形で著しく進展したのである。実際、一九八〇年と二〇〇〇年の全世界における国際観光客到着数（世界観光機関）を比較すると概ね二・四倍に増加している。さらに、二〇〇〇年代に入ると、グローバル化は新しい展開を見せた。それまで経済活動の主役ではなかったブラジル、ロシア、インド、中国というＢＲＩＣｓ諸国を中心に、グローバル化の中に多くの国・地域が含まれるようになった。

このように、一九八〇年代後半からの二〇余年間において、世界は、グローバル化の深化と拡大を遂げたのである。こうした新しい環境を踏まえて、東京は、今再び「内なる国際化」と「外への国際化」についての方向性を考えなければならない時期に来ているのである。

ICT（情報コミュニケーション技術）化

東京が情報化への対応を迫られた一九八〇年代後半は、ＩＴ（情報技術）化の段階としては、一九七〇年代のコンピュータ産業の成長を経て、ようやくＰＣやファックスなどＯＡ化や家庭へのＰＣの導入が始まった時期であった。一九九〇年代に入ると、ＰＣの普及が本格化し、マイクロソフト・ウィンドウズの発売と相まって、一九九〇年代半ば以降は、世界的にインターネットの普及が進んだ。こうした中、米国ではいわゆるＩＴ革命によって、ＩＴが経済成長を主導することも知られるようになった。

そして、二〇〇〇年代には、全世界的にＩＴの利用水準が著しく向上し、デジタル情報の共有化・交流が進んだのである。近年では、二〇〇四年に発表されたu―Japan構想において、ITに代わって、ICT（情報コミュニケーション技術）という用語が使われるように、ITの中に、コミュニケーション技術が多く含まれるようになり、「いつでも、どこでも、何でも、誰でも」ネットワークに繋がるユビキタス社会の実現が叫ばれている。

ユビキタス社会の到来は、第一にICT関連の産業の創造を促す。そして、第二に、人々の生活のあり方にも変化を迫ることとなるのである。実際、テレワークのように、対面接触を必要としない業務が、在宅での勤務で可能ともなった。しかし同時に、対面接触の意義もまた高まり、人々が集う場としての都市の担う役割があらためて問われる状況も発生している。ICT化の進展に応じて、産業面、生活面の両面で東京の取組みが問われている。

ナレッジ・カルチャー（知識・文化）産業化

一九八〇年代後半は工業化からサービス産業化への転換期であり、経済の中心が財からサービスへと転換する時期であった。

二一世紀に入った現在は、ICT化を背景としてサービス産業化がさらに進み、デジタル情報を超えた人間の持つ知識や能力を重視したナレッジ（知識）産業化の段階へと進んだことが特徴的である。ナレッジとは「学習や思考を通じてあることに関して熟知・精通することによって体得された考え方や理解」という意味であり、産業面では、そうした考え方や理解を用いるものをナレッジ（知識）産業と呼ぶことができる。具体的には、金融や法律・会計・税務をはじめとするビジネス・サービス産業である。

さらには、グローバル化の中で各国・各地域の固有文化（カルチャー）が再認識され、あるいは復権するなかで、産業における文化の重要性の再認識も進んでいる。いわば、カルチャー（文化）産業化である。つまり、東京は、サービス産業化を超えて、ナレッジ・カルチャー産業化への対応を迫られているのである。そして、その流れにおいて、デジタル情報の対極にある人間の直感や感性をも含めた人間固有の能力に着目して創造性（クリエイティビティ）への認識も深まっている。

（2）創造性（クリエイティビティ）の時代へ

このようにグローバル化、ＩＣＴ化、ナレッジ・カルチャー産業化が進展する新しい時代において、都市が備えるべき魅力は、効率性、多様性、正確・迅速性、安全・安心性といった東京が工業化時代に培った魅力だけでは十分でなくなっている。それでは、新しい時代に打ち克つための魅力はどのように捉えればよいのだろうか。

それは、前述の創造性という言葉で整理すると考えやすい。つまり、ＩＣＴ化が進展し、土地、労働、資本という生産要素に続いて、情報処理能力まで特段の希少性を持たないものとなってしまった現在、次なる生産要素は、知識であり、知識が重要な生産要素となることをナレッジ化と呼んでいる。そして、知識以上に希少性があり、革新の源として認識が高まっているものが、人間の持つ直感・感性をも含めた能力である創造性（クリエイティビティ）である。

そして、ＩＣＴ化とグローバル化がともに進展した新しい時代において、独自性のある創造性こそが、都市にとって新しい時代に打ち克つ競争力の源泉となるのである。

こうした傾向を踏まえて、二〇〇〇年代に入る頃から、創造性と都市の関係に着目した新しい都市論が展開されている。例えば、チャールズ・ランドリーは『創造的都市―都市再生のための道具箱―』（後藤和子訳、二〇〇〇年）の中で、都市の歴史・伝統によって醸成されたアイデンティティに基づく芸術・文化が持つ創造性を生かして、都市が失業や環境などの諸問題に解決策を見出すことを説いている。

　また、リチャード・フロリダは『ザ・ライズ・オブ・クリエイティブ・クラス』（二〇〇二年）の中で、都市は創造的な人材を獲得する競争に打ち克っていく上で、三Ｔ（技術：Technology、人材：Talent、寛容性：Tolerance）で代表される要素を備えなければならないと主張している。

　こうした二人の議論は、創造性と都市の関係に着目している点では共通しているが、一方、相違点としては、ランドリーがその都市・地域に根ざす歴史・文化を基に新たな革新を促すという点に重点を置いているのに対し、フロリダが、革新を促す人材を吸引する都市・地域の条件という点に重点を置いていることである。

　こうした議論を踏まえると、今後、都市を見ていく上で着目すべき点は、第一に、その都市が創造性を発揮し、その歴史・文化を最大限活かして新たな革新につなげているか、そして、第二に、その都市において、新たに革新を実現する創造性溢れる人々がその都市を訪れ、集い、学び、働き、滞在・居住したいと思うような魅力を持っているか、という二つの点である。

（３）新しい魅力の三要素

　それでは、グローバル化、ＩＣＴ化、ナレッジ・カルチャー（知識・文化）産業化という動きによって特徴づけられる新しい時代に打ち克つための創造性を育む都市は、具体的にどのような要素を備えることが求められるのであろうか。そうした魅力を三つの要素に分解して論じたい。第一に国際的な接触・融合、第二に文化の成熟、第三に産業の創造である。国際的な接触・融合はグローバル化を反映したものであり、

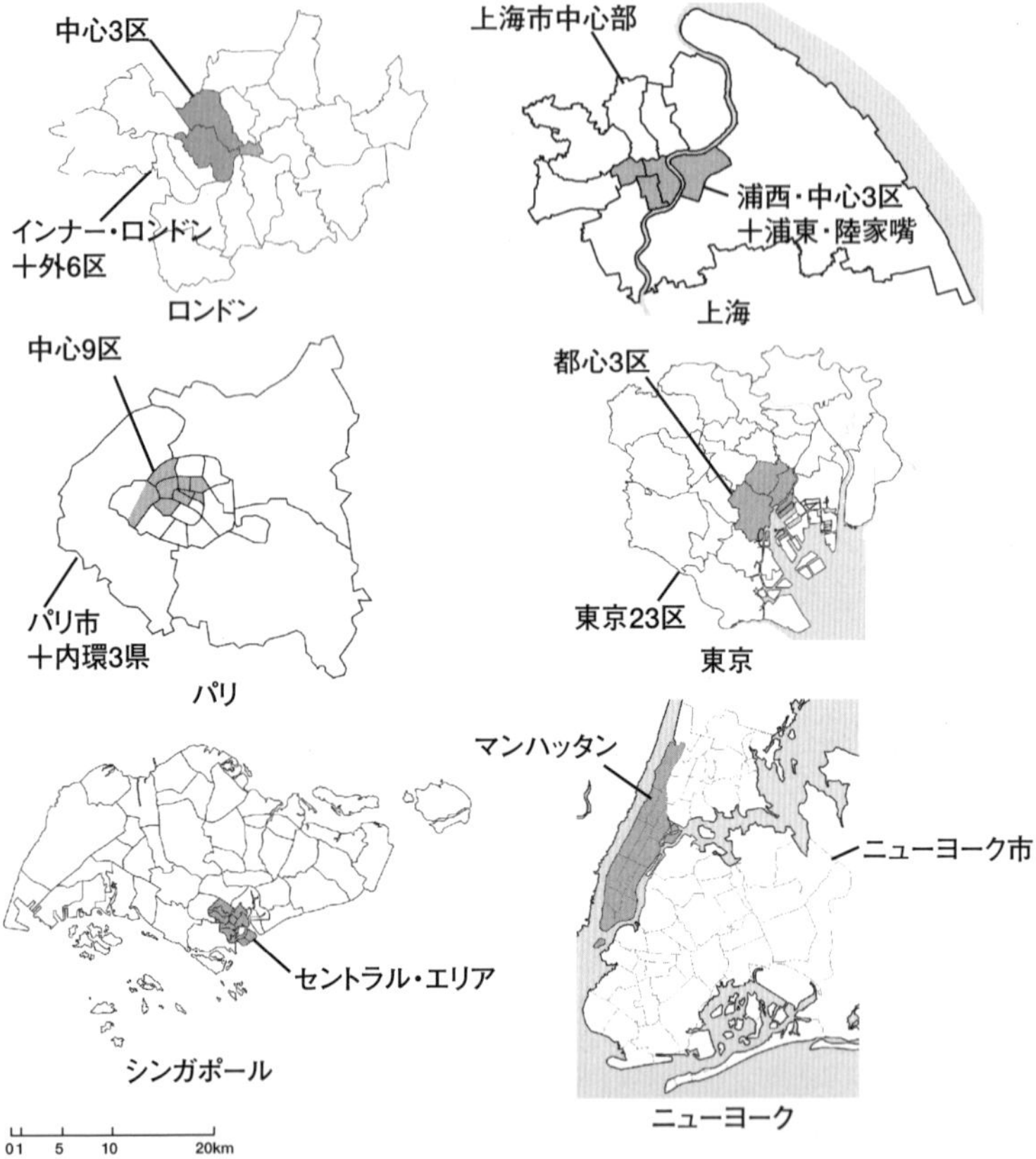

	ロンドン	パリ	シンガポール	上海	東京	ニューヨーク
50km²圏	中心3区 (46km²)	中心9区 (31km²)	セントラル・エリア (16km²)	浦西・中心3区 (28km²) 浦西・中心3区＋浦東・陸家嘴 (70km²)	都心3区 (42km²)	マンハッタン (60km²)
100km²圏		パリ市 (105km²)	セントラル・リージョン (130km²)		都心8区 (110km²)	
500km²圏	インナーロンドン (319km²) インナーロンドン＋外6区 (592km²)	パリ市＋内環3県 (762km²)	シンガポール (683km²)	上海市中心部 (812km²)	東京23区 (622km²)	ニューヨーク市 (786km²)
1,000km²圏	グレーターロンドン (1,572km²)					
5,000km²圏				上海市 (6,341km²)		
10,000km²圏		イル・ド・フランス州 (12,012km²)			1都3県区 (13,303km²)	

図表 4　世界主要 6 都市の概要　（出所）各国統計

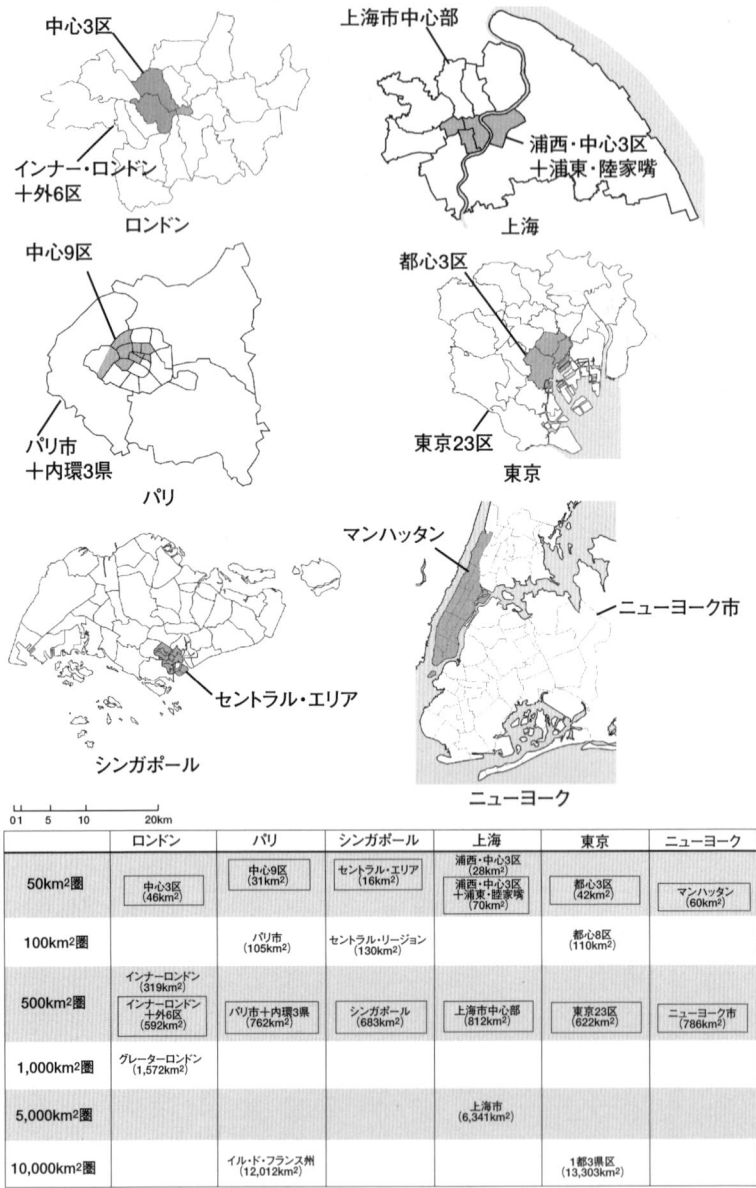

文化の成熟はグローバル化、ＩＣＴ化、そしてナレッジ・カルチャー産業化の帰結として重要性を増しているものであり、産業の創造は、グローバル化、ＩＣＴ化、ナレッジ・カルチャー産業化の時代に打ち克つ新しい革新の必要を強調したものである。

これらの三要素について、東京はそれぞれ強さと弱さをもっている。それが、世界の中でどのレベルにあるのかを知るために、世界の代表的な都市と東京を比較する視点が必要である。ここでは、欧州の歴史ある大国の首都であるとともに、世界都市と称せられてきた英国のロンドンとフランスのパリ、世界トップの世界都市であるニューヨーク、そして、アジアからは大国としての再興を図りつつある中国の経済首都である上海と小さいながら積極的な国際展開を図っているシンガポールを視野に入れる。

実は、こうした大都市の活力の源泉は都心にある。各都市の特質を見抜くためには、都市全体とともに、都心の状況を把握しなければならない。都市を比較するに際し、「都市」あるいは「都心」といっても様々な範囲を指し示しているため、比較にあたってはそれを明確にしなければならない。そこでそれぞれ都心については東京の都心三区に概ね相当する「五〇平方キロメートル圏」と、都市については、二三区に概ね相当する「五〇〇平方キロメートル圏」を基本的に比較の対象とする（図表４）。

国際的な接触・融合

国際的な接触・融合とは、ある都市において多くの国や地域出身の人々が出会い、会話し、交流し、協働することをさしている。つまり、ＩＣＴでは表現したり、交換できない部分があるので、これを対面することによって人と人が接触し、ＩＣＴに基づくコミュニケーションを超えて、融合することを指している。

新しい時代の到来の中で、人と人の対面による接触・融合は大きな意味を持つ。それは、世界の人々を惹きつけることのできる都市は、国際的な接触・融合を通じて、刺激に溢れ、そして創造性が発揮されることにより、新たな文化や産業を生み出していくことができるからである。目的や期間を限定した多くの人々が集まるということは都市の本質でもある。グローバル化が進展した現在、世界の人々が訪れ、集い、学び、働き、滞在・居住する都市こそ新たな文化や産業を生み出すことができる。つまり、国際的な集在・居住都市となることが時代に叶った本質を備えた都市といえよう（図表5）。

国際的な集在・居住都市としての東京は世界的にみてどのように位置づけられるであろうか。

第一に、東京を訪れる国際観光客は、二〇〇一年の二七七万人から、二〇〇五年に四四九万人へと増加傾向にある。しかし、一方、世界に目を転じると、ロンドンは一四三〇万人、パリは九〇一万人、シンガポールは八九四万人、ニューヨークは六八〇万人、上海は四八五万人と六都市の比較では、東京は第六位である。

こうした国際観光客を吸引するものとして、観光資源があるが、内外観光客を合わせた観光入込客数でみると、東京では、最大の東京ディズニーランド（二五八二万人）のほかは、上野動物園と東京タワーが三〇〇万人クラスに留まっている。世界に目を転じると、博物館・美術館では、パリのルーブル美術館は七五五万人、ニューヨークのメトロポリタン美術館が四六〇万人であり、展望施設では、エッフェル塔が六四三万人、ロンドンアイが三八五万人、エンパイアステイトビルが三八〇万人、また、レジャー施設では、シンガポールのセントーサ島が五一七万人を集めており、東京において際立って集客力の高い観光資源が少ないことがわかる。

また、都市ベースの観光統計には制約が多いので、国ベースで人口一人当り国際観光客受け入れ数でみ

項目	ロンドン（英国）	パリ（フランス）	シンガポール	上海（中国）	東京（日本）	ニューヨーク（米国）	出所
国際観光客数（都市ベース）	1,430万人［グレーターロンドン］	901万人［パリ市］	894万人	485万人［上海市］	449万人［東京都］	680万人［ニューヨーク市］	東京都観光産業振興プラン等
主な観光資源（年間訪問者数）	ナショナル・ギャラリー（496万人） 大英博物館（490万人） ロンドン・アイ（385万人）	ノートルダム（1,300万人） ルーブル（755万人） エッフェル塔（643万人）	セントーサ島（517万人） シンガポール動物園（140万人）	東方明珠塔（300万人）	東京ディズニーランド（2,582万人） 上野動物園（339万人） 東京タワー（300万人）	メトロポリタン博物館（460万人） エンパイアステイトビル（380万人）	－
ホテル客室数	96,534室［都心4区］	77,609室［パリ市］	28,693室	61,800室［上海市］	78,319室［東京23区］	72,250室［ニューヨーク市］	各国統計
コンベンション数	128件（8位）	294件（1位）	177件（4位）	40件	56件（25位）	129件（7位）	国際観光白書（2007年）等
代表的なコンベンション施設	－	ポルト・ド・ベルサイユ	サンテック・シンガポール	上海新国際博覧中心	東京ビッグサイト	ジェイコブ・ジェイビッツ	－
外国人留学生数	34万人［英国］	24万人［フランス］	－	14万人［中国］	12万人［日本］	56万人［米国］	IIE "Atlas of Student Mobility"
Top 100 MBA校	ロンドン・ビジネス・スクール	INSEAD HEC	INSEAD、南洋理工大 シカゴ大、 シンガポール国立大	－	－	コロンビア大	Financial Times ホームページ
TOEFL（受験者数）	240点（69名）［英国］	237点（9,838名）［フランス］	254点（227名）［シンガポール］	215点（17,963名）［中国］	191点（82,438名）［日本］	226点（1,889名）［米国］	ETS "Test and Score Data Summary 2004-05"
外国生まれ人口割合	9.7%［英国］	8.1%［フランス］	－	－	－	12.9%［米国］	OECD（2007）"International Migration Outlook"
在留外国人数（非永住者）	－	－	80万人	10万人［上海市］	120万人［日本］	－	各国統計
国際航空旅客数（乗降）	8,976万人/年	6,085万人/年	3,072万人/年	1,455万人/年	2,820万人/年	3,023万人/年	「航空統計要覧」（2006年）
都心-空港アクセス	25km/約15分（ヒースロー空港⇔パディントン通り）	25km/約25分（シャルル・ド・ゴール空港⇔北駅）	20km/約25分（チャンギ空港⇔シティ・ホール）	30km/約25分（浦東空港⇔人民広場）	60km/53分（成田空港⇔東京駅）	20km/約35分（JFK空港⇔ペンシルバニア駅）	－

図表5　指標にみる国際的な接触・融合

ると、フランスは一・二人、米国は〇・一六人に対し、日本は〇・〇五人であり、日本の観光立国に向けた取り組みが緒についたばかりとみることもできよう。なお、日本への外国人入国者数（二〇〇六年）八一一万人のうち第一位は韓国（二三七万人）、第二位は台湾（一三五万人）、そして、中国（九八万人）、米国（八五万人）と続いており、全体の七割以上をアジアからの人々に支えられていることがわかる。

第二に、東京で開催される国際コンベンション開催件数をＪＮＴＯ（国際観光振興機構）統計でみると、二〇〇五年に年間五六件であり、過去一〇年間をみても概ね五〇から七〇件の横ばいで推移している。国際的にみると、世界第一位はパリ、第二位はウィーンであり、いずれも、年間開催件数は二〇〇件を超えており、東京におけるコンベンションの開催水準が非常に低いところにあることがわかる。

また、東アジア主要都市についても、ソウルが一九九六年の六七件から二〇〇五年の一〇三件へ増加し、シンガポール（一七七件）に次ぐ第二位となるほか、北京（八二件）、上海（四〇件）などで増加している。また、済州島が二〇〇〇年の一件から二〇〇五年には二二件に急速に増加していることが特徴的である。

第三に、日本における海外からの受入留学生数は一九八三年の一万人から二〇〇五年には一二万人に達している。このうち概ね四万人が東京への留学生である（日本学生支援機構）。こうした日本への留学生の特性を、国際教育研究所（ＩＩＥ）の高等教育機関の学生の国際的移動に関する統計からみてみよう。

留学生受入国としては米国が五六万人で第一位になり、英国が三四万人、ドイツ（二五万人）、フランス（二四万人）と続いており、日本は第七位（一二万人）である。受入留学生の国籍は米国におけるアジア人学生、英国における中国、米国、インド人学生、ドイツにおける東欧人学生、フランスにおけるマグレブ諸国の学生、日本におけるアジア人学生、中国におけるアジア諸国及び米国人学生が特徴的である。

また、各国からの海外への留学先をみると、ほとんどの国で米国が第一位となっており、また、近年海外留学生が増加している中国について、留学先第二位が日本となっていることが特徴的である。

第四に、東京で働き、滞在・居住する外国人はロンドンやニューヨークといった都市と比較すると圧倒的に少ない。そうなることの背景には、人の国際的移動の歴史がある。グローバル化の特徴のひとつである国境を越えた人の移動は近年になって始まったことではない。特に、一九世紀後半から二〇世紀初頭は、帝国主義の時代であるとともに、移民の時代でもあった。この第一次とも呼べるグローバル化は、大西洋を中心に多くの国際的な人口移動をもたらした。大英帝国が絶頂期を迎えていたこの時期、ロンドンには帝国を中心に多くの地域から人々が集まっていた。そして、ニューヨークは移民の国・米国の玄関口として欧州の多くの国々から人々が集まっていたのである。

また、比較的最近の人の国際的な移動を知るために、外国生まれの人口をみても、英国では九・七％、米国では一二・九％が外国生まれといわれ、多人種、多民族の歴史が根付いている。

以上のように東京は国際的集在・居住都市としての歩みをはじめたものの、まだまだ緒についたばかりといわざるを得ないのである。

文化の成熟

文化の成熟とは、その都市や国における独自の特色ある文化が独自性を保ち、また、深め、そして、海外からの文化を受容することによって新しい文化を醸成していくことである。文化としては、芸術文化の領域に位置づけられるものに加えて、いわゆる日々の生活の中で醸成されるライフスタイルも含まれよう。

新しい時代の到来の中で、文化の成熟は大きな意味を持つ。グローバル化が進展し、様々な分野で特定のブランドが世界を席巻する現在、標準化されたグローバル文化の対極にある成熟した独自の文化、つま

項目	ロンドン（英国）	パリ（フランス）	シンガポール	上海（中国）	東京（日本）	ニューヨーク（米国）	出所
特徴ある独自文化	コンサート	オペラ コンサート	－	京劇、雑技団	歌舞伎、能、相撲	ミュージカル、ジャズ	－
新しい文化の醸成	ロック	ファッション	－	－	アニメ ポップ・カルチャー	バレエ モダン・アート	－
都市景観の特徴	ビクトリア時代に形成された石造りの建物	建物と街路を一体化させた中層建物	1970年代以降に建設された高層ビル	19世紀以来の歴史的景観と先進的建物の混在	有機的に発展した多心型の都市	20世紀初頭に建設された摩天楼	－
代表的な歴史的建物	セント・ポール寺院（604年）	ルーブル宮（1190年）	ビクトリア・メモリアル・ホール（1905年）	外灘地区（20世紀初頭）	東京駅舎（1914年）	エンパイア・ステート・ビル（1931年）	－
世界遺産	ウエストミンスター、ロンドン塔（王立植物園、グリニッジ海事）	セーヌ河岸（ベルサイユ、フォンテヌブロー）	－	－	－	－	日本ユネスコ協会連盟ホームページ
代表的な博物館／美術館	大英博物館 ナショナル・ギャラリー	ルーブル美術館 ポンピドゥ・センター	シンガポール博物館 シンガポール美術館	上海博物館	東京国立博物館 国立西洋美術館	メトロポリタン博物館 近代美術館（MOMA）	－
代表的なホール／オペラ・ハウス	ロイヤル・アルバート・ホール ロイヤル・オペラ・ハウス	オペラ座 新オペラ座	エスプラナード・ホール エスプラナード・オペラ・ハウス	上海音楽庁 上海大劇場	サントリーホール オペラ・シティ	カーネギーホール メトロポリタン・オペラハウス	－
音楽エンタテイメント参加回数	0.24回/年・人［英国］	0.24回/年・人［フランス］	－	－	0.18回/年・人［日本］	0.36回/年・人［米国］	ぴあ総研「エンタテインメント白書」（2005年）
演劇エンタテイメント参加回数	0.32回/年・人［英国］	0.33回/年・人［フランス］	－	－	0.12回/年・人［日本］	0.36回/年・人［米国］	
文化予算（国民1人当り）	7,218億円（12,181円）［英国］	12,784億円（21,257円）［フランス］	－	－	6,666億円（5,222円）［日本］	1,909億円（649円）［米国］	
文化寄付（国民1人当り）	10,570億円（17,840円）［英国］	8,384億円（13,939円）［フランス］	－	－	4,244億円（3,325円）［日本］	32,644億円（11,102円）［米国］	

図表6　指標にみる文化の成熟

り、均質化されない、また、できない魅力の存在がそれぞれの都市の魅力の底力として注目されている。成熟した独自の文化を持つ都市は、グローバル化の中で独自性を発揮することができ、世界の人々が訪れたい、滞在したいと思うきっかけをつくるとともに、新たな文化や産業を生み出す潜在力を備えるのである（図表6）。

ところで、それぞれの国で、人々は文化に関わる活動にどの程度参加しているのであろうか。日本、英国、フランス、米国の間で、国民一人当りに置き直して文化活動への参加回数を比較すると、日本は、音楽、演劇ともに四カ国中最低水準であることがわかる。つまり、文化への参加がライフスタイルの中に浸透していないのである。新しい時代の到来の中で、東京は文化への取組みをあらためて問われている。

産業の創造

産業の創造とは、グローバル化、ＩＣＴ化、ナレッジ・カルチャー化といった環境変化の中で、新たな革新を担いうる産業群の創造を指している。すなわちＩＣＴ産業、ナレッジ産業、カルチャー産業と呼ばれる産業の創造である。

ＩＣＴ産業とは、ＩＣＴ（情報コミュニケーション技術）を用いて情報を処理し、供給するもので、ソフト産業、メディア産業、放送・通信産業などが含まれる。ナレッジ産業とは、人々の知識を活用する産業である。金融や法律・会計・税務などのビジネス・サービスが含まれる。カルチャー産業とは、人々の文化活動に係る産業である。こうした産業はクリエイティブ産業と呼ばれることがある（図表7）。

東京を経済力でみたとき、その存在感は依然として圧倒的なものがある。例えば、経済規模と水準について、概ね東京二三区に相当する都市ベースのデータを国際比較すると、東京の都市レベルのＧＤＰ規模

項目			ロンドン（英国）	パリ（フランス）	シンガポール	上海（中国）	東京（日本）	ニューヨーク（米国）	出所
経済規模水準	国レベル	人口	［英国］6,078 万人	［フランス］6,087 万人		［中国］132,185 万人	［日本］12,743 万人	［米国］30,114 万人	CIA "World Fact Book 2007" 等（一部推計）
		面積	24 万 km^2	54 万 km^2		933 万 km^2	37 万 km^2	916 万 km^2	
		GDP	27,560 億ドル	20,670 億ドル		32,490 億ドル	43,460 億ドル	137,900 億ドル	
		GDP/人	45,344 ドル	33,958 ドル		2,458 ドル	34,105 ドル	45,793 ドル	
	都市レベル	人口	［インナー・ロンドン］291 万人	［パリ市＋内環 3 県］641 万人	［シンガポール］455 万人	［上海市中心部］801 万人	［東京 23 区］850 万人	［ニューヨーク市］821 万人	
		面積	319 km^2	762 km^2	683 km^2	812 km^2	622 km^2	786 km^2	
		GDP	3,334 億ドル	4,340 億ドル	1,535 億ドル	956 億ドル	5,221 億ドル	4,571 億ドル	
		GDP/人	114,570 ドル	67,707 ドル	33,736 ドル	11,935 ドル	61,424 ドル	55,676 ドル	
研究者数（うち産業部門）			16 万人（9 万人）［英国］	19 万人（10 万人）［フランス］	–	81 万人（44 万人）［中国］	78 万人（46 万人）［日本］	126 万人（102 万人）［米国］	科学技術白書（17 年版）
国際特許出願件数			5,045 件［英国］	5,902 件［フランス］	402 件	3,910 件［中国］	26,906 件［日本］	49,555 件［米国］	WIPO（2007.2.7 資料）
開業率			10.0%［英国］	12.4%［フランス］	–	–	4.2%［日本］	13.9%［米国］	中小企業総合研究機構「わが国における開業率の要因分析に関する調査研究」（2007 年）

図表 7　指標にみる産業の創造

は、五二二一億ドルと六都市の中で最大であり、シンガポールの約五倍、上海の約七倍となっている。さらに、一人当りGDPは、六万ドルでロンドン、パリに次いでいる。

また、産業力のポテンシャルもある。国際特許出願数が依然世界第一位であるほか、OECDの『科学・技術・産業スコアボード統計（二〇〇七年版）』によってOECD諸国の知識（研究開発、ソフトウェア、高等教育）への投資の対GDP比をみても、日本は、米国、スウェーデン、フィンランドに続いて第四位となっている。中でも、研究開発への投資が多い。

今、東京が問われているのは、こうした経済力と産業力のポテンシャルが、新しい時代に打ち克つ、ICT・ナレッジ・カルチャーといった産業群の創造に活かせるかという点であろう。

(4) 魅力の相乗効果

国際的な接触・融合、文化の成熟、産業の創造という三要素がともに大きく、しかもバランスがとれているとみえる都市では、三要素の間におそらくプラスの相乗効果が働いているはずである。つまり、魅力のそれぞれの要素が相互に影響し合い、プラスの相乗効果によって、魅力溢れる都市と、そしてその要としての都心が形成されていると考えられるのである。ここでは、そうした相乗効果を確認してみたい。

国際的な接触・融合、文化の成熟、産業の創造という三つの要素について、相互にかかわりを持つ、すなわち双方向の関係を持ちあうとすれば、三つの要素の間の相乗効果は合計で六つである（図表8）。

一つ目は、文化が成熟することで新しい産業が創造されるという効果である。最近では、このように文化と結びついた産業をクリエイティブ産業と呼ぶことがある。この視点で世界の都市をみてみると、実際、ロンドンやシンガポールなどでは、戦略産業に位置づけられ育成が図られているのである。

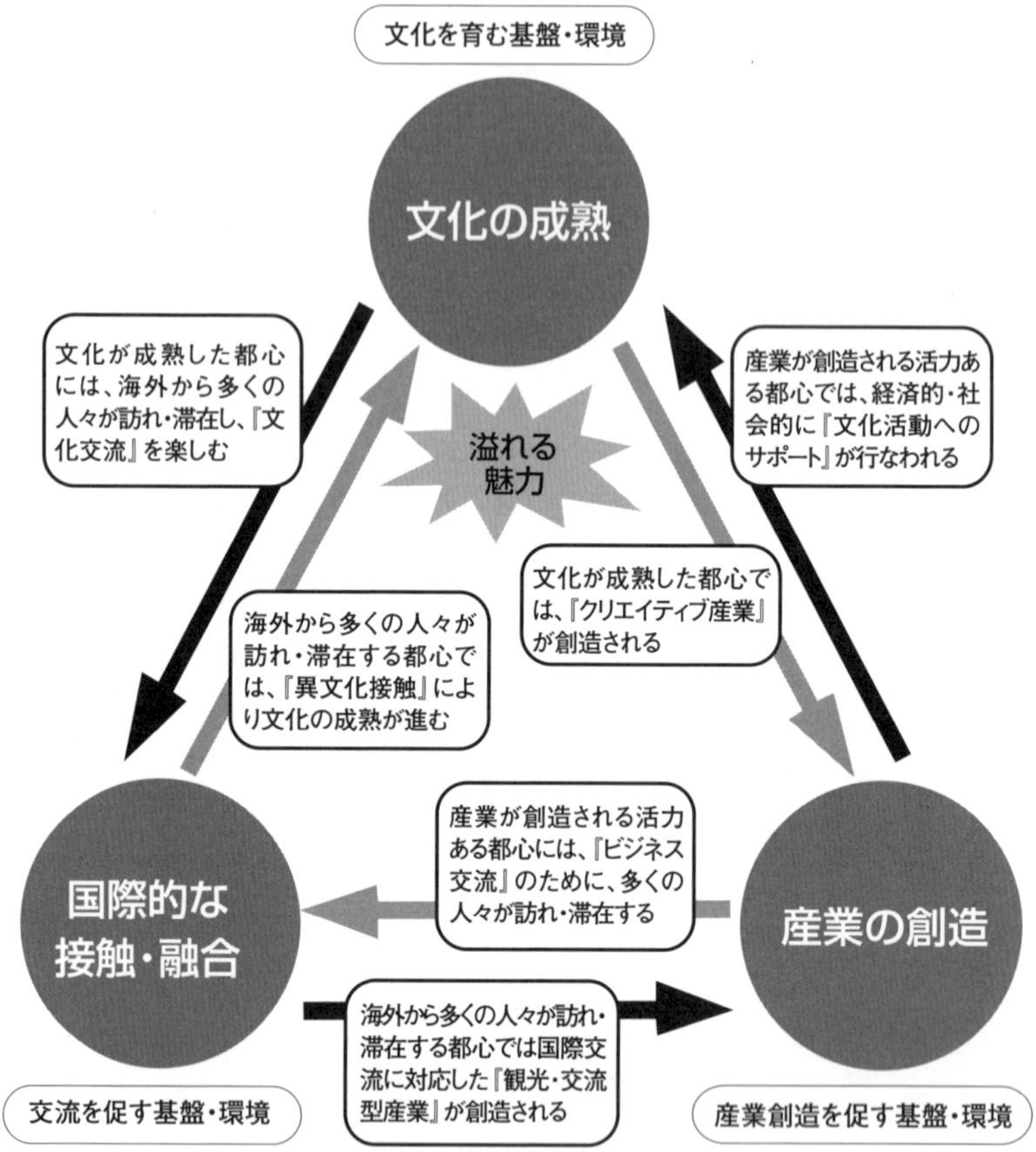
文化を育む基盤・環境
文化の成熟
文化が成熟した都心には、海外から多くの人々が訪れ・滞在し、『文化交流』を楽しむ
溢れる魅力
産業が創造される活力ある都心では、経済的・社会的に『文化活動へのサポート』が行なわれる
文化が成熟した都心では、『クリエイティブ産業』が創造される
海外から多くの人々が訪れ・滞在する都心では、『異文化接触』により文化の成熟が進む
産業が創造される活力ある都心には、『ビジネス交流』のために、多くの人々が訪れ・滞在する
国際的な接触・融合
産業の創造
海外から多くの人々が訪れ・滞在する都心では国際交流に対応した『観光・交流型産業』が創造される
交流を促す基盤・環境
産業創造を促す基盤・環境

図表8　都心の魅力をめぐる相乗効果　　(出所)筆者作成

二つ目は、国際的な接触・融合が多い都市においては、その都市固有の独自文化と新しい文化が融合し、成熟した新しい文化が生まれるという効果である。パリに限らずニューヨークやロンドンにおいても、その都市の文化の継承者が、他の文化圏からやってきた多くの外国人であることが広く知られている。新たな文化を生み出す起爆剤として、現在、再びこうした動きの重要性が増している。

三つ目は、文化が成熟した都心には、海外から多くの人々が訪れ・滞在し、文化・観光交流を楽しみながら、国際的な接触・融合が進むということである。具体例でいえば、ロンドンでコンサートを聴いたり、パリでオペラを鑑賞することがそれにあたる。

四つ目は、産業が創造される活力のある都心には、ビジネス交流のために、多くの人々が訪れ、国際的な接触・融合が進むということである。実際、ニューヨークやロンドン、そして、東京にはビジネス機会を求めて多くの人々が会議・商談に訪れている。

五つ目は、産業が創造される活力ある都心では、所得水準の向上に伴って、文化への社会的・経済的サポートが活発化し、文化の成熟が深まるということである。これを市場メカニズムで考えれば、人気のあるビジュアル・アート施設の入場者が増加したり、パフォーミング・アート施設のチケットの売上げが伸びて、結果として、文化活動へのサポート力が増すことになる。また、そうした現象に触発されて、政府による文化予算や、企業や個人から文化団体への寄付が増加し、社会的なサポートが強化されていくことになる。

六つ目は、世界から人々が訪れ、滞在する都心では、人の国際的な接触・融合に対応したホテルやコンベンションなどの観光・交流産業が創出されることである。

以上のように、三つの魅力の要素に六つの相乗効果が加わることにより、なるほど魅力があると思える世界の代表的な都心が形成されるのである。

3　東京が直面する新たな課題

東京が、新しい時代に打ち克つ世界のフロントランナーを目指すためには、国際的な接触・融合、文化の成熟、産業の創造といった新しい魅力の三要素を高めることが不可欠である。

しかし、それだけでは足りない。東京は別次元でいくつかの課題に直面しているからである。課題は三つある。第一に、地震をはじめとした災害リスクであり、第二に、地球温暖化問題を中心とした環境制約、第三に、世界の大都市に先行する高齢化の進展である。こうした課題に対応することが、これまで培ってきた東京の安全・安心性という魅力を維持・向上するとともに、国際的接触・融合、文化の成熟、産業の創造という魅力の三要素を高めていく前提となるのである。

（1）災害リスクの顕在化

東京が抱える最大の災害リスクは地震である。都市機能を完全に麻痺させるほど甚大な被害をもたらす規模という点では、一七〇三年の元禄地震、一八五五年の安政江戸地震と続き、その後の一九二三年の関東大震災などがある。以来、概ね八〇年以上の間、東京において大地震は発生していない。

しかし、二つの点で、地震リスクの顕在化が生じ、東京の魅力に影を落としている。第一に、一九九五年の阪神淡路大震災の発生である。これによって、外国から見た日本の大都市における地震リスクの認識が一気に高まったのである。

第二に、M七クラスの大地震発生の確率が高まっていることである。中央防災会議の『首都直下地震対策にかかる被害想定結果について』（二〇〇五年二月）によると、冬の夕方一八時（風速一五M／S）のケースで、死者約一・一万人、負傷者数約二一万人、建物全壊棟数・火災焼失棟数約八五万棟が想定されている。また、都心部への滞留者が特に多いと考えられる正午のケースでは、約六五〇万人の帰宅困難者が想定されている。こうしたシミュレーションが日本で行われている一方で、ミュンヘン再保険会社による罹災リスク度（二〇〇三年）では、東京が世界の大都市の中で突出して高いものとなっている。こうした例からも分かるように、地震に対する対応は、東京がフロントランナーを目指す上で、必ず克服しなければならない課題である。

(2) 環境制約の深刻化

東京には、公害問題を克服し、エネルギー効率の高い都市を形成してきたという実績がある。しかし、今再び新しい環境問題に直面している。それは、近年ますます深刻化が指摘されている地球温暖化問題である。温暖化とは、大気中の温室効果ガスが過剰になることであり、主として二酸化炭素ガスの削減が課題となる。また、近年顕著となりつつある都心部のヒートアイランド現象は、文明の進歩が、トータルな生態系を考慮せずに進むと、自然のメカニズムを簡単に狂わせることになる一つの典型例でもある。こうした問題の解決への取り組みは、地球上全ての都市にとって重要な課題である。かつて江戸という環境にやさしい循環都市が工業化の時代に公害問題を抱え、その後の努力で再び快適な環境を取り戻したという歴史的な重層性がある。こうした事実を踏まえ、東京は今再び課題解決のフロントランナーとしての役割を担っている。

(3) 高齢化の進展

東京都の高齢化率は一九七五年の六・三%から大幅に上昇し、二〇〇五年には一八・三%に達している。この水準は、全国平均(二〇・一%)を下回ってはいるが、国際的にみると、ニューヨーク(一一・七%、二〇〇〇年)やロンドン(一一・八%、二〇〇五年)を大きく上回っている。また、今後の推計についても、二〇二〇年に二五・五%、二〇三五年に三〇・七%と全国平均を三~四%程度下回る見込みではあるが、特にアジア諸国と比較した場合、その高さは顕著である。したがって、東京は、急速に進む高齢化の進展という課題に対する解決策を提示することによって、フロントランナーとしての模範を世界に示すことが期待されている。

4 新しい魅力を創りだす

東京には、多様性、効率性、正確・迅速性、安全・安心性といった工業化の時代に培った魅力のストックがある。そして、グローバル化、ICT化、ナレッジ・カルチャー化に代表される新しい時代の到来の中で、国際的な接触・融合、文化の成熟、産業の創造といった新しい魅力の要素を備えることが求められている。今、東京は、培った魅力と新しく創りだす魅力を合わせて、新しい東京らしさを創る時期にきている。以下では、五人がそれぞれの立場から東京の魅力の特徴と、これからの課題に打ち克つ処方箋について論じていく。

第一章では「東京の磁力を高める　―磁場を創る―」と題して、森稔が現状のままでは東京が世界の中で遅れをとる、マラソンで言えば周回遅れになってしまうという危機感から東京の魅力を生みだす処方箋を提示する。そこでのキーワードは「都市の磁力」である。なぜ、人々は都市に惹きつけられるのか。そこには必ず何かがある。その何かとは、強力な磁力を発する磁場の存在なのである。東京都心に磁場としてのヒルズシリーズを開発してきた経験に基づき、これからの東京にとって更なるバージョンアップに何が必要か、その要素と具体的な手法について述べる。

第二章では「東京のユニークな政策と力学　―対立と調和のあや―」と題して、青山佾が世界最大の都市圏である東京が生みだされることになったいくつかのポイントについて述べる。それらは、他の都市にはあまり見られない秘訣ないしは秘密とも言える独特なものである。独特な大都市運営の仕組みや、地域コミュニティの存在などは、東京ならではの都市構造、都市空間、そしてインフラの整備が背景にあるが、それゆえに可能となるものである。そして、それと同時に柔軟な政策による対立と調整のバランスの上に成り立っていることを忘れてはならない。

第三章では「知的創造都市・東京を目指して　―情報価値と文化機能―」と題して、福川伸次が二一世紀の都市を支える重要なファクターである情報通信と文化という二つの機能について述べる。世界のトップレベルを誇ってきた日本の情報通信技術が、これからの東京の発展にいかなる役割を果たすのか、そして果たせるのか。とりわけ情報通信技術はグローバル化の進む経済活動に大きな影響を与えるとともに、その技術革新のスピードがそのまま都市の文化機能の創造とあいまって都市の盛衰に結びつくものである。

第四章では「東京生活を愉しむ　―豊富な生活スタイル―」と題して栗山昌子が世界にも有数な機能の選択肢をもつ東京について述べる。

東京の魅力は、住む人々に多様な職住遊学の機会を提供できることにある。では、これからの東京にとって必要なことは何か。それは言うまでもなく今まで以上に異文化との接触・融合の高度化と普遍化である。世界の大都市のなかで、いち早く高齢化の進む東京は、老人にやさしい都市であるとともにこの命題に答えねばならない。

第五章では「東京のしたたかな経済力　—知らないうちにそっと—」と題して黒川和美が、実は東京が豊富なストックを有している都市であることを解き明かす。

自然の欠如や若者の不満がクローズアップされることが多いが、よく考えてみれば、都心にも郊外にも潜在力をもった資産が十分に蓄積している。これをいかにして生かすか。キーワードは女性の活躍、郊外の復権などである。東京はこれから変貌する経済社会構造の中で捨てるべきもの、残すべきものを明確にしなければならない。

終章では、序章での問題提起、第一章から五章で提示された課題や処方箋を踏まえ、「グローバル・フロントランナー東京の戦略」と題して、市川宏雄が国際的な集在・居住都市となる、新日本文化を創る、新しい時代に打ち克つ産業を育てる、という三つの指針を五つのアクション・プロポーザルとともに提案する。

三つの指針の実現のためには、過去の蓄積を生かした上でこれからの時代に即した大胆な価値観の転換が不可欠である。それを現実のものとする近道は、皮肉なことに外部との競争に負けるという危機感である可能性が高い。

アクション・プロポーザルでは、国際金融都市、歌舞伎文化都市、環境共生都市、オリンピック都市、国際大学都市という五つのテーマを選び、東京が現在直面している課題解決のための方策を考える。

第一章

東京の磁力を高める

——磁場を創る——

森　稔

1　都市の磁場・磁力

(1) 都市の磁場・磁力とはなにか

何度でも訪れたくなるような都市がある。訪れるたびに新しい発見や出会いがあって、帰りの飛行機のなかで「また訪れよう、今度は誰かを誘って一緒に訪れよう」と思う。また、どんなに忙しくても参加したくなる集まりや会議がある。

そのように人を惹きつけてやまない「何か」がある場所。それが強い磁力をもった磁場であり、そうした磁場がたくさん集積している都市こそ、魅力ある都市といえるのではないか。

都市は住んでいる人や働いている人だけで成り立っているのではない。訪れる人がもたらす情報や刺激、お金が都市を活性化させる。人、モノ、金、情報がいともやすやすと国境を超え、強い磁場・磁力をもった都市に集まる時代になっている。東京がアジアの核となり、世界都市となるには、経済力以外でも多くの人々を惹きつける磁場・磁力を創り出す必要がある。

都市の磁場を構成する要素は、ビジネス、コンベンション、ショッピング、文化、芸術、ファッション、音楽、教育、スポーツ、エンターテインメント、健康や美容など多彩である。さまざまな目的や欲求をワンストップで満たす都市ほど多くの人を惹きつけ、それぞれの磁場の質が高いほどリピーターが増える。

都市の磁力は、その都市にある磁場の「数（幅）×質」で決まるのではないか。磁場が多くても質が低ければリピーターは少ない。磁場の質が高くても数（幅）が少なければ、来訪する人数は限られる。磁場の量（数・幅）も質も高い都市、それが理想である。

強い磁場・磁力を備えた都市や会議の例を挙げてみよう。

（2）なぜ、世界の要人がダボス会議に集まるのか

毎冬、スイスの小さな街ダボスで開かれるワールドエコノミックフォーラム（通称ダボス会議）には、世界各国からトップクラスの経済人、学者、要人が集まる。インターネット社会といわれているなかで、交通の便も決して良くない辺鄙な街に錚々たるメンバーがわざわざ足を運ぶのはなぜか。

それは、世界でもっとも輝いている人々が一堂に会しており、質の高いフェース・ツー・フェースのコミュニケーションができるからだ。会議に参加し、参加者と議論することで、世界が次に向かおうとしている方向を見定めることができる。だからこそ、ここでの再会と議論を楽しみに毎年スケジュールを調整するのである。

会議の主催者は参加者の要求に応えるべく、旬の人材をゲストスピーカーに招聘し、魅力的な会議のプログラムを組む。そうした主催者の世界観や運営力が強烈な磁力を備えた磁場を創り出している。ダボス会議を冒頭の磁場の「数（幅）×質」に当てはめるならば、数（幅）は少ない（狭い）が、極めて高い「質」を備えた磁場の例といえよう。

以下、ダボス会議の磁力のポイントをまとめると次のようになる。

・ハイレベルな知的交流（フェース・ツー・フェースのコミュニケーション）
・ステイタス性（世界トップクラスのスピーカー招聘、厳選された参加者）
・世界の方向性を示唆・決定する内容（ビジネスチャンス、先端情報収集）

(3) なぜ、TDLはリピーターを獲得できるのか

東京ディズニーランド(TDL)は子どもたちだけでなく、大人のファンも多い。東京ディズニーランドと東京ディズニーシーを合わせた年間入場者数は二五〇〇万人に達しており、その多くがリピーターである。

多くのリピーターを獲得している主因は、なんといっても日常を忘れて異空間に浸り切る楽しさと、一度では味わい尽くせない規模と内容の濃さであろう。何度でも足を運びたくなる磁力を創り出しているのが、巨大な劇場のような仮想都市(ハード)と明確な運営理念(ソフト)と演出力、それにキャストひとりひとりのコミュニケーションの素晴らしさ(ソフト)である。

TDLはハードとソフトを巧く組み合わせることによって異空間に浸る楽しさを盛り上げており、それが従来の遊園地や安易なテーマパークとは全く異なる強い磁場を創り出している。

以下、ディズニーランドの磁力をまとめると次のようになる。

・ストーリー性とキャラクターの魅力(ディズニーのノウハウとブランド)
・精緻に創り上げられた異空間やアトラクション(巨大な舞台装置としての仮想都市)
・明確な運営理念(1.安全性、2.礼儀正しさ、3.ショー、4.効率)
・高いコミュニケーション・スキル(キャストの意識&教育)
・ハードとソフトの絶妙な調和(仮想都市と運営力&コミュニケーション)

(4) なぜ、「ウインブルドン現象」が国を救ったのか

イギリスのウインブルドンにはテニス愛好家を惹きつける強い磁力がある。

伝統あるセンターコートを目指して世界各国の一流プレイヤーが集まり、そのプレーを一目見ようと世界から多くの人々が集まる。世界のメディアやスポーツビジネス関係者も集まってくる。その反面、開催国・イギリスの選手は他国の強豪に圧倒されてなかなか勝ち上がれない。

こうした現象を揶揄して「ウインブルドン現象」という言葉が生まれた。これは「自由競争による淘汰」を示す経済用語としても使われている。

イギリスは一九八〇年代、規制を緩和し、外資に市場を開放した。その結果、シティには外資系企業がどっとなだれ込み、国内企業が淘汰された（ウインブルドン現象）。しかし、これによってイギリス経済は回復した。

たとえ自国のプレイヤーが勝ち残れなくても、世界のトッププレイヤーが集まる「プラットフォーム」となったことがイギリスの勝利なのである。なぜなら、世界中から人、モノ、金、情報を呼び込んだことで経済も社会も活性化し、多くの雇用も生まれ、国民の所得水準も上昇したのだから。

ウインブルドン現象は、人、モノ、知恵、金、情報などが自由に国境を超えて移動する時代の世界都市の方向性を示唆している。

以下、ウインブルドン現象をもたらした英国・シティの磁力のポイントをまとめると次のようになる。

・規制緩和による外資への市場開放（金融ビッグバン）
・自由競争のプラットフォーム（国際金融センター化）

（5）なぜ、アーティストはパリを目指すのか

ハード＆ソフトのプラットフォームづくりにもっとも成功した都市としてはパリが挙げられる。「芸術

の都」、「ファッションの都」、「食の都」といわれるが、パリで活躍したアーティストやデザイナーやシェフのほとんどがフランス人ではない。「ウインブルドン現象」と同じである。

世界の才能を惹きつける磁力があり、異文化を受け入れる度量があったからこそ、パリは「世界のパリ」になった。パリには才能を評価する人々や機会があり、技や感性を磨く場があり、優れたアーティストとの出会いがあり、世界への登竜門でもある。だからこそ優れた才能を持ち、野心に富んだアーティストがパリに集まってくるのだ。

歴史的な街並みや、多種多彩な分野のクリエイターたちが醸し出す雰囲気やライフスタイルに憧れて、世界中から観光客も集まってくる。こうしたパリの魅力を次世代に継承していくために、フランス政府は美術館などの観光資源に非常に多額の予算を割いているという。

一方、パリ市民が果たした役割も大きい。彼らは他国の文化や才能を受け入れ、評価し、育てる度量を持ち合わせていた。

たとえば、ポンピドーセンターの設計にはイタリア人建築家のレンゾ・ピアノとイギリス人建築家のリチャード・ロジャースを起用している。一九八〇年代のグランプロジェ（グランドプロジェクト）のひとつ、ルーブル宮殿のガラスのピラミッドもI．M．ペイという中国系アメリカ人の作品である。パリを代表する建築物に他国の建築家を起用できるのは、根底に自国の文化への強烈な自負と誇りがあるからであろう。自信があればこそ、異国の文化や才能を受け入れ、自国の文化資産に変えることができたのではないか。

以下、パリの磁力のポイントをまとめると次のようになる。

・芸術の都（美術館、エリート養成学校、産業、交流、質の高い鑑賞者&評論家など）

・ファッション発信地（エリート育成学校、産業、交流、ショー、質の高いユーザー&評論家など）
・食文化（エリート育成学校、交流、コンテスト、舌の肥えたユーザー&評論家など）
・歴史的街並み
・異文化の受容力

（6）強い磁力の正体はオンリーワン&ナンバーワン

パリ、ニューヨーク、ロンドンは誰もが認める世界都市である。磁力を構成する要素とそのバランスはそれぞれ異なるが、政治、経済、文化、エンターテインメントなど、各分野における「オンリーワン」と「ナンバーワン」を数多く持っている。

「オンリーワン」とは世界にただひとつのもの、「ナンバーワン」とは文字通りそれぞれの分野において世界一、世界の最先端をいくものである。その対象は人であったり、ビジネスや観光施設や自然であったり、ライフスタイル、ファッション、アート、イベントや祭りであったりするが、稀少性や先端性、象徴性、偉大さといった強い磁力で人を惹きつける。世界都市としての条件は、強い磁力を持った磁場が多層多重に集積していることである。

集積はさらなる集積を呼び、人が人を呼び、情報が情報を呼ぶ。そのなかから新しい結合が起こり、新しい技術・知恵・仕組み・ムーブメントを生み出す。そうした化学反応にも似た「新結合の場」こそ、都市に人や企業や資金を惹きつける磁場になる。

誰もが世界都市と認める都市以外にも、「オンリーワン」の強烈な磁力を発揮して世界の注目を集めている都市がある。

たとえば、カジノで有名なラスベガスは今や世界のエンターテイナーの饗宴の場であり、新しい商品や知識の発表の場として、健全でホスピタリティ溢れる交流都市としてのサービス体制を整えつつある。

最近でいうならば、ドバイも最初からオンリーワンを目指して変貌を遂げている都市である。オイルマネーをベースに、砂漠の真ん中にスキー場や海中ホテルをつくるなど、人々を驚嘆させるようなプロジェクトが次々に進められている。

アジアでは急速な発展と変貌を遂げている中国・上海や、カジノでラスベガスに並ぶ集客力をつけつつあるマカオも目がはなせない都市であろう。

新しい挑戦がオンリーワンをつくるとすれば、その挑戦が成功して追随する都市が次々に現れたとき、オンリーワンがナンバーワンになる可能性が出てくる。オンリーワンに挑戦するスピリットをもった都市が未来のナンバーワンへの切符を手にするのだ。

2 磁場を創る～ヒルズの取り組み

世界に目を転じれば、二〇世紀から二一世紀にかけて工業化社会から知識情報社会へ大きく変わりつつある。その結果、経済力だけでなく、文化が国の磁力を計る重要なモノサシとして浮上している。それは「ハードからソフトへ」という潮流を創り出し、人、モノ、金、情報のグローバル化がそれを加速させている。さらに、地球規模で環境問題もクローズアップされている。

世界の主要都市は、時代の変化にキャッチアップするために大がかりな都市改造を進めている。特にアジア諸都市の変貌ぶりはめざましい。

しかし、東京は工業化社会を前提とした都市構造（用途別、職住分離）からなかなか脱却できずにいる。都市再生が国家戦略の柱に掲げられ、さまざまな法制度の見直しも行われたが、上海などアジアのライバル都市に比べると再生のスピードはじれったいほど遅い。

昨年、森ビルがアジア主要都市に勤務するオフィスワーカーに行ったアンケート調査でも、「五年～一〇年後のアジアの中心は上海」とする意見がもっとも多く、四八％を超えている（図表9）。私が都市開発と運営を通じて東京の磁場・磁力づくりに懸命に取り組んでいるのは「このままでは東京は世界から取り残されてしまう」という強い危機感があるからだ。

一ディベロッパーができることは東京全体からすればごく小さな範囲にすぎないが、質の高い磁場の集積が東京の魅力向上につながるとすれば、まず、そうした磁場を備えた都市モデルをつくり、多くの人に体感してもらうことで世論の理解や共感を得られるのではないかと考えている。

磁場・磁力の創り方については、私自身も未だ試行錯誤の途中であるが、六本木ヒルズなどを中心に、磁場、磁力を創り出すための我々の取り組みを紹介する。

ちなみに六本木ヒルズはオープンして五年目だが、ワーカーを含め年間約四三〇〇万人の来街者を集めている。また、国内だけでなく、海外のメディアにも数多く取り上げられている。二〇〇七年、森ビルが行ったアンケート調査によれば、世界、特にアジアでの知名度は台北五七％、ソウル四一％、上海・北京でも三三％とかなり高く、東京の新名所として海外からの視察や観光客も増えている（図表10）。

5～10年後に都市全体の魅力（ビジネス環境、住居環境、生活環境、文化活動等）が
もっとも高くなるアジア・パシフィック地域の都市はどこだと思うか

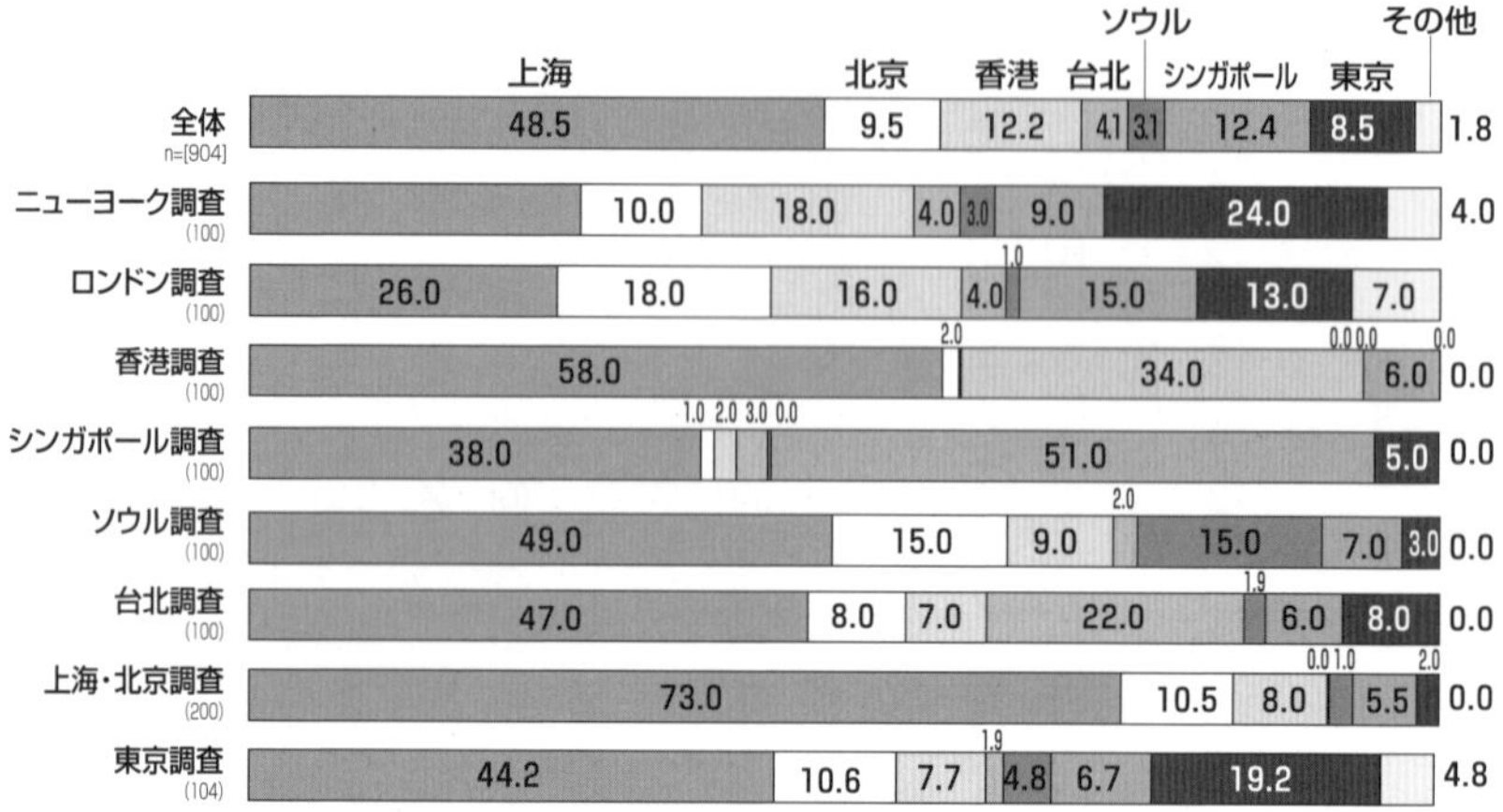

（出所）森ビル（調査機関：マクロミル）

図表９　都市に関するアンケート調査結果

（１）先端ビジネスの集積と交流の場をつくる

知的交流の場と時間を創り出す職住遊近接都市

前述の通り、ダボス会議の磁場は「質の高い知的交流」が創り出している。六本木ヒルズでも街全体に「知的交流」「協働」を促進する要素を組み込んだ。最大の知的交流・知的生産の場は巨大かつ最先端機能を備えたオフィス空間であり、それをサポートする場として、森タワー最上部に会員制プライベートクラブや会員制ライブラリー、社会人教育機関であるアーク都市塾、フォーラム、現代アートの森美術館、ギャラリーなどを集めた。さらにオフィス棟を取り巻くように、ホテル、レジデンス、シネマコンプレックス、商業店舗、レストランなどを配置している。

こうした都市構造は移動に費やす時間が少なくて済み、二四時間を有効に使える。その結果、より多くの人と交流したり、自分自身を磨くチャンスと時間も生み出せる。

図表 10　2003 年にオープンした六本木ヒルズ

結果的に、六本木ヒルズにはＩＴ産業やコンサルタントビジネス、外資系金融など、次世代をリードする企業や尖った才能を持つ人々が集まり、従来の枠組みを超えた交流や協働、結合が起こりつつある。そこから新しい産業や技術が誕生することを期待している。

また、彼らのライフ&ワークスタイルにも注目が集まり、「ヒルズ族」といった言葉が生まれた。いい意味でも悪い意味でも使われているが、彼らが次の時代を牽引するトップランナーであることは間違いない。

知識情報社会のワーク&ライフスタイルに合致

伸び盛りの知識情報企業や尖った才能が六本木ヒルズに集積したのは、彼らの求める立地、規模、入居条件、タイミングが合ったことももちろんだが、街全体として情報インフラ&セキュリティ、アフターファイブを楽しむ環境、質の高いレジデンス、二四時間のサービスや施設などが揃っていることが大きいのではないか。こうした基盤が新しいライフ&ワークスタイルを可能にしたともいえる。計画当初から知識情報社会のワーク&ライフスタイルを想定していたが、まさに未来を切りひらく役回りの企業や人を迎えて街の性格が一層鮮明になった。知識情報社会の都市基盤(職住遊近接・時間創出型)が先端をゆく企業や旬な人材を集め、集積がさらなる集積を呼んで新しいムーブメントを生み出している。

(2) 世界に開くプラットフォームをつくる

東京には誰もが認める「国際芯」がない

東京には「ウインブルドン現象」の項で示したような、世界のプレイヤーが存分に活躍できる磁場(プラットフォーム)が出来ていない。「日本経済の芯」としては丸の内エリアがあるが、「ここが文化の芯である」「ここが日本の国際金融センターだ」と誰もが指さすような象徴的な場所はない。また、世界のプレイヤーが求める職住遊近接の生活環境の整備も遅れている。

「グローバル化への適応」は東京の喫緊の課題であり、規制緩和による市場の開放、世界の主要都市とのアクセス整備、英語力の向上、海外のプレイヤーが求めるビジネス&生活環境の整備を早急に進める必要がある。

この課題に対して、世界のプレイヤーが活躍できる場を提供し、併せてグローバルスタンダードな生活環境とサービスを提供するのが、我々ディベロッパーの使命である。

アークヒルズを契機にグローバルな街づくりへ

私は、森ビル発祥の地である港区を地盤に、ビジネス&生活環境全般の整備に取り組んできた。東京都心区のなかでも、港区には大使館やインターナショナルスクールなどの集積があり、昔から外国人コミュニティもあった。国際的なビジネスのプラットフォームになりうる要素が揃っているわけである。また、都心三区のなかではもっとも職住商のバランスもいい。

一九八六年に再開発事業で完成した港区赤坂の「アークヒルズ」は、森ビルがグローバルスタンダードな街づくりを意識するようになった最初の例である。当時、日本の大企業の多くは丸の内エリアに集積していた。再開発地はさしたるビジネス集積もなく、「陸の孤島」といわれるほど交通アクセスも悪かった。このような場所に巨大なオフィス空間を創出しても、企業は誘致できないだろうというのがもっぱらの評価だった。

しかし、大方の予想を裏切って外資系金融がここに集積し、アークヒルズは小規模ながら国際金融センター的な役割を担ったのである。合理的な判断をする外資系企業は、港区の国際性（大使館、インターナショナルスクール等）、巨大なオフィス空間と先端的なビルスペック、オフィスコスト（賃料等）、職住近接が可能な環境、サントリーホールの文化的雰囲気、一流ホテルの存在などを総合的に評価して移転を決めた。

アークヒルズは職・住・文化を備えた複合都市というコンセプトで、ゼロから新しい形の磁場を創り出したのである（図表11）。

図表11　アークヒルズのカラヤン広場には外国人も多く集う

アークヒルズの体験を六本木ヒルズに生かす

アークヒルズにオフィスを構えた外資系企業のファシリティマネジャーは、オフィス環境はもとより、住環境、サービス、管理運営、契約形態にいたるまで欧米のスタンダードを求めてきた。我々は、彼らを通してグローバルスタンダードのビジネス&ライフスタイルを学んだ。同時に、サントリーホールを通じて、ビジネスエリアにも文化というソフトパワーが不可欠であり、一流の文化施設が強い磁場・磁力を持つことを知った。

そうした経験を経て、六本木ヒルズでは最初から「世界」を意識した街づくりを進めた。具体的に挙げるならば、職住遊近接の街、英語が通じる街、二四時間稼働する街、暮らしのなかに緑や文化がある街、地震などの災害にも安全・安心な街である。

その結果、六本木ヒルズには約二万人のワーカーがいるが、外資系企業の割合は約三割に達している。また、海外からも多くの来街者を迎えている。

二〇〇七年一月〜九月に六本木ヒルズを訪れた外国人観光客（はとバス、旅行代理店、美術館関係、企業など）は、捕捉できた団体客だけでも一万人を超えている。個人旅行や捕捉していない海外からの来街者も併せれば、はるかに多い数になるものと思われる。

また、二〇〇七年四月〜九月までの半年間の視察団は概ね一〇〇件、二〇〇〇人であり、その半数以上が海外からの視察団であった。外国人視察団でもっとも多かったのは韓国であり、中国、台湾、ロシアと続いている。

展望台入館者に占める外国人比率も一〇％前後に達している。年間の展望台入館者一八〇万人（二〇〇五年）から割り出すと、年間一八万人の外国人が展望台を訪れたことになる。

（3）ハードとソフトの相乗効果を高める仕組み

ハードを生かすのは運営力（ソフト）にある

ディズニーランドはハードとソフトをうまく組み合わせることで相乗効果を上げ、リピーターを獲得している。私は、ハードとしての都市空間の劇場性とソフトとしての運営力・演出力を街レベルで実現したいと考えた。

ディベロッパーの役割はハードを創ることだけではない。運営を通じて街の価値を高めていくことが、これから一層重要な役割になる。

街の運営には完成形はなく、いまも試行錯誤を続けているが、常に意識していることは時代の変化を先取りして変わり続けることである。運営側にそうした意欲や感性がなければ街の鮮度は保てず、尖った才能や旬の人たちは集まらなくなり、街の磁力は低下する。

「タウンマネジメント」が運営の要に

六本木ヒルズは、オープン前から「タウンマネジメント」という運営の専門部署を設けて準備を進めてきた。従来の「建物を管理する」というレベルを超えて、「タウンマネジメント（街の経営・運営）」という概念と手法を明確に打ち出したのは、たぶんディベロッパーのなかでも我々が最初ではないかと思う。

タウンマネジメントは、自治会や商業施設などとの連絡会議やＩＴ化を通じて街全体の情報を把握し、調整や連携・連動を図り、相乗効果があがるような企画、演出、運営、広報活動などを進めている。ここが要となって複合した都市機能をオーガナイズしているから、街全体を舞台にしたイベントやプロモーションが円滑に展開できるのである。

たとえば、「ビアフェス二〇〇七」では、六本木ヒルズアリーナ、六六プラザ、東京シティビュー（展望台）など五会場で、サッポロビール、サントリー、アサヒビール、キリンビール、オリオンビールが共同でイベントを開催するという、これまでにないプロモーションを展開した（図表12）。二〇〇七年、森美術館で開催した「コルビュジエ展」も、六本木ヒルズクラブやアカデミーヒルズの関連セミナーやイベントを開催し、商業施設とも連携して、より多くの人々に深くコルビュジエを知る機会を広げた（図表13）。

このように街全体の機能を有効に連携させることによって国際レベルの美術展やイベントを盛り上げ、世界に向けて情報を発信している。こうした手法そのものが「オンリーワン」の磁力になるのではないか。

また、英語での案内や情報発信ツールの多さ、世界に向けての情報発信量は日本の同様の開発地に比べて

図表 12　街全体を舞台に展開されたプロモーションイベント「ビアフェス 2007」

図表 13　2007 年に開催した森美術館「ル・コルビュジエ展」には約 60 万人が来館

群を抜いている。

こうした取り組みによって「六本木ヒルズにはＴＯＫＹＯの先端がある、新しい気づきがある」といった期待が集まり、ますます海外の企業や国際的なイベントを招致しやすくなるという好循環を生んでいる。

また、六本木ヒルズで行われるさまざまなイベントや活動が六本木エリア全体を活性化させ、新たな磁場となる開発を誘発する磁力になっている。

街の鮮度を保ち、多彩な磁力をつくる仕組み

街の鮮度を保つために、主要な集客施設はコンテンツを変えることで異なる磁力を発揮できるものにした。

典型はシネマコンプレックスである。単に多くのスクリーンがあるだけでなく、その前後の時間を楽しむ選択肢の多さと洗練された雰囲気が人を惹きつけている。

図表 14　六本木ヒルズは東京国際映画祭の会場としても定着

また、最近ではワールドプレミアショーや国際映画祭のメッカとなっている。イベント開催期間中は六本木ヒルズ全体がメディアとなって積極的に情報を発信し、イベントを盛り上げている。街のなかにレセプションやパーティー、宿泊に適したクラスのホテルがあり、効果的なプロモーションに必要な機能も揃っている。映画関係者からは「アジアでレッドカーペットがこれほど似合う街はない」という高い評価を受け、こうした催しは年を追うごとに増えている（図表14）。

森美術館も基本的に収蔵品を持たない美術館であり、現代アートの「プラットフォーム」を目指して計画したものである。

世界一流の現代アートを集めた企画展を実現するため、六本木ヒルズが完成するかなり前からＭＯＭＡ（ニューヨーク近代美術館）など世界有数の美術館と人的ネットワークを育て、世界の美術界の重鎮をアドバイザーに迎えた。初代館長も世界公募で選んだ。

その結果、世界の美術界でも「日本における現代アートの最大のプラットフォーム」として認知された。今では、森美術館の展覧会情報は、ＭＯＭＡなどと並んで海外メディアにも取り上げられるようになっている。

また、都市の文化力を高めるには、アーティストやアート愛好家を育てる環境や仕組みも必要である。ちなみに、パリはその両方を担う環境があるから「芸術の都」となった。

日本では理解者の少ない現代アートをより多くの人々に親しんでもらうため、森美術館ではさまざまな方法を試している。

たとえば、企画や展示方法の工夫、学校教育との連携（エデュケーションプログラム）、開館時間の延長、展望台と美術館のチケットの共通化、六本木ヒルズクラブなどでの関連イベント、店舗・レストランと美術展の連携、街全体を使ったプロモーションなどがある。

アーティストの育成・支援という面では、六本木ヒルズのキャラクター作成に村上隆氏を起用したほか、国内外の新進アーティストに作品を発表する場と機会を数多く提供している。

リピーター獲得のためのハード&ソフト

ハードについていえば、しばしば「六本木ヒルズは迷路のようでわかりにくい」という指摘を受ける。すべて見通せる平板でわかりやすい街ではなく、あえて起伏のある地形を活かして迷路性、回遊性の高い街にしたのは、街歩きの楽しみのひとつは意外性・偶発性にあると考えたからだ。

少し横道に逸れるが、地形を生かした開発手法はアークヒルズを起点に、その後の愛宕グリーンヒルズや元麻布ヒルズ、表参道ヒルズなど、森ビルの面開発のほとんどに取り入れた。「ヒルズ」シリーズの大きな特徴である。

表参道ヒルズでは、内部のアトリウムに表参道と同じ斜度のスロープを巡らして、さながら第二の表参

図表15　表参道ヒルズの内部アトリウム

図表16　愛宕神社で開催される薪能

道を散策するかのような楽しさを演出。愛宕グリーンヒルズは、江戸時代に景勝の地として多くの人々を集めた愛宕山と神社仏閣を現代に復活させるという役割を果たした。完成以来、毎年、愛宕神社で薪能を開いているが、その幻想的な雰囲気は日本人だけでなく、お招きした外国人にも大変好評である（図表15、16）。

なお、六本木ヒルズでは「わかりにくさ」をカバーするため、街の見どころを案内するツアーを設けたり、スタッフのホスピタリティ教育に力を入れてきた。

六本木ヒルズがオープン五年目でも安定した来街者を獲得している理由は、一度では見尽くせない街の構成（ハード）と、いつも街のどこかで魅力的なイベントが開かれている運営（ソフト）の相乗効果にある。

ちなみに、エリア内で使えるポイントカード「コミュニティパスポート」を発行し（カード会員約三五〇〇〇人）、来街者の来街頻度や購買行動を追跡している。また、年二回、来街者調査を実施し、行動範囲をヒアリングしているが、滞在時間は平均三～四時間と長く、複数の施設を回遊していることがわかった。

（4）二一世紀的「ゆたかさ」を模索する

二一世紀に求められるゆたかさとは何か

日本人は二〇世紀に物質的なゆたかさを追求してきたが、二一世紀は精神的ゆたかさが求められている。では、精神的ゆたかさとはなんだろうか。それはライフワークバランスや時間的なゆとり、環境のゆたかさにあるのではなかろうか。

世界都市、ニューヨーク、ロンドン、パリは、アフターファイブを楽しむ時間と機会と場が豊富で楽しい。ビジネスチャンスだけでなく、そうした楽しさが人々を惹きつけている。知識情報産業をリードするクリエイティブな人々は人生を楽しむことにも貪欲であり、インスピレーションや新しい発見・発想が、必ずしもオフィスでのみ生まれるものではないことを体験として知っている。

クリエイティブな仕事をする人々は、郊外から都心に一時間かけて通勤し、九時～五時まで机にかじりついて働くという従来のスタイルでは満足できないし、ゆたかな創造力や斬新な発想を生み出せないと感じている。彼らが望むのは通勤や移動時間が少なく、二四時間を三〇時間に使える街、二四時間を自分の思い通りにデザインできる環境とサービスである。

六本木ヒルズはこうしたニーズに応え、多彩な機能を徒歩圏に集めて時間的なゆとりを生み出すとともに、インスピレーションやアイディアがひらめくようなさまざまな機会と場づくりにも取り組んでいる。

文化交流施設を最高の場所に置く

六本木ヒルズは、森タワーの最上部、もっとも高い賃料がとれる場所にあえて美術館（森美術館）や会員制プライベートクラブ（六本木ヒルズクラブ）、社会人教育機関（アカデミーヒルズ）、会員制ライブラリーなどを集めた。いわば、「経済」の上に「文化」を置いたわけである。

街全体としてみれば経済活動の比率が高いが、文化交流施設をもっともよい場所におくことでバランスをとり、「六本木ヒルズは、経済と文化が調和する文化都心を目指す」という明快なメッセージを発した。

図表 17　アカデミーヒルズの社会人教育機関　アーク都市塾の様子

私は、文化・交流・教育などの融合施設を単なる街の付加価値施設ではなく、将来有望な都市型産業として位置づけ、事業として取り組んでいる。

「アカデミーヒルズ」はメインターゲットを社会人にし、各界のトッププランナーを講師に迎えたアーク都市塾などの「スクール」、交流の場となる「フォーラム」、会員制の「ライブラリー」、産学共同の「リサーチ&ネットワーク」の四つの機能を事業化している。知的再投資が必要な現代のビジネスマンに、スキルアップや教養を磨く場と機会を提供し、知的交流、調査研究や自己学習までワンストップで提供することを目的としている（図表17）。

「六本木ヒルズクラブ」は、メンバー同士の交流や情報交換のプラットフォームとなるよう、講演会や音楽会、上映会、パーティーなどを随時開催している。こうした機会を通じて、国や専門分野、世代を超えた会員相互のネットワークや新しいクラブ文化が育まれることを期待している。

都市の持つ磁力のなかで、もっとも強く、なおかつ難しいのは「人」であろう。どんな人が集まるかで都市の格や雰囲気が決まってしまう。お洒落な人が集まる街はお洒落になり、知的な人が集まる街にはやはり知的な雰囲気が漂う。アカデミーヒルズや六本木ヒルズクラブは、六本木ヒルズの知的な環境づくりをリードする存在である。

図表18　パブリックアート　けやき坂通りに設置された個性的なベンチ

街全体をパブリックアートの公園に

環境のゆたかさを実感させる要素のひとつは魅力的な街並みであろう。

ゆたかさや楽しさを感じさせる街並みの構成要素のひとつにパブリックアートがある。優れたパブリックアートには象徴性や存在感があり、独得の磁場を創り出す。そこに住み、働き、訪れる人を楽しませるだけでなく、記念写真や映像になった「分身」が世界中を巡り、人々をその街に誘う。

私は「六本木ヒルズを視覚芸術の公園のような街にした

い、ガラス越しに恭しく鑑賞するアートだけでなく、身近な存在として感じられるようなアートを街じゅうに散りばめたい」と考え、世界各国のアーティストに参加を呼びかけた。

六本木ヒルズには巨大な蜘蛛の彫刻「ママン」をはじめ、八体の大作が周囲の建築や緑と調和しながら、訪れる人々にメッセージを発信している。また、けやき坂通りには個性的でユーモラスな一一の「ストリートファニチャー」が設置されている。「座る、くつろぐ」というテーマに対する国内外のトップアーティストの一一通りの回答であり、ユーモアに富んだストリートスケープを創り出している（図表18）。

人々と深く関わる緑を都市に増やす

六本木ヒルズの開発にあたって、コルビュジエの都市観を参考に「バーティカルガーデンシティ（垂直の庭園都市）」を思い描いた。コルビュジエの時代にはなかった建築技術や環境技術を駆使すれば、まだ世界のどこにも実現していないアジア型の高密度な緑あふれる超高層都市が実現可能だと思ったのである。開発によって自然が失われるのではなく、開発によって都市に緑を増やし、自然の生態系を取り戻そうという試みである。

ハードのつくり込みとしては、土地をまとめ、建物を空に伸ばすことによって建ぺい率を下げ、足元に広い緑地を確保した。さらに屋上や通路も緑で覆うという手法をとった。

ソフト面では、緑と人がいかに深く関わっていくかを目指した。

たとえば、江戸時代の庭を甦らせた毛利庭園は四季折々に表情を変え、憩いの場となっている。建物の屋上に設置した水田は制振装置として機能するだけでなく、都会の子どもたちが田植えや稲刈り、餅つきや藁草履づくりを体験する場となっている。稲作の機械化が進んでいるが、ここでは昔ながらの道具を使

図表 19　江戸時代の庭園を甦らせた毛利庭園

図表 21　アークヒルズのアークガーデンで活躍するガーデニングクラブのメンバー

図表 20　六本木ヒルズ内映画館の屋上にある水田で田植えを楽しむ子どもたち

い、人の手による米作りが行われている。稲作技術の伝承や、農家の営みや収穫の喜びの一端を体験する生きた学習の場として、さまざまな人々の関心を集めている（図表19、20）。

その他にも、日本原産の植物による英国式庭園や果樹のある庭、お花見のさくら坂、ケヤキ並木のけやき坂など、それぞれに異なった風情の緑が四季折々の表情を創り出しており、敷地全体の緑被率は二六％に達している。

私はこれまで二〇年以上も都市緑化や屋上緑化に取り組んできたが、そのなかでわかったことは、緑にも磁力の差（人の気持ちを惹きつける力の差）があるということだ。ちなみに変化に乏しい常緑樹より、四季折々に変化する落葉樹のほうが人々の気持ちを惹きつける。自ら育てた緑や収穫できる緑にはより強い磁力が働く。

こうしたことに気づき、緑化の方法も、「眺める緑」から「育てる緑」「収穫する緑」へ転換していった。多くの人々に緑や草花の手入れに関わってもらう機会もつくった。アークヒルズの屋上庭園や六本木ヒルズの花壇の手入れは、一般参加のガーデニングクラブのメンバーが楽しみながら関わってくださっている。こうした活動を通じてコモンスペースと人々の関わりができ、そこから街に対する愛着や愛情が生まれてコミュニティが育まれている（図表21）。

（5）街そのものをメディア化して情報を発信する

「街」が都市文化を発信する仕組み

人はふだん意識していないが、街から得ている情報は驚くほど多い。そうした意味では、街そのものが情報を発信する「メディア」なのである。

六本木ヒルズは約二万人のワーカーと約二〇〇〇人の住民がおり、年間四三〇〇万人もの人々が訪れる。しかも総じて感度の高い人々が集まっている。街をメディアとして捉えれば、そうした人々をターゲットとして、効果的に訴求したい企業も出てくるはずだと考えたのである。

また、街で開かれているさまざまなイベントは、その場にいる人しか観ることができない。しかし、街自体が情報発信装置を持てば、その場にいない人々にも伝えることができる。

街のメディア価値が高まれば、広告料などの対価も発生する。ここから「街メディア」という新しい発想が生まれた。

六本木ヒルズは文化を育むだけでなく、それを国内外に発信する多彩な機能がある。大手テレビ局やFMラジオ局といった既存のメディアの存在はもちろんだが、街そのものを「メディア」として捉えて、ハード&ソフトの仕組みと戦略を考えた。

森ビル自身がメディアホルダーになる

具体的には、当社自身がメディアホルダーとなり、メトロハットの大型スクリーンからエレベータ内の小型液晶ディスプレイまで、大小二七二面の映像装置から情報を発信している。自前で映像の配信室を持ち、それぞれの場所や訴求対象に合った内容をプログラミングして情報発信している。

そのほか、web（一日当たり一五万～二〇万ページビュー）やタウン誌『ヒルズライフ』（発行部数一五万部）などの媒体でも街情報を発信している。

さらに、六本木ヒルズアリーナやメトロハット内部の内幕・外幕、駐車場、街路の床から壁面まで、すべての空間を情報発信ツールとして使い、ヒルズ文化や企業・店舗情報などを発信している。

通常の「街」とも既存の「メディア」とも違うことは、こうした多彩な情報発信ツールを森ビルのタウンマネジメントで一元管理しているため、街のコンセプトやブランドにふさわしい内容や品質、オリジナリティを保てることである。

また、一元管理によって、これらの媒体をトータルに組み合わせ、街全体を使った「ヒルズジャック」と呼ばれるプロモーションも可能になった。ヒルズジャックは企業のＰＲ活動や国、自治体、文化団体などの文化イベントを盛り上げる方法としても使われている。六本木ヒルズのブランディング効果はもちろん、収益面でも寄与している。

一方、街メディアを使うスポンサー企業のメリットは、六本木ヒルズを舞台にダイナミックで斬新なプロモーション活動が展開できることである。記者発表会から商品展示、広告、イベントまで、街の空間と機能を駆使して立体的に組み立てることができる。さらに、知名度の高い六本木ヒルズでイベントやプロモーションを展開することで、さまざまな既存メディアに記事として取り上げられる確率も高いというパブリシティ効果も期待できる。

こうしたことから単発の企画だけでなく、年間契約で六本木ヒルズのスポンサーとなる企業（コラボレーションパートナー）も一四社に達している。

「街メディア」で街の磁力を高める

六本木ヒルズでは「日本におけるドイツ年」「プリマヴェーラ・イタリアーナ二〇〇七」などの国際イベントから、数々の国際映画祭、伊勢神宮の神宮式年遷宮のＰＲイベント「お木曳き」など、多種多彩なイ

図表22　伊勢神宮の神宮式年遷宮のPRイベント「お木曳き」

ベントが開催されている。その情報やイベントの様子は、前述のツールを総動員して広く発信している（図表22）。

六本木ヒルズのオリジナル情報を独自の媒体で効果的かつタイムリーに発信することで、高感度な人々が集まり、文化都心としての魅力もメディアパワーも高めることができた。「街メディア」は、六本木ヒルズの磁場・磁力を強めるうえで大きな効果があった。それだけでなく、街のブランディング活動にかかるコストの一部を街そのものが稼ぎ出している。

今後は他のヒルズにも広げ、あるいは周辺も巻き込んで相乗効果を高めていきたいと思っている。

3　東京の磁力を高める処方箋

これまで都市の磁場と磁力、そして、主として六本木ヒルズを例にとり、磁場や磁力をつくる我々の取り組みを紹介した。ここでは、それらを受けて、東京の磁力を高める方法を提案する。

(1) 日本人の感性と生き残りへのキーワード

バブル崩壊で地盤沈下したとはいえ、アジアの都市のなかで東京の占める地位は今も高い。不便な成田空港と地震リスクと英語力の低さといった課題(マイナスの磁力)については別項で触れるとして、まず、これからの東京の磁力となる要素について考えてみたい。

日本のソフトパワーを見直す

日本は二〇世紀の工業化社会においては、卓越したモノづくりの技術で先進国に追いつき追い越した。しかし、二一世紀の工業化社会から知識情報社会への転換には出遅れた感がある。

その一方で、ITやアニメ、ゲーム、ファッション、食文化など、これまで日本人自身がどちらかといえば産業として軽視していた分野で、日本人のパフォーマンスが世界の注目を集めている。

〇七年一一月、アジアの都市では初めて「ミシュランガイド東京二〇〇八」(レストランの評価で世界的に権威を持つガイドブック)が発刊され、一五〇店が星つきの高い評価を得た。これは、これまで最大だったパリの六四店を上回るもので、東京が「世界でもっとも評価の高いレストランの集積地」であることを証明した。ちなみに六本木ヒルズでも四店舗が選ばれ、星の数にして合計六つを獲得している。

また、日本の市場の規模や質も世界トップクラスである。東京を世界戦略商品やサービスのテストマーケットとして位置づける動きもある。

たとえば、世界ブランドの化粧品会社のロレアルは、中国市場に参入する前に日本市場でテストを繰り返すと発表した。そのほかにも世界的なブランドの新製品発表を東京で開くケースが増えている。これらの動きは、世界企業が「東京で支持されるテイストは、世界市場、特に急速に伸びているアジア市場で高く評価される」と考えていることを示している。

六本木ヒルズでも国際映画祭やワールドプレミアショーが頻繁に開かれている。六本木ヒルズや表参道ヒルズは、世界的なブランドのプロモーションの場としてもよく使われる。世界のファッション界は日本市場に注目しており、東京発の情報や市場の反応を真剣に受け止めている。

都市型ソフト産業の発掘と育成がカギ

二〇世紀の工業化社会は、日本人の初・中等教育の高さや真面目な国民性が国の経済発展を支えてきたが、二一世紀の知識情報社会は、大学や大学院、社会人教育、教養が重要な役割を果たすようになるだろう。

これからは日本の文化や日本人の教養・感性が日本を世界に押し出すソフトパワーの源泉であり、ソフト産業のエンジンになる。

製造業といえどもソフト産業化している。製造部門は海外に移り、日本本社は企画開発やデザイン、財務戦略、システム開発、広報・宣伝などのソフト部門で占められており、それらが製造業のプロフィットセンターになっている。従来の産業分類では読みとれないが、実際には第二次産業の第三次産業化が急激に進んでいるものと思われる。

ソフトパワーは高い教育・教養・感性を土台にして創られる。ソフトパワーが今後の日本経済の牽引力であり、世界を惹きつける洗練された市場を創造するカギになる。

二一世紀は頭脳と感性で勝負する時代である。日本人の頭脳と感性は日本が生き残るための武器であり、希望だ。日本社会と日本人が本来持っていた伝統や教養、作法などのソフトをどう発掘し、磨きをかけ、現代の知や技術と結びつけて日本のパワーに変えていくか、そして、それを世界に向けてどう情報発信していくか、それらがこれからの都市に託された役割であろう。そうした仕組みや場を数多く創り出すことが、東京の磁力を高めることに繋がる。

(2) 東京のバージョンアップに必要な要素

今まで述べてきた、東京にビルトインすべき要素をまとめると以下の通りである。

・「知的交流」～魅力的な国際会議やイベントの定期的開催（ダボス会議）
・「ハードとソフトの魅力を備えた磁場の集積」～施設（空間）と運営力の相乗効果（ＴＤＬ等）
・「世界に開かれたプラットフォーム」～規制緩和等による市場開放（英国シティ、パリ）
・「文化力」～国内外の文化・芸術の受容・育成・生産・消費の場と機会の創出（パリ）
・「オンリーワンとナンバーワン」～すべての分野が対象（ラスベガス・ドバイ・上海・マカオ等）

しかし、東京のバージョンアップにはこれだけでは足りない。マイナスの磁力として働いている要素を排除し、プラスの磁力に転換する戦略が必要である。

特に強いマイナスの磁力は二つある。

第一は、地震リスクに代表的される災害に脆弱な都市構造である。早急に災害に強い安全な都市構造に転換する仕組みをつくり、実行に移さなければならない。

第二は、世界に対して閉鎖的で硬直的な法制度である。大胆な規制緩和と制度改革を進め、世界に開かれた市場に転換し、「ウインブルドン現象」を起こす必要があろう。これは都市の財政力を高めるためにも欠かせない。

さらに、世界のライバル都市に比べると、戦略的に劣っていると思われる要素が三つある。これらを改善することで、マイナスの磁力をプラスに転換できる可能性が高い。

第一は情報発信力である。東京文化を世界に発信する構造と戦略が不可欠である。

第二は都市の財政力である。都市がお金を生み出す仕組みづくりが必要である。

第三は都市の運営力である。新発想のシティマネジメントを立案し実行すべきである。

こうしたマイナスの磁力を排除・改善し、東京の独自性を際だたせるようなビジョンを掲げたい。東京が目指すべき都市像として、私が考えるのはアジア型の高密度環境共生都市（バーティカルガーデンシティ＝垂直の庭園都市）である。

以上にあげた項目について、処方箋を含めて詳しく説明する。

（3）強いマイナスの磁力を排除する

地震に強い都市構造への転換

〜地震リスクが海外企業を東京から遠ざける

強い磁場・磁力を創っても、それ以上に強力なマイナスの磁力があれば、人、モノ、金、情報を東京に惹きつけることはできない。マイナスの磁力としては、規制などによる市場の閉鎖性や低い英語力、空港からのアクセスの悪さ、地震などの災害に対する不安などが挙げられる。ここでは、私の専門分野である都市防災、特に地震リスクの回避について述べる。

海外の企業がアジアのヘッドクオーターをどこに置くかを検討をする際、東京の地震リスクは相当なマイナス要因となっている。彼らは合理的なビジネスコンティニュイティープラン（ＢＣＰ：事業継続計画）に基づいて、地震、テロ、政変、停電など、事業継続を阻む要因が低い国、地域、建物を選択する。

外資系企業が比較的高い賃料を支払っても「Ａクラスビル」を選択するのは、ステイタスやワーカーのモチベーションを高めるためだけではなく、災害や情報漏洩などによる事業上の損失を最小限に抑えるという意味もある。

〜「逃げ出す街」から「逃げ込む街へ」

東京には旧耐震基準で建てられた老朽建物が多いうえに、一街区も小さく、細い街路が入り組んでいる地区が多く残されている。都心でも一歩裏通りに入ると、古い木造一戸建てが数多く立ち並んでいるエリアもある。

阪神淡路大震災ではこうした老朽木造家屋の倒壊によって多くの命が失われた。狭い街路や道路にも瓦礫が散乱して救助活動や消火活動を妨げ、被害はさらに大きくなった。たとえ建物の倒壊から逃れたとしても、指定された広域避難所まで辿り着ける人は少ないのではないか。

私は「逃げ出す街から逃げ込む街へ」を提唱している。

ハード寄りの話になるが、都市防災の発想も、従来の「防火・耐火・避難」から「避難しなくてもいい建物で都市を構成する」という方向に転換すべきではないかと思う。特に高齢社会では「家（建物）のなかが一番安全」という街がもっとも望ましい。

まず、細分化された市街地を再開発などで大規模・立体的に造り替える。一街区単位を広くし、容積率を高くする代わりに建ぺい率を低く抑える。そうすれば、建物と建物の間隔は広くなり、建物の足元に緑地や公園などをゆったりとることができる。延焼などの危険も少なくなり、災害に強い街になる。

再開発と一緒に道路や街路も整備し、建物は免震・制振構造にする。敷地内には防災施設や災害用の物資の備蓄倉庫も置く。住民だけでなく、帰宅困難者や周辺の住民の一時避難所としても役立つ。

こうした開発にインセンティブを与えて誘導していけば、国や自治体が税金を使って避難場所を整備しなくても、自動的に災害時に「逃げ込む街」が増えていくはずである。また、これまで述べてきたような磁場・磁力を創り出す経済的・空間的な余裕も生まれる。

～Xデイに備え、震災復興計画を前倒しで進める

東京都は、巨大地震が発生しても迅速に復興できるように「震災復興グランドデザイン」を策定している。私はこれを一歩進め、巨大地震発生日「Xデイ」を設定し、できるところから前倒しで震災復興グランドデザインにそった都市改造を実行に移すことを提案したい。

「平時から震災復興計画を進める」という提案を読者は奇異に思うかもしれない。しかし、平時だからこそ粛々と進められるのだ。

六本木ヒルズの再開発を例にとると、一一ヘクタールの地区内の従前建物を壊して運び出すのに七カ月

かかり、トラック約八五〇〇台分の瓦礫が出た。この一点を見ても、被災後の復興作業がどんなに困難かが想像できる。平時の何倍ものコストと時間と労力がかかるはずだ。

一刻も早く都市改造に着手しておけば、実行途中で巨大地震に襲われたとしても進めた分だけ被害は減り、多くの人命と財産が救われる。

ちなみに何も策を打たなくても、既存ストックの三％程度が毎年建替えられている。四半世紀ですべてが建替わる計算だ。せめてこの半分でも再開発などで安全性の高い都市づくりを進めることができれば、東京の地震リスクは大幅に低下する。

世界に開放された市場への転換

東京においても、英国シティの「ウインブルドン現象」を創り出すような「国際芯」を早急に整備し、世界に開かれた市場をつくらなくてはならない。

私は、小渕内閣〜小泉内閣が進めてきた規制緩和・市場開放の流れが、感情的な「格差論」で減退することを危惧している。市場競争を制限すれば、日本企業の競争力は落ち、世界的な企業は東京を素通りして上海に拠点を置くだろう。東京の地盤沈下は、結果的に日本の衰退に繋がる。

特に金融市場の開放は急務であり、アジアにおける東京の地位を大きく左右する。現在、国際金融センター構想が浮上しているが、遅すぎるくらいである。

我々は中国・上海の国際金融センターを目指した「上海環球金融中心」の開発に携わり、上海市の意気込みとスピード感を肌で感じている。アジア経済は急拡大しており、国際金融センターの覇権争いはますます激しくなっている。

東京のリードタイムはわずかである。国家戦略から優先順位をはっきりさせ、持てる力をそこに注ぎ込まなければ、アジアの金融センターの地位は上海に奪われてしまうだろう。

(4) 潜在的な磁力を発掘し、プラスの磁力に変える

東京文化を世界に情報発信する
～東京のオリジナリティは「文化ミックス」にある

東京はもともと全国から集まった人々の街であり、全国各地の文化が混在している。加えて外来文化や技術も積極的に受け入れ、日本流に消化吸収して高めてきた歴史がある。

その結果、衣・食・住ともに極めて多様性、柔軟性に富んだ都市文化が出来上がった。「食」でいえば、東京ほど、日本全国、世界各国の一流の味が味わえる都市は珍しい。しかも家庭にまで和・洋・中の料理が浸透している。

東京は他国の文化や技術を取り入れる受容力、寛容性、多様性、柔軟性を持ち、いい意味でも悪い意味でも感染力・伝播力が強く、教育レベルや所得・感度が高い首都圏三五〇〇万人の市場を抱えている。新しい文化を生み出し、あるいは取り入れて育てる基盤としては十分すぎるくらいの巨大でゆたかな市場である。

しかも、いったん東京で火がつけば、日本全国にあっという間に波及する。メディアの大部分が東京に集まっているからだ。問題はそうした伝播力が国内で閉じていることである。

～東京文化を世界にセールスする仕組み

日本人は他国の技術や文化を受け入れて日本流に高めることは得意だが、それを発信し売り込むことは不得意である。特に世界に対する発信力やアピールが弱い。コミュニケーション能力の低さ(特に英語力)や謙虚な国民性によるものと思うが、グローバル化が進むなかでは明らかに不利である。

欧米やアジア諸国の人々は、我々日本人が思っている以上に日本文化に強い関心を持っており、高く評価している。日本の伝統文化はもとより、現代文化もどんどん世界にアピールすべきである。さまざまな仕組みや制度で日本文化や東京文化を世界にアピールし、輸出すれば、世界には日本文化を受け入れる市場と需要がある。

東京に内在する磁場・磁力を発掘し、文化などのソフト産業の輸出と観光客などの誘致に力を入れ、世界にその魅力をアピールすべきである。経済力の割に、東京での国際会議などの国際イベントが少ないのは、世界に向けたアピールが少ないことも一因ではないだろうか。

ちなみに、六本木ヒルズは世界、特にアジア諸都市における知名度・好感度が高い。これは積極的に世界に向けて街や文化情報を発信し、各国のメディアに取り上げられたことが大きい。

あらゆる機会やメディアを使って東京の魅力を世界に発信する「シティセールス戦略」が必要である。六本木ヒルズでトライしている「街メディア」という手法を「都市」のレベルで展開できないものだろうか。

都市財政を潤す仕組みをつくる

～都市がお金を生み出す仕組みをつくる

都市環境をゆたかにするにはお金がかかる。都市がお金を生み出す仕組みや都市の運営コストを下げる仕組みをいくつか考えてみよう。

たとえばカジノがある。日本でも公共ギャンブルが認められており、自治体の財源となってきたが、在来の公共ギャンブルに対するイメージは必ずしもよくない。

しかし、カジノで有名なラスベガスを例にとると、さまざまな努力によって世界の富裕層のみならず、ファミリー層も楽しめる健全なエンターテインメントシティに変貌を遂げている。カジノは今や世界の社交場やコンベンションシティ、エンターテインメントシティとなる要素のひとつである。エンターテインメント産業や観光産業を支える磁場のひとつとして解禁してもいいのではないか。

カジノは東京都の財政を潤す。英国の「ウインブルドン現象」のように、世界の富裕層やファミリー層が喜んで集まってくるような健全な娯楽のプラットフォーム（磁場）に仕立てれば、都市が潤い、ひいては日本の国民が得をするのだ。

～アジアの富裕層を集める磁場をつくる

日本人は中流意識、横並び意識が強く、突出したものを嫌う傾向が強い。世界では金持ちを歓迎するが、日本人のメンタリティは逆である。税金も社会制度も富裕層を追い出すような方向に向いている。冷静にみれば、これは大きな損失である。

今、アジア経済の台頭でアジアの富裕層が急激に増加している。これを東京に吸引する磁場・磁力をつくれば、結果的に東京は潤い、活性化する。

手法としては、前述の東京文化の世界セールス戦略、カジノを含むエンターテインメント施設、アジア諸都市との直通便の増便、富裕層向けのレジデンスやリゾートの開発、魅力ある都市観光プラン、東京への投資を呼び込むさまざまな仕組み、コンベンションやイベントの誘致、アジア留学生受け入れ制度の充実などがある。

こうした形で、アジア諸国と国レベル、都市レベル、個人レベルで連携・交流し、親密な関係を築くことが、世界における東京の存在価値を高めるだろう。

都市を運営する仕組みをつくる

~さまざまな運営主体を利用する

都市の魅力はハードとソフトの相乗効果で高まる。前述したように、六本木ヒルズで行っているタウンマネジメント手法は都市運営にも応用できる部分が多いと思う。

都市運営の主体は自治体だが、ＰＦＩやＰＰＰという手法を使ったり、ＮＰＯ法人と連携することで民間の知恵やノウハウを都市運営に活かすことができる。

日本には官か民かという概念しかなかったが、その中間に位置する仕組みを開発し、普及させることが財政難や硬直的な都市運営を打開するカギであろう。その担い手は民間企業だけではない。定年退職を迎える団塊の世代のパワーを街づくりや都市運営に活かすことも十分に考えられる。

たとえば、アークヒルズや六本木ヒルズでも、道路の花壇や屋上庭園の手入れや街のクリーン作戦に地域の住民やワーカーが楽しみながら参加してくださっている。

これまで「官」の管轄範囲とされていた領域をひとつひとつ見直し、民間企業や住民が自主的に参加できる仕組みづくりに知恵と予算を振り向けてはどうか。長期的にみれば、自治体の負担（人員・経費）を削減する効果もある。

(5) 東京が目指すべき都市像と再生手法

アジア型の高密度環境共生都市へ
～欧米の模倣から脱却し、アジア独自の都市モデル創造へ

以上、東京の磁力を高めるためのいくつかの方策を述べたが、最後に目指すべき「都市のかたち」と「都市のつくり方、再生の手法」について提案したい。

これまでの日本は都市計画や都市づくりにおいて欧米を規範としてきた。しかし、欧米の都市もさまざまな問題や欠陥を抱えている。日本の気候風土や日本人の文化習慣にそぐわない部分もある。

たとえば、ニューヨークやパリは市内に広大な公園を抱えているが、日本人の私からみると街角の緑は乏しく、四季折々の風情を感じさせるような自然の魅力には欠けているように感じる。

温帯モンスーン気候の日本では、都市の環境のなかでも広葉樹や草花がすくすく育つ。屋上や路地の傍らにも緑はたくましく成長している。そして、日本人にはそれを愛で慈しむ心がある。欧米人は人間と自然が対立的関係で、自然は人間が克服すべきものだった。しかし、日本人は長く自然と親密な共生関係を保ってきた。こうした特性を活かしつつ、日本独特の伝統文化や現代文化も織り交ぜたうえで、グローバルスタンダードな機能も併せ持った新しいアジア型都市モデルを模索すべきではないか。こうした都市の実現はアジア諸国にも大きなインパクトを与えるはずである。

アジアはもともと人と人の距離感が近い社会であり、自然と人間が共生してきた社会である。同じ超高

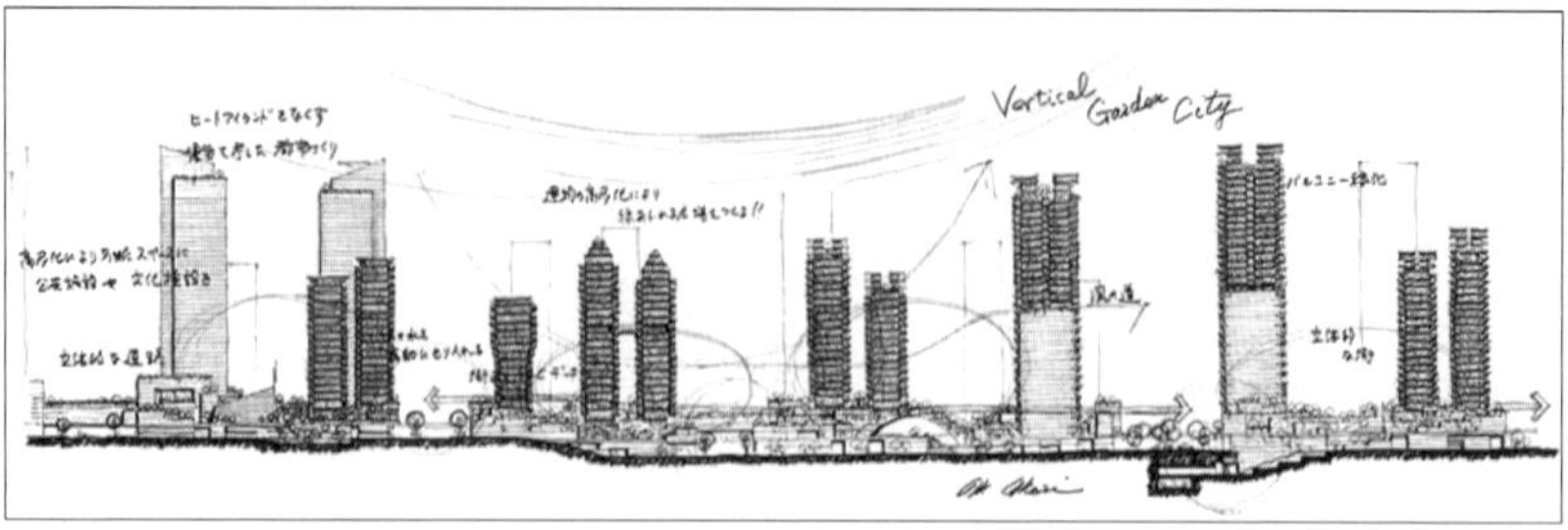

図表23　バーティカルガーデンシティ（垂直の庭園都市）のイメージ

層複合都市を創るのでも、アジア的な繊細さや寛容さを持ち、高密度ながら自然と共生した都市を創り出す土壌がある。欧米をいくら精緻に模倣しても所詮は模倣であり、偽物である。偽物は人を惹きつけることはできない。

　また、ただ古いものを残すだけでは、街としての機能も磁力も安全性も低下する。私は、新しい建築技術や環境技術を駆使したアジア型「バーティカルガーデンシティ」（垂直の庭園都市）がひとつの方向性ではないかと考えている（図表23）。

〜日本的な手法で東京を再生する

　これまで多くの再開発を手掛けてきて、私有権の強い日本では「グランドデザインをつくって片端から街を造り替えていく」という手法は大変難しいと感じている。

　だからといって、従来のように個々の敷地単位で建替えてゆけば、脆弱で無秩序な都市構造は一向に改善されない。これまで述べてきた磁力や磁場を生み出すさまざまな施設や仕掛けを組み込むこともできず、結果的に残すべきものも残せなくなる。

　都市計画の仕組みとして提案したいのは、少なくとも三〇ヘクタール〜四〇ヘクタール単位でグランドデザインをつくり、合意形成ができた地区から五〜一〇ヘクタール単位でつくりかえていく手法である。これを連続させていくことでウエブ状に都市を再生していく。この方法ならば、残すべきものを残すこともできる。

先行地区に容積率を移転して高層化を図り、後発地区は不定容積にしておく。そして、エリア環境の向上に寄与する計画に対して容積を付与する。たとえば、緑被率を高めるとか、水系をつくる、歴史的街並みの保存、CO2の削減に寄与するといった計画である。テーマを何にするかは、それぞれのエリアに必要な要素を検討して決めればよい。

「規制（減点）主義」から「加点主義」へ、「固定された都市計画」から「時代に合わせて育つ都市計画」へ転換すれば、都市再生スピードは上がり、時代変化との摺り合わせもできる。

こうした方法で都市再生を進めるなかで、これまで述べてきた東京をバージョンアップするさまざまな手法を柔軟に取り入れて、東京の磁場・磁力を高めればよい。

経済がグローバル化し、国際的な都市間競争が本格化するなかで、日本の浮沈は東京にかかっている。日本を元気にするには、「東京か、地方か」ではなく、「東京も、地方も、共に自らの磁場・磁力を高めていくのだ」という意識と覚悟、そして既成概念を突き破る創造力と行動力が必要である。

第二章

東京のユニークな政策と力学

―対立と調整のあや―

青山　佾

1　大都市東京が基礎的自治体の仕事もする

(1) 大都市行政の一体性を確保

日本人は一般に、ものごとをきちんと決めて、決めたとおりに実行していく民族的特性があるように受け止められているかもしれないが、大都市東京の都市運営については、かなり柔軟で、融通無碍に対応してきた。

東京都は二三の特別区と三九の市町村に分かれる。このうち二三の特別区は、合計で八五〇万人の住民と六万ヘクタールの面積をもつが、地方自治法のうえで、一般の地方公共団体とは異なった扱いがなされている。すなわち、一般の市町村が扱う仕事のうち、「人口が高度に集中する大都市地域における行政の一体性及び統一性の確保の観点から都が一体的に処理することが必要」なものについては都が扱うこととされ、区は扱うことができない。

具体的には、区は上下水道や消防などの仕事は単独で行うことができず、二三区の連合体としての東京都が行っている。また、都市計画や建築確認の権限については、徐々に区に移管されてきたが、今でも一定規模以上のものについては東京都に権限が留保されている。清掃のうち一定の仕事は区に移管されたが、廃棄物の最終処分等は依然として東京都が行っている。ほかにも、他の大規模な都市であれば通常行っている地下鉄及びバス、公立病院、公立大学、公営住宅、霊園・火葬場設置なども、一部、区が行っている例もあるが、ほとんどは東京都が行っている。

このため、通常であれば市町村税である市町村民税法人相当分、固定資産税、特別土地保有税、事業所税、都市計画税は都税となっている。このうち、市町村民税（法人分）、固定資産税、特別土地保有税は、都区財政調整制度により、都と二三区とで協議の上、都条例で配分割合を決め、特別区の財源不足額に応じて、財源調整交付金として各特別区に交付されることになっている。

日本の政府が財源不足の地方公共団体に交付する地方交付税制度は上から下への垂直調整だが、都区財政調整制度は都と区の垂直調整であると同時に二三区同士の水平調整の性格も合わせもっている独自のシステムである。

(2) 東京市の内部団体だった二三区

もともと、二三区は自治体ではなく、東京市の内部団体だった。東京市と郡部を包括する団体として東京府があった。一九四三年、戦争遂行のため、効率化の必要があるとされて東京府と東京市が合併され東京都ができた。現在の二三区の制度は、東京市時代の内部団体扱いから、徐々に自治権を拡大する形で変遷を重ねてきている。区長が公選となったのは、一九七五年である。この時期まで、都と区は職員を一緒に採用していた。

二三区の側はずっと、自治権拡充を悲願として運動を繰り広げているが、東京都は大都市としての一体性・統一性の重要性を主張し、その対立を調整する力学が働いて制度は常に見直され、複雑に変遷を重ねている。

一体、二三の区は自治体として自治権をもっているのか、もっていないのか。区長や区議は自分たちで選任できるが、日本の市町村が普通にもっている権限はかなり制限されている。答えは簡単に出ない。

このあいまいで柔軟な制度が、結果的に東京の都市運営をユニークで現実的なものにしている。東京の都市政策は決してスッキリしたものではないし、都市計画もゴチャゴチャしているように見える。都市全体の構造や景観を通じて一定の哲学や理念が貫かれているわけではないが、しかしそれなりに都市が運営されていて、その混沌自体が魅力のひとつとなっているといえなくもない。

以下、そのようなあいまいで複雑な対立と調整の結果がもたらした東京の都市的ユニークさをみてみよう。

2 意外に機能している地域コミュニティ組織

(1) 町会組織の力を占領軍司令部が危険視

一九四七（昭和二二）年一月、占領軍司令部は、日本国政府に対して町会廃止を命令した。その理由は、日本が第二次大戦を遂行するうえで、町会組織が重要な役割を果たしていたと分析したからである。

実際、「とんとんとんからりん隣組」という愉快な歌に乗せられて充実強化された町会組織は、上意下達、思想統制、相互監視、物資配給という、戦争遂行の重要な一翼を担った時期があった。国家総動員法・大政翼賛会の地域における具体化が町会組織だった。

戦後、この有用な地域組織を、町会長等役員を公選し、行政組織の下部機関ではない民主的コミュニティ組織として再編成する案もあった。しかし占領軍司令部は、これらの案を一蹴し、解散を命令した。

戦時下の町会組織は、まず強制参加の一〇戸程度で隣組を構成し、隣組長からなる町会常会があり、町会長からなる区常会があり、区長からなる市常会（東京市常会）が構成されるという形で、東京市内の全戸が例外なく組み込まれた精緻なピラミッド組織として成り立っていた。

東京市役所には町会課があって、上意下達が貫徹されていた。町会は明快に行政の下部機関だった。一九四〇（昭和一五）年の内務省訓令第十七号は、町会を「市町村の補助的下部組織」と位置づけている。町会は同時に大政翼賛会の下部組織でもあった。

しかし、戦争中の町会はそうだったとしても、今や、戦争は終わったのである。どのような社会であったとしても、地域住民組織は必要である。戦後の民主社会を担う地域組織を再編成する必要はあるだろう。かなりの数の日本人がそう考えていたことは想像がつく。実際、行政が利用するためにつくった町会は廃止するが、自主的に任意でつくる町会はかまわない、というのが当時の内務省の見解だった。

それなのに、占領軍司令部は、なぜ町会廃止を命令したのか。一説によると、一九四六（昭和二一）年の衆議院選挙において、占領軍は社会党が勝つことを望み、またそうなると予想していたのだが、予想に反して自由党が第一党、進歩党が第二党となって、社会党は第三党に甘んじた。当時、占領軍は盛んに政治家の公職追放をおこなっていて、進歩党などは相当の打撃を受けていたはずなのだが、それにもかかわらず社会党が第三党にとどまったのは、戦前から続く町会組織が依然として機能していて、選挙において保守系が勝利する原因となったと判断して町会廃止命令に至ったというのである。

実際にそうだったとも思えないが、そう受け取れるような雰囲気が一時的にそのころの日本にあったのかもしれない。占領軍のミッション（使命）が日本の戦争遂行能力を削ぐことであったことは確かであり、そのために一時的に日本社会の民主化を進めたことも確かである。

その後、一九五一（昭和二六）年、サンフランシスコ講和条約に調印し日本の独立が回復して翌一九五二（昭和二七）年、町会解散命令は解除された。都内各地にはその後、町会・自治会その他、名称は異なっても、地域の自治組織が形成された。区市町村単位の町会連合会もそれぞれに組織された。

（2）東京独自の地域コミュニティ

日本では、戦後、復興を経て高度成長に至る過程で、「農村コミュニティが崩壊し、都市コミュニティが形成されたが、都市コミュニティは共同体意識や相互の協力関係が希薄で、さまざまな問題が発生している」という文脈でコミュニティが論じられることが多かった。

もともと日本は農耕社会だったから、生産から日常生活の助け合いに至るまで地域コミュニティが確立していた。しかし工業化に伴う都市化によって農村型のコミュニティの多くが崩壊した。新たに形成されるべき都市型コミュニティも、勤め人の長距離通勤などの理由もあってなかなか育たなかった。商店街や団地・マンションなど一部の人がコミュニティを担う時代が長かった。

昭和三〇年代から四〇年代にかけての日本の都市では、公害問題やごみ問題が深刻化し、市民運動が盛んになり、市民参加論が盛んになった。しかし、これらの運動の多くは、単なる過激な反対運動にとどまり、長続きしないものが多かった。社会学者によっては、「市民運動はある特定のマンションの建設に反対する、ある特定の施設の建設に反対する、といったアドホックなものでいい。その運動の目的が成就したら、あるいは挫折したら解散すればいい」と説いたりしていた。

相手方がそういう態度でいる限り、自治体側は、「継続性のない市民運動と協力することはできない。私たちは、きちんと行政責任を果たします」という姿勢にならざるをえない。両者は平行線を辿り、交わることがない。本来はともに協力して地域を担うはずの市民運動と自治体の対立図式が当時、日本全国で見られた。

しかし今の東京では二一世紀型の地域自治組織として再び地域コミュニティの役割が見直されている。

第三の分権という言葉がある。第一の分権が国から都道府県、第二の分権が都道府県から区市町村であるとすると、これからは、第三の分権すなわち区市町村から地域への分権がなされなければならないという考え方である。

第四セクターという言葉もある。第一セクターが政府・自治体、第二セクターが民間、第三セクターが政府・自治体と民間の共同組織（いわゆる公社公団など外郭団体）であるとすると、第四セクターは、地域市民組織である。地域NPO、ソーシャル・エンタープライズ（地域企業）などいろいろに呼ばれるが、福祉や環境など公益的な仕事を、地域単位の市民組織が、営利企業の良さも生かしながら担っていくという考え方である。「福祉をビジネスライクに実施する地域市民組織」などという表現もある。

このように地域コミュニティの役割が見直されてきたのは、地域単位で対処しなければならない課題が多いからである。

近年、地域の治安に対する危機意識が高まって、児童の登下校の際にコミュニティで協力し合って安全を確保するしくみが全国に定着した。地域コミュニティがしっかりしていれば、児童の登下校時に限らず、その他の犯罪についても未然に防止することができる。地域コミュニティの力

図表24　東京では都心でも地域コミュニティがある（港区一の橋付近）

を多くの人が再認識している。

地域自治意識の高まりや団塊世代の大量退職などもあって、地域コミュニティの活動が活発化しつつある。企業がCSR（企業の社会的責任）の見地から地域活動に参加する例も多い。住民が高齢化したために企業が参加しないと祭りの神輿の担ぎ手が足りない、などという地域もあるほどだ。

防災、防犯、環境、まちづくり、景観、福祉、衛生、廃棄物、教育等々、地域のコミュニティが果たす役割は大きい。町会をはじめ、地域自治組織の役割が再び議論されている。

欧米諸国では宗教コミュニティや民族コミュニティが社会の維持発展・相互扶助に大きな役割を果たすことがあるが、東京では町会等の地域コミュニティ組織がそれなりに機能している。これが治安・防災・地域イベントなど各分野において一定の役割を果たしているのが強みとなっている（図表24）。

3　東京一極集中批判を多心型都市構造論で躱す

（1）一見、分散政策にも見える多心型論

多心型都市構造論とは、都心一点集中の都市構造を、いくつかの副都心が形成された都市構造に転換していこうとするものである。

具体的には、池袋、新宿、渋谷という既存の三つの副都心、上野・浅草、錦糸町・亀戸、大崎という新しい三つの副都心、さらには臨海副都心を加えて計七つの副都心に業務・商業機能を重点的に配置していこうとするものだ。

これらの副都心は、程度の差こそあれ、いずれも交通の結節点もしくはその近くにあり、一層の業務集

積が期待される地域であった。

そして多摩地域には、副都心ほどではないが、やはり業務・商業のさらなる集積が期待される立川・八王子・町田・青梅・多摩ニュータウンセンターの五つの「心（しん）」が指定された。

当時、地方都市には東京一極集中批判があったが、この多心型都市構造論は一見、分散論にも見えた。実際には都心地域を拡大していく考え方でもあったが、都心一極集中を避けようという考え方であったことは確かである。

この考え方が本格的に東京の都市構造論として位置づけられたのは、一九八六（昭和六一）年一一月の『第二次東京都長期計画』である。それ以前に、一九八二（昭和五七）年一二月に策定された第一次の『東京都長期計画』でも多心型都市構造論は計画の中軸に据えられていたが、臨海副都心や青梅、多摩ニュータウンセンターなどが副都心や多摩の心として正式に加えられ、多心型都市構造論が本格的に展開されたのは『第二次東京都長期計画』からである。当時、日本の地方都市からは東京一極集中批判が展開されていたが、この多心型都市構造論は、その批判を躱す一種の変化球としての役割も担っていた。

『第二次東京都長期計画』は、「なかでも臨海副都心は、東京テレポートを中核に、国際化や情報化に対応して、情報関連業務、国際交流、居住、文化・レクリエーションなど複合的な都市機能が整備され、――外国人も住みかつ働く、未来型の情報都市空間が生まれる」と特別扱いされている。

すなわちこの多心型都市構造論は、都庁が丸の内から新宿に移転し、臨海副都心に一時期重点投資が行われる理論的根拠となった。

このころまでは、都心は業務、都心周辺部は商業・サービス、外縁部は住居という機能分類による一点集中、放射方向の都市構造が当然視されてきた。市街地は江戸時代以来、一貫して都心から郊外へ向かって外延的拡大を続けてきたのである。しかし、その外延的拡大は飽和点に達し、何よりも都心がその過重な負担に耐えられなくなってきた。都心機能の分散が必要と考えられたのである。

そこで編み出されたのが、「一点集中型の都市構造是正のための多心型都市構造論」だった。ここで副都心とは、「交通の結節点にあって、大規模な未利用地の開発や再開発が見込まれるなど、将来の都市づくりに大きな可能性をもっている地域」である。

当初から、「都心機能を副都心に分散する」といっても、「都心と新宿は、新宿通り沿いにすでに連担していて区別がつかない」「都心と渋谷も、青山通り沿いにずっと連担している。むしろ一体ではないか」などという批判があった。

これに対して、「いや、新宿通りも青山通りも、大通りから一歩入ると、低層の住宅街があって、業務・商業機能が主流ではない」という反論はあったが、その「一歩入った低層の住宅街」も現実には、徐々に「中層の業務・商業・都心居住の複合機能地域」に変貌していった。

(2) 都庁の新宿移転と臨海副都心開発という二つの成果物を残す

実際の都市の流れは、むしろ都心居住や情報交換・交流・文化・楽しみなど多様な機能が都心部全体に求められる時代に変わってきたため、ほぼ山手線内側のセンター・エリア全体が、従来とは異なった多様な都心機能を担うようになっていった。

この「多心型都市構造」の理論は、東京都という不自然に東西に細長い行政区域にとらわれず、関東平野全体を展望した都市構造、すなわち、「首都圏メガロポリス構造」を考えると有益な理論である。

すなわち、圏央道という直径約百キロの高速道路とアクアラインに囲まれた地域が、都市活動の上でも、人びとの生活の上でも、ほぼ一日行動圏であり、この範囲の都市構造を中心に考えるべきである。圏央道の路線には、東から順に、成田、つくば、久喜・白岡、青梅、横田、八王子、相模原、海老名という主要な都市がある。これらの地域はいずれも首都圏における重要な機能を担っている。

図表 25　発展した臨海副都心

一九九〇年代、国道一六号線文化という言葉があった。ファッション、紳士服、レストラン、本屋、CD、パチンコ等各種娯楽の店などが一六号線沿いに立ち並び、若年層は車で買い物やレジャーをすませてしまう。都心や副都心にわざわざ出かけなくとも、一六号線から文化が発信され、そこで生活が完結するというのだ。人々の意識も都心一点集中から転換しつつある。

「多心型都市構造」政策は、都庁の新宿移転と臨海副都心開発という二つの成果物を残して、その役割を終えた。右肩上がりの人口膨張時代にあっては、放射方向の鉄道・道路整備が重視された。しかし、人口横ばい、経済低成長時代を迎え、戦後五〇年続けてきた市街地の外延的拡大型都市づくりに終止符が打たれた（図表25）。

東京都の公式の計画書としては、一九九五（平成七）年に策定された『とうきょうプラン九五』が「都心機能の更新」を掲げ、正式に「多心型都市構造」政策からの転換を宣言した。これは、新たな拠点都市を整備するよりも、既存の都心機能の更新に努めるとともに、今育ちつつある都市の整備・充実に力を注がねばならない、それぞれの都市に住み、働く人達のアメニティ（快適性）や都市空間の質の向上を目指す都市づくりに転換する必要があるという考え方である。

4 私鉄と地下鉄の相互直通運転により遠距離通勤を処理

（1）自動車を持たなくとも生活できる都市

東京の鉄道の利便性は誰でも認める。東京圏、京阪神圏、中京圏に分けて、移動のための手段をみてみると、鉄道の利用率が、京阪神圏の一八％、中京圏の一〇％に対して東京圏では二五％に達する。

ＥＵに至っては、鉄道だけでなくバスも含めた公共交通の利用率がわずか一〇％にすぎない。地球温暖化対策のためにもこれではいけないということで、ＥＵが地方自治体に対して直接、約五〇〇〇万ユーロの援助金を出すＣＩＶＩＴＡＳプロジェクト（City-Vitality-Sustainability）を実施している。

東京では、自家用車を持たなくともほとんど不自由を感じないで行動できる。

今、東京二三区のＪＲ・私鉄・地下鉄の駅数は五二〇を超える。ニューヨーク、ロンドン、パリはそれぞれ四〇〇前後だから、遥かに凌いでいる。

駅数がこれだけ多いということは、徒歩圏に必ず駅があると言っていいほど、鉄道網が整備されているということだ。都心周辺部では、徒歩一〇分以内に駅がある地域が九割以上に及ぶ。

しかも、東京の鉄道の特徴は、郊外鉄道が都市内に乗り入れて、乗客を乗せたまま、地下鉄路線を走る、いわゆる相互直通運転を行っていることだ。これは、世界的に見ても、珍しい。ほかには、ソウルなどで、たとえば仁川（インチョン）に行く電車などでわずかに見られる程度である。

東京では、むしろ相互直通運転が当たり前となっており、都市の時間距離をかなり短縮している。極端な例では、北総開発鉄道・旧都市基盤公団・京成・都営浅草線・京急の五線相互乗り入れなどというのもある。羽田空港ターミナルには、北総・公団線の電車が毎日乗り入れ運転されているのである。

(2) 鉄道利便性は世界一

この相互直通運転のネットワークも、一朝一夕に出来上がったわけではない。相互直通運転の第一号は、一九六〇（昭和三五）年、都営地下鉄浅草線の浅草橋～押上間が開業したときだ。京成と都営地下鉄はこのとき、軌道の規格を互いに合わせるなど、大変な苦労をして、相互直通運転を開始した。これを契機に、私鉄と地下鉄の相互直通運転は東京に普及した。東京都内の鉄道は、その延長キロ数において、ＪＲの約三〇〇㎞に対し、私鉄が三三〇㎞、地下鉄が二四〇㎞に及んでいるから、この私鉄と地下鉄の相互直通運転による利便性向上効果は大きい。

さらに、東京の鉄道は、ＪＲ山手線と都営地下鉄大江戸線と、二つの本格的な環状線を有している。これは、世界の他の大都市にはないものだ。

二〇〇〇（平成一二）年に開業した大江戸線は、他線との接続駅が多い（二八駅中二一駅）という利便性を生かして、開業以来、乗客数が増えつづけている。

鉄道のネットワークは世界に誇れるとしても、東京の混雑率は、まだまだひどい。今後、「路線と路線をちょっと繋ぐことによって飛躍的に利便性を高める」ような路線を重点的に整備していくことになるだろう。

また、環状方向の路線も必要だ。人びとの移動パターンが、通勤移動から都市間移動へとシフトしているからだ。現に、鉄道混雑率も、環状方向の武蔵野線・南武線などで上昇傾向にある。

このように、東京の鉄道ネットワークの特徴は、駅数が多いこと、本格的環状鉄道を二本もつことに加えて、私鉄と地下鉄の相互直通運転の実施が挙げられる。これは、高度成長時代にいかにして大量の遠距離通勤をスムーズに捌くかを工夫したおかげである。結果として東京は、世界で最も鉄道利便性の高い都市となった。

5 道路面積率は低いが環状立体道路によって補完

(1) 震災復興計画で世界でも珍しい環状道路を計画

ニューヨークのマンハッタンは、道路面積率が二〇％を超えているが道路は慢性的に渋滞している。それは、超高層ビルの林立によって高密度都市を実現したからであるが、超高層ビル群をもつミッドタウンとダウンタウンの間でも渋滞している。それは、道路が碁盤の目状になっていて、自動車が交差点で信号に引っかかることが多いからだ。

自動車交通を想定した場合、道路は、碁盤目状に加えて、それらと立体交差して信号が少ない何本もの環状道路をつくるのが合理的だ。東京は、そういう計画をもっている。残念ながら、実現していないだけだ。

世界の大都市にも例がない東京の環状道路計画は、一九二三（大正一二）年に発生した関東大震災のあと、一九二七（昭和二）年に震災復興の一環として計画決定された。この八本の環状道路を、私たちは八

○年経った今もまだ、環七、環八の二本しか完成していない。この環状道路の完成を急ぐべきだ。

特にこれからは、活性化した都心を直接通る環三（ほぼ外苑東通り、言問通り、三ツ目通りなどをつなぐ）、環四（ほぼ外苑西通り、不忍通り、明治通り、丸八通りなどをつなぐ）の整備を急ぐべきだ。これらが完成すると、東京は、二本の本格的環状鉄道の存在と相まって、世界でも稀な公共交通利便性の高い都市となる。

図表 26　山手通りの地下に掘った首都高中央環状線道路

(2) 首都高速中央環状線の完成で首都高の渋滞の九割が解消

首都圏の自治体が共同で実施したパーソン・トリップ調査（一九八八年に比べた一九九八年の変化を調べた）によれば、既に人々の移動は、「都心と郊外」の往復を繰り返す移動から、「複雑な地域間移動」へとシフトしている。これは、工業化時代から情報化時代への移行に伴って、オフィスの機能が大量伝票処理から折衝など知的生産の場へと変化したことによる。

その関東平野で、全国から集中する高速道路のネットワークをさばく扇の要となる部分が、わずか片側二車線の首都高速道路都心環状線しかない期間が長かった。全国を疾走する自動車が、東京の都心に用がなくとも都心環状線を通っている。

環状道路の重要性は、都市内一般道路だけではない。高速道路においても同様だ。首都外縁部を取り巻く環状高速道路については、第二次大戦後、ロンドンもパリも計画した。そして今、ほとんど実現した。東京だけが実現していない。この外縁部の高速道路すなわち圏央道、外環、首都高速中央環状線の完成を急ぐべきだ。

これらのうち首都高速中央環状線は、山手通りの地下を走る新宿線の工事が進み、二〇〇七年一二月には、池袋―新宿間がオープンした。その先、新宿―渋谷（大橋ジャンクション）間の工事も進行中だ。最後に残る品川線が開通すると少なくとも首都高の渋滞はほぼ解消する（図表26）。

6　都市公園面積は少ないが水とみどりの工夫

(1) 占領軍、農地改革で公園用地を細分化して売却

庭園づくりは昔から日本の文化として発達してきた。城や大名屋敷、あるいは寺社に中世から近代にかけてつくられた名園が多く残っている。町民がつくったものとして向島百花園もある。

東京市区改正（都市計画）によって日本初の近代的な都市公園としてつくられたのは日比谷公園だ。一九〇三（明治三六）年のオープン、百年を超す歴史をもつ。用地や設計をめぐって難産ではあったが、完成すると、物珍しさもあって大勢の人が見物に訪れた。噴水や花壇に加え、大小の野外音楽堂や公会堂、図書館があり、人々が集い楽しむ公園として育てられてきた。わずか一六haにすぎないが、日本の代表的な公園だ。

東京の各所に初めて意識的に公園がつくられたのは一九二三（大正一二）年の関東大震災のあとの震災復興だ。火災の延焼を防ぐ目的で、隅田公園や浜町公園、錦糸公園など数十に及ぶ公園がつくられた。横浜の山下公園がつくられたのもこのときである（図表27）。

図表 27　関東大震災の復興計画でつくった隅田公園

旧都市計画法に緑地の規定ができたのは、一九四〇（昭和一五）年のことである。これは一九二四（大正一三）年に開かれた国際都市計画会議のアムステルダム決議に影響されたものであるが、当時の日本を取り巻く軍事的状況が色濃く反映されて、第一に防空、それに加えて第二に国民の体位向上、第三に生産拡充の三つが緑地の目的とされた。これに基づき、一九四三（昭和一八）年までに決定された東京の都市計画緑地は、水元一六九ha、篠崎一二四ha、舎人一〇一ha、小金井九一ha、砧八一haなど合計一四一三haに及ぶ。

しかしこれらが近代的な都市公園として整備される前に戦火が拡大し、日本は敗戦する。

マッカーサーは日本の民主化に努めたが、東京の復興には冷たかった。東京都がつくった本格的な戦災復興計画にマッカーサーは関心をもたなかった。日本民主化政策の中核となった農地改革は、山林は除外して農業に限って大地

図表28　豊富な水辺をもつ東京（隅田川の白鬚付近）

主や不在地主を解体して、自作農を創設しようとするものだ。封建的な仕組みが残っていた日本の農村を民主化するという点は評価できるが、東京のような都市部に対する配慮はまったくなく、一九四六（昭和二一）年の自作農創設特別措置法は全国一律に適用された。事情を問わず現に耕しているものに土地を細分化して廉価で譲り渡すという政策が機械的に強行された。

(2) 公園面積の拡大は課題だが水とみどりは豊富

東京の公園づくりという面から農地改革をみると、その受けた損害は、計り知れない。戦前に東京都（昭和一八年までは東京市）が公園・緑地用途のために取得していた土地のかなりの部分が、戦中・戦後の食糧難に対応するため、多くの人が耕地として使用することを許していた。農地改革は、これらの公園・緑地も、売り渡しの対象としたのである。

農地改革によって失った東京の公園緑地面積は、約四六〇haに及ぶ。この面積は、当時、東京都が所有していた公園・緑地用地のうち約半分に達する。東京だけではなく大阪、名古屋も同様である。東京都はこれらを都民の税金によって買い戻すために既に六〇年以上を費やしているが、未だにそれを果たせないでいる。

都市公園法が制定されたのは一九五六（昭和三一）年と、比較的新しい。都民の税金でこつこつと公園用地を買収したのは主として昭和四〇年代、五〇年代である。

一九八四（昭和五九）年には『東京都緑の倍増計画』が策定された。ここで倍増というのは、東京にある公園の面積を一人あたり三・一㎡から六・〇㎡にするというものである。あれから二〇年以上経った現在、この面積は、区部ではまだ約四・五㎡にすぎない。

ニューヨーク、パリなどが面積の二〇％前後を公園としているのに対して、区部ではまだ約六％しか公園がない。区によっては面積の一％か二％しか公園をもっていない。東京では、都民が強く意識して公園をつくっていかなければならない。

公園面積の拡大はまだまだ課題だが、東京の都心部にはそれなりの公園はあるし、江戸時代以来、水路を縦横にめぐらした水辺都市江戸の面影は東京の随所に残っている。東京都心部の水辺面積率は、旧江戸市街地の範囲では約六％を確保している。これらの水辺を守り拡大しながら、今後は二三区周辺部の住宅地における近隣公園を増やしていくことが東京の課題である（図表28）。

7　変遷を重ねた容積率制度

（1）容積率とは

容積率とは「建築物の延べ面積の敷地面積に対する割合」である。日本で初めて容積率制度が導入されたのは一九六三（昭和三八）年である。都市施設の整備を計画的に行うため、またその地域の都市施設の整備水準に見合った密度の市街地を形成するために導入された。それまでは住居地域は二〇m（七〇尺）、その他の地域は三一m（一〇〇尺）の高さに制限されていた。容積率規制が導入されて高さ制限は外された。これによって一九六八（昭和四三）年、高さ一四七mの霞が関ビルが完成した。

その後、一定の社会目的のために一定の条件を満たせば容積率制限を緩和する総合設計、特定街区、都市再生特別地区など種々の制度が次々とできた。容積率制度は創設以来、大化けしたといっていいくらい、緩和の歴史を辿っている。

最初に容積率の金銭売買が行われたのは一九七三（昭和四八）年のことである。日比谷国際ビル、富国生命ビル、日比谷セントラルビルが特定街区制度を利用して、日本プレスセンターの容積率を買い取りつつ、緑道や地域冷暖房施設、広域変電所等の都市施設を整備して周辺を一体としたまちづくりを行った。このとき、日比谷セントラルビルは他のビルと街路を隔てているが、街路を隔てた容積率移転が認められた。街路を隔てた容積率移転は、特定街区制度によって南青山一丁目の新青山ビルでも認められ、今では珍しくなくなった。

容積率移転を認めるのは、「その地域の容積率は、その地域の各種都市施設のキャパシティに見合って設定されており、地域内の容積率の総合計が変わらなければ支障がない」という考え方に基づいている。

容積率制度の歴史は緩和の歴史であり、今日では、都市の建築をコントロールする基本的手段とは言えなくなっており、都市の建築は他の基準によってコントロールしていくべきと考えられる。

六本木ヒルズはビルの高さが二三八mあり、「高いビルが建った、都心のどこからでも見える」と話題になったが、容積率は六六〇％と、それほど大きくない。都庁の一三〇〇％に比べ半分程度、新しい丸ビルの一四三七％の半分以下である。それなのにビルの高さが高くなったのは、公共部門にオープン・スペースを提供したからである。広場や公園、そして区道、さらには都道である環三通りと六本木通りの接続道路までつくった。これらに一一haの敷地のかなりの部分をとり、そのために容積率の割にはビルの高さが高くなった。

銀座三越はビルの高さは三一mにすぎないが、容積率は一三〇〇％に達している。高さ制限だけで容積率制限がなかったから地下六階まで使ったのである。容積率が大きいことによって何らかの支障や批判があったという話は聞かない。

ところがビルの高さが高いといろいろ問題が起きてくる。特に周辺の街並みと調和していない場合は問題だ。周辺のスカイラインがそろっているのに一本だけ低いとバランスがとれないこともある。高さに限らず、いわゆる連屋のようにビルとビルの壁面が互いに連続しているのに、一本だけ空間を多くとると街並みがそろわない。

今は、容積率規制さえクリアすれば、加えて建ぺい率やその他の安全基準さえクリアすれば、あとは建築自由の制度となっている。

(2) ビルの機能や景観によって建築をコントロールする時代

ビルの建設ラッシュに都市施設の整備が追いつかない時代には容積率を基本に都市の建築を規制していくことに合理的な理由があったかも知れないが、現代のように、都市の機能や街並みをそろえることが大切な時代には、容積率を基本に建築物を規制するのではなく、その地域の機能や街並み形成を基本に建築をコントロールするべきではないか。

そもそも、現代では、容積率を上げても必ずしも交通発生量やエネルギー需要量は増えない。オフィス・

図表 29　上部がマンションのタイムワーナーセンター（ニューヨーク・ミッドタウン）

ビルについていえば、工業化時代の本社では大量の伝票処理をするために大勢の事務社員を詰め込んだから容積率を上げればそこに勤務する社員の数が増えた。しかし情報化時代の現代では、本社の社員に知的生産や折衝業務が期待されるから、本社のスペースは快適性や交流性を重視する。もちろんＯＡ機器のスペースもとる。だから容積率を増やしても必ずしもそこに勤務する社員の数は増えない。工業化時代の本社は事務機能に純化しようとしたが、情報化時代の本社は交流機能を重視するからレストランや商店、ホテル機能など多様で複合的なまちをつくろうとする。

時代の変化にしたがって本社の機能も変わってきたから、都心のあり様も変わってきた。建築規制の方法も変わらなければならない。容積率を緩和していくだけでは時代の要請に応えるまちづくりはできない。ちなみにロンドンは容積率制度を撤廃した。ニューヨークでは最高限度二〇六〇％と、青天井に近い。

東京の場合、立体的・空間的にはもっと密になっていい。そして平面的にはさらにオープン・スペースを生み出したほうがいい。都心居住その促進も必要だ。

東京の都心四区六〇〇〇haに昼間人口は三〇〇万人だが夜間人口は五五万人にすぎない。対するニューヨークのマンハッタンは同じ六〇〇〇haに昼間人口は東京都心四区と同じ三〇〇万人だが、夜間人口は一五〇万人に達している。

一ha当たりの夜間人口は、マンハッタンの二五〇人に対して、東京都心四区は千代田三〇人、中央区八〇人、港区八〇人、新宿区一五〇人にすぎない。私たちが夜間人口密集地と誤解している中野区だって、二〇〇人にすぎない。マンハッタンより中野区のほうが、夜間人口がまばらであることを私たちは知らなければならない。

ただし、そうなったときには、行政が、道路や公園などオープン・スペースを容積率緩和の代償として開発者に求めていくことができなくなる。この制度転換をするためには、行政が、道路や公園を自らの財政負担でつくっていくことを覚悟しなければならない。納税者も同様だ。もともとは、それが当然なのだが（図表29）。

8　世界一の省エネルギー都市をアピールしてオリンピック招致を

（1）地震と水害と噴火が東京を強くした

東京の主要な都市施設には、大きな災害を契機につくられたものが多い。

一九一〇（明治四三）年の台風による大水害は、浅草など東京の下町を十日以上、浸水させた。それで幅約五〇〇m、長さ二二kmに及ぶ荒川放水路（今は荒川と呼ぶ）の建設が決まった。当時の金額にしておよそ三〇〇〇万円以上の工事費と一五年の歳月を要して完成直後、さらに大きな台風が襲来したが、浸水はなかった。明治四三年水害の被害額が全国ベースで一億円余（当時の国民所得は二九億円程度だった）だったから、荒川放水路建設は一回で元を取った公共事業といわれている（図表30）。

図表30　大水害により建設が決まった荒川（荒川放水路）

一九二三（大正一二）年の関東大震災の震災復興では、東京市長を経て内務大臣だった後藤新平が中心になって昭和通り、靖国通り、晴海通りなど今日の東京の骨格的都市構造を形成する基幹的な道路をつくった。わが国初の川辺公園ともいうべき隅田公園のほか錦糸公園、浜町公園そしてわが国初の海辺公園となる横浜の山下公園など近代的な都市公園をこのときつくった。隅田川に吾妻橋や厩橋など鉄製の名橋をいくつも架けた。私たちは今日もこれらの橋を使っている。小学校と公園をセットにした防災まちづくりを行い、不燃建築の同潤会アパートを各地に建てた。環一から環八に至る環状道路計画を決めたのも震災復興のときである。そのほか建築物の耐震基準も大きな地震があるたび、強化されている（図表31）。

二万五千年前の鹿児島・姶良噴火で関東地方に一〇cmの

図表 31　震災復興計画でつくった小学校併設公園の一つである錦華公園

降灰があったり、宝永四（一七〇七）年の富士山噴火や天明三（一七八三）年の浅間山噴火で関東地方の地層のかなりの部分が形成されていることは知られている。

噴火は関東の地層をつくっただけではなく地域コミュニティも強固にしてきた。一九八六（昭和六一）年の大島噴火では一か月間、二〇〇〇（平成一二）年の三宅島噴火では四年半にわたって、全島民が東京で避難生活を送った。特に三宅島噴火では、避難生活を送る島民が集中して居住するのではなく東京を中心とした関東各地の既存コミュニティにおける公営住宅等に分散して居住した。この間、三宅島災害支援ボランティアネットワークを中心とする市民活動と相まって、地域コミュニティの生活支援活動が強力に機能して孤独死（自然死だが誰にも看取られず死後数日経ってから発見されること）はまったくなかった。結束が弱くなったと言われてはいるが東京の地域コミュニティの強さを示している。

（2）最先端技術活用の省エネ都市像発信を

地震や水害、噴火など自然災害があるたび強くなってきた東京であるが、日本はエネルギー資源が乏しい国土であることから、世界に冠たる省エネルギー構造の都市をつくってきたことも確かである。地球環境問題が人類最大の問題となりつつある今日、この東京の最先端技術活用による省エネルギー構造を世界にアピールするべきである。それには、オリンピック招致はいい機会だ。

図表32　晴海トリトンの地下には２万トンの水を蓄えて熱交換を実施している

「東京はすでに一九六四（昭和三九）年にオリンピックをやっている。また取ることができるのか」という指摘がある。しかし、ロンドンが取った二〇一二年オリンピックは通算三回目の開催だ。パリに競り勝って開催を決めた。

ロンドン市の基本構想『ロンドンプラン』は、イーストエンドと呼ばれる移民を中心とした低所得者の住むまちについて、オリンピック招致をテコにして活気を取り戻すことを目指している。これが差別の解消を中心テーマの一つとするオリンピックの精神に合致した。

オリンピック憲章のもう一つの柱が世界平和である。ゴアがノーベル平和賞を受賞したことで示されるように、難民を激増させ国際紛争を激化する地球温暖化対策の発信は世界平和に大いに寄与する。

東京都が二〇〇六（平成一八）年一二月に策定した『一〇年後の東京』は「世界で最も環境負荷の少ない都市を実現する」ことを計画している。

図表 33　2016 年東京オリンピック開催予定地

地球温暖化対策では、化石燃料に頼らぬエネルギー構造の社会をつくっていく発想が大切だ。日本は従来から世界に技術を発信してきた。特に省エネ技術は抜群だ。エネルギー原単位（一定のエネルギーでどれだけのGDPを生み出すか）では、アメリカの約二倍、世界一の効率を誇っている。

東京は大都市として世界の先端を行くまちだ。老朽化したビルを高性能のビルに建て替えた場合の環境負荷原単位は、壁断熱、複層ガラス、熱交換、機器効率、空調効率、人感センサー設置等により二酸化炭素の発生量を半減させている。二〇一六年オリンピックに向けて東京も、省エネルギーを中心とする都市の未来像を世界に発信することができれば十分に勝機はあるし、社会的意義もある（図表32）。

地球温暖化問題については、東京は、縮み志向ではなく、最先端の省エネルギー技術を世界にアピールしていくことこそ人類の幸福に貢献すると考えたほうがいい（図表33）。

第三章

知的創造都市・東京を目指して

―情報価値と文化機能―

福川伸次

1　二一世紀都市の魅力を支えるものは何か

(1) 激化する都市間競争

人々がなぜある都市を訪れたいと思うかといえば、そこにこれまでに体験したことのない価値を感ずるからである。「あの都市を見たい」、「あの通りで買い物をしたい」、「あそこで過ごしてみたい」と思う空間価値、時間価値に惹かれるのである。

二一世紀は、都市の時代になるに違いない。二一世紀初頭の都市人口は約三〇億人で、地球上の人口の四八％を占めていたが、二〇三〇年には五〇億人に増加し、全人口の六〇％に達すると予想されている。その間、都市人口は、年率で人口増加率の二倍に当たる一・八％で増加することになる。その間の都市は、相互に、その活力と魅力をいかに高めるかを競い合うことになる。

国際観光業は、二一世紀の成長産業である。世界観光機構（ＷＴＯ）は、地球上の観光客の規模が、二〇〇〇年に約七億人であったものが、二〇一〇年に一〇億人に、二〇二〇年には一六億人になると予想する。国際観光を支えるものは、ＣＣＩ、すなわち観光客を惹きつけるコンテンツ（Ｃ）、情報で結ぶコミュニケーション（Ｃ）、そして旅行し易いインフラ（Ｉ）が決め手となるが、それぞれの都市は、そのために、文化資産を高め、都市機能を充実し、自然環境を保ち、関連施設を整備し、楽しみを提供するのにしのぎをけずることになる。

東京の人口は、一九二〇年三七〇万人、一九五〇年六二八万人、一九八〇年一一六二万人、そして二〇〇五年一二五七万人へと増加してきた。その間、戦後の経済成長の過程で、人口集中や公害の発生などを招き、スプロール現象から遠距離通勤を余儀なくされた。しかし、最近に至り、一部に立体的な再開発が進行し、文化施設の充実に力を入れ、徐々に人口の還流が進むようになっている。

政府は、二〇一〇年を目標に海外からの観光客一〇〇〇万人計画を実施中であり、東京都も観光振興に力を入れている。しかし、東京を訪れる海外からの渡航者は、二〇〇五年に四四九万人で、ロンドンへの一四三〇万人、香港への一〇八二万人、パリへの九〇一万人、ニューヨークへの六八〇万人に比べて少ない。東京での外国人の居住者は、三六・四万人で、東京居住者の約三％に止まり、その比率は、欧米の主要都市に比べて格段に低い。

都市間競争が激化する二一世紀において、東京がどのようにその魅力を高め、海外からの渡航者や居住者を魅きつけていくのか、その挑戦が問われている。

(2) 都市の比較優位性

国の強さの源泉が軍事力、生産力、資源力といったハードパワーから経済力、外交力、文化力といったソフトパワーに移りつつあるように、都市の比較優位性も時代環境とともに変化する。二〇世紀の都市は、面積、人口、経済、雇用などが優位性の主な要因であったが、二一世紀の都市のそれは、居住快適性、環境健全性、知的創造性、文化発展性、人間安全保障などに移っている。

今日では、グローバリゼーションが進行し、モノ、資金、技術、情報などが国境を超えて自由に流通し、移動するようになっている。経済活動に例をとれば、二〇世紀には国家が企業を選択し、育成してきたが、二一世紀には企業の側が最適な場所に立地し、操業するようになっている。個人にしても、かつては出身地域が活動の中心であったが、今やユビキタス（Ubiquitous）時代となって、活躍したいところに住む傾向が高まっている。二一世紀の都市は、ダイナミックな企業、創造的な人間を惹きつける魅力が必要だということになる。

(3) コンパクト・シティに欠かせない情報価値機能と文化機能

私は、未来都市東京のイメージとして立体的な効率性及び緑とゆとりを備えたコンパクト・シティの姿を描いている。

コンパクト・シティとは、小さくまとまった都市を意味するのではなく、三次元の空間を立体的に有効に利用し、豊かなグリーンネットワークをかかえ、情報通信手段がシームレスに整備され、効率的な輸送手段を有し、先端的な生活関連インフラが整い、文化水準が高く、地球環境への負荷が低く、災害に対して充分に備えていることが要件となろう。

同時に、コンパクト・シティには、開放性と柔軟性が欠かせない。モノ、人、企業、情報、資金が自由に移動できる開放性を備えているとともに、技術、社会、意識などの環境変化に対応できる柔軟性が必要となる。開放性と柔軟性こそが、活力ある企業や優れた人材を惹きつける要因である。

都市は、近隣の都市や地域社会と相互依存関係を形成し、その特性を発揮するとともに、海外の都市とネットワークを形成し、国際交流を広範に展開することが期待される。これらにより、都市機能を多様化し、住民に刺激と喜びを提供することができる。

コンパクト・シティは、効率性とゆとり、創造性と安定性、仕事と娯楽、産業と文化、技術と芸術といった多様な価値を推進するプラットフォームなのである。そこで、重要な要素は、知的活動の基礎となる情報機能を変えるインフラと精神活動の象徴となる文化機能である。

情報通信の技術とシステムは、今や、経済、政治、金融、教育、福祉など社会が求める価値を創造する上で不可欠の手段となっている。そして、文化は、人々に精神的な充足をもたらし、その交流を通じて異なる地域、異なる文化圏の人々の相互理解と相互信頼を高める機能を果たすのである。

2　情報通信機能と東京の魅力

(1)　情報通信機能がもたらす価値創造力

ＩＴ革命は、今や、世界中に浸透し、社会や企業のシステムを大きく変貌させるばかりか、都市のあり方にも、市民の生活スタイルにも、目覚しい変化をもたらしている。

情報通信革命は、ユビキタス（Ubiquitous）ネットワークとデジタル・コンバージェンス（Digital Convergence）によって人々の知的活動領域を飛躍的に拡大している。

情報通信革命は、企業間のグローバル競争を激化させる。情報通信技術は、企業や人々を地球上の他の主体と直結させ、「時間」、「距離」、「場所」を超えて、最も有利な形で事業活動の拠点を展開することを可能にするとともに、貿易、海外投資、提携合併などをめぐるグローバル競争を通じて、世界経済の成長を加速させている。

情報通信機能の価値創造は、経済面に止まらない。東京は、政治の中心であり、国際政治の結節点である。国民が何を望み、何を批判しているか、そうした関連情報を集約するところに、国内政治の原点がある。同時に日本がどのような国際関係を築き、どのような国際貢献を果たすのか、そのために世界中の情報を収集するネットワークが不可欠である。

国内の社会に安定と活力をもたらすシステムの運営に情報通信機能が欠かせない。社会システムは、Ｉ

T革命によって、日に日に変化している。社会保障制度の運用、防災の徹底、治安の維持などの社会が求める安全価値を高める上で、情報通信機能は、今や欠かせない存在となっている。

文化価値の創造にも情報通信機能が重要な役割を果たすことはいうまでもない。文化情報は今や瞬時に世界中を駆け巡っているし、情報通信革命が技術と文化を融合させる新しい領域を拓いている。

情報通信機能の価値創造力は、政治、経済、文化、環境、生活など社会のあらゆる分野に広がっている。

(2) 東京の情報インフラ

東京の情報通信インフラは、高い水準にある。かつて一九九〇年代には、日本の情報インフラの整備は、米国、北欧はもとより、韓国にも立ち遅れていたが、二〇〇一年一月、政府は、二〇〇五年までに世界最先端のIT国家になることを目指したE―Japan戦略をたて、その整備に着手した。そして、二〇〇三年七月、E―Japan戦略Ⅱを作成し、情報通信技術の利活用への戦略に取り組み、次いで、二〇〇六年一月にIT新改革戦略によって、情報通信革命を先導するフロントランナーを目指すようになった。

情報通信インフラは、E―Japan戦略以来、急速に進歩し、日本のインターネット利用者数と普及率は、一九九七年の一一五五万人及び九・二%から二〇〇六年には八七五四万人及び六八・五%に上昇した。携帯電話も高速化と多機能化によってその普及が急拡大している。

ブロードバンドの普及も目覚しく、二〇一〇年春までにブロードバンドゼロ地域を解消することを目標にインフラの整備を進めている。東京は、国内でその整備が最も進んでいる地域である。二〇〇六年一二月の時点では、ブロードバンド加入率は、全国平均が五〇%であるのに対して、東京では六〇%になっている。ちなみに東京のブロードバンド加入可能率はすでに九八%に達している。

最近では、モバイルブロードバンドが急速に高まっている。日本では、すでにその普及率が二九・五％に達し、国際的に遜色はない。東京は携帯電話の利用率の最も高い都市となる。

このように、東京の情報インフラは、国際水準に達しているが、問題があるとすれば、利用面における情報技術スキルである。

（3）情報通信技術が支える東京の経済ダイナミズム

情報通信技術の経済効果

情報化投資は、経済成長の源泉である。米国経済が一九九〇年代から二一世紀にかけて成長を回復した要因は、主として情報通信関連投資にある。一九九〇年から二〇〇五年にかけて情報化投資が六・二倍に上昇し、その間、ＧＤＰは、一・五倍を記録している。一方、日本は、同じ時期に情報化投資が一・九倍に止っており、ＧＤＰも一・二倍であった。

しかし、最近は日本でもようやく情報化投資が上昇に転じている。一九九〇年には、情報化投資が九〇〇〇億円で、設備投資に占める比率が一一％であったが、一九九五年には、これらが一兆円で、一五％に、そして、二〇〇五年には一七・一兆円で、二一％に上昇した。この傾向は、今後一層加速しようし、そうしなければグローバル競争に立ち遅れてしまう。

情報通信革命は、企業経営を革新する。製品開発、生産、在庫、流通、販売、輸送、アフターサービス、コミュニケーションなどを統一的に捉えて経営を効率化するとともに、新規事業への進出、新規投資、提携合併など経営戦略の構築に貢献するものである。同時に、情報通信技術は、経営戦略の高度化に大きな機動力となる。顧客のニーズにあった商品及びサービスの提供、生産効率の向上、在庫圧縮、納期の短縮、開発のスピード化、顧客サービスの徹底などが期待できる。

情報通信産業は、R&D投資の誘発効果が自動車産業の一・五倍、化学工業の五倍と大きく、付加価値誘発効果も高い。東京の経済ダイナミズムの推進力である。

東京の経済力は高い。そのGDPは、五二二一億ドルで、ニューヨーク、パリ、ロンドンのいずれも上回っている。一人当たりGDPでみると、東京のそれは、六万一四二四ドルで、欧米の主要都市と比べて遜色はない（図表34）。

	GDP (億ドル)	一人当たり GDP (ドル)
東京	5,221	61,424
ニューヨーク	4,571	55,676
ロンドン	3,334	114,570
パリ	4,340	67,707

図表 34　主要都市の経済力比較

東京の経済力を他の府県と比べてみると、圧倒的に高い。一人当たりの県民所得を比較してみると、一九九六年から二〇〇四年にかけて、不況の影響で全国平均が三一八万円から二九七万円に減少しているのに対し、東京では、逆に四二八万円から四五五万円に上昇している。

(1 人あたり 1000 円)

	東京	全国
製造業	7,457	9,632
卸、小売	8,875	6,482
金融保険	32,330	19,460
サービス	8,319	5,195
その他tも10業種計	10,917	7,998

図表 35　業種別労働生産性 (2004)

サービス経済の進展

東京では、最近、サービス経済が目覚しく進展している。経済実態として本社機能や中枢管理機能が集中し、かつ、人口も多いので、対事業所サービス、対個人サービスのビジネス需要が高い。それを支える主要なものは、言うまでもなく情報通信機能である。

東京の産業別構成比（二〇〇四年）をみると、農林水産業が〇・一%、製造業が九・五%で、主要な部門は第三次産業である。そのなかで、とりわけ比重の大きいものが、サービス業二八・五%、卸小売業二〇・四%、金融保険業一三・五%などである。

就業者別構成比では、農林水産業〇・五%、製造業一四・三%で、あとは第三次産業である。そのうち、サービス業三〇・七%、卸小売業一六・一%、金融保険業三・二%となっている。

一般的には、日本のサービス産業の生産性は、国際的に見て低いが、国内では、東京のそれは圧倒的に高い。とりわけ、金融保険、サービスでは、全国平均を六〇〜七〇%程度上回っている（図表35）。

一九六〇年代から七〇年代にかけて成長を主導した産業は、重化学工業に代表される装置産業であったが、一九八〇年代から九〇年代にかけてそのリード役は、知識集約産業に移った。そして、二一世紀には、情報通信革命によって需要及び供給の双方において新しい「知」を追求するようになり、知識創造産業すなわち「創知産業」が主役となりつつある。それは、新しい製品、デザイン、サービス、製法、システムなどを導き出すこともあれば、商品やサービスの文化価値、感性価値を高めることもある。

東京では、今やそれが典型的に展開されている。研究集約、ソフト開発、情報処理、アニメなどのコンテンツ、イベント、コンサルティング、ファッション、映画、文化産業などの創知産業が目覚しい活躍をするようになっている。

東京は、日本最大のＩＴ系ソフト産業の集積地である。二〇〇六年九月で事業所数は、三七三五に及び、三年前の五%増、七年前の一〇%増となっている。二〇〇六年度上期で新規立地率は二四・八%と活発であり、廃業率の一九・三%を上回っている。数年前は、山手線沿線の池袋、新宿、渋谷、恵比寿周辺が賑わっていたが、最近では秋葉原、九段下、浜松町などにも広がっている。

研究開発と産学連携

創知産業の根幹を成すものは、言うまでもなく、研究開発である。首都圏の立地を見ると研究開発型工場や研究所のそれが多い。それは、技術者の確保が容易であり、ユーザーや関連企業と近接しており、高速道路、港湾、情報通信などのインフラの整備が進んでいるからである。

日本産業を取り巻く国際競争が年々激しくなるなかで、ハイテク型の研究開発ベンチャーの輩出が期待されている。東京は、ビジネス集積が高く、需要も多様化しているので、ベンチャー企業のゆりかごの役割を果たしている。

大学発のベンチャーは、一九六〇年シリコンバレーでスタンフォード大学工学部長フレデリック・ターマン教授が中心に産学協同プロジェクトを立ち上げたのが起源とされている。今では、全米各地で産学連携が展開されている。

日本でも、一九七〇年代から政府や産業界が産学連携を呼びかける声が高まったが、大学関係者が純粋学究を志向する傾向が強く、なかなか進展しなかったが、一九八〇年代から一九九〇年代にかけて産学間の人事交流を進める法制が整備されるようになって次第に軌道にのるようになった。

二〇〇一年、経済産業省は、二〇〇五年三月までに大学発ベンチャー一〇〇〇社計画を立案してこれを加速し、一二六五社の設立を見た。二〇〇六年度末には一五九〇社に増加している。

その中心は、東京である。東大一〇一、早大六六、筑波大六三、慶應五三、東工大四〇などとなっており、バイオ、ITソフトなどが主な対象である。大学の中には、大学特化のベンチャーファンドを持つものもある。

金融証券市場

情報通信技術は、今や金融証券市場とは切っても切れない関係にある。関連情報の流通にしても、金融商品の開発にしても、正に情報通信技術そのものである。

一九九〇年代のいわゆる「バブル」経済の時代には、日本の金融証券市場は、世界で大きな地位を占めていた。しかし、バブルが崩壊し、その規模は、徐々に縮小してきた。二〇〇六年末の東京株式市場の規模は、四兆六一四一億ドルで、世界で第一〇位の地位に落ち、ニューヨーク市場の約三・五分の一程度である。アジアにおいても、香港、上海、シンガポールなどの市場が急速に発展を遂げている。

世界的に金融優位の傾向が続いていることを考えると、規制改革、税制上の優遇措置を講じ、是非とも東京市場を世界的な金融市場として育成させたいものである。

(4) 情報通信技術と都市生活
消費生活の多様化と高度化

二〇世紀のモノ主導の経済社会では、市場の主導権は供給者側にあり、消費者はその選択のための情報を供給者側に頼っていたが、情報主導の経済社会では、生活者が豊かな情報を活用して、自らの判断によって選択する傾向を高める。その結果、市場のリード役は需要者側に移り、消費構造は、多様化し、かつ高度化する可能性を高める。東京の消費市場は、こうした旺盛かつ高度な需要に応える構造となっている。

最近の消費市場をみると、多様化現象の反映として低価格志向と高価値志向の二極分化の傾向が顕著になっている。東京は、まさにその典型である。

低価格志向は、靴下や下着など差別性の低い身の回り品などで、消費者は、インターネットなどを駆使して、最も安いものを買い求める。百円ショップ、ユニクロなどが人気を集めるのもその例である。

高価値志向は、自らの感性に合致し、その価値を認める場合には、高い対価を払うことを厭わない傾向を指す。欧州の高級ブランド、世界一周のクルージング、高級レストランへの志向などがその典型例であり、東京は、その大きな市場である。

高価値志向は、まず、文化価値に表われる。消費者が家具、自動車、家電製品の購入にあたってデザインのよさを求め、洋服の選択に感性に合うファッション性を重視し、精神的充足をもたらす芸術を愛好することなどがその例である。

同時に、情報通信技術の活用により、時間価値を尊重するようになる。パソコンや携帯電話などを利用して時間を効率的に利用し、また、家事代行サービスなど時間節約型のサービスを求めるとともに、旅行、社交、娯楽などゆとりを志向するようになる。

さらに、自らの資質や能力を高め、趣味を拡げたいという教養価値にも関心をもつようになる。また、スポーツ、レクリエーションを通じて、心身の健康に留意するとともに、生活の安全や食品の安全にも関心を高めることになる。

東京では、こうした生活スタイルの変化に敏感に反応して流通機構を効率化し、利便性の高い生活インフラを提供している。

	東京	ニューヨーク	ロンドン	パリ
輸送人員密度（輸送人員百万人/営業距離km）	9.6	3.9	2.3	5.9
車両効率（輸送人員百万人/車両）	0.8	0.2	0.3	0.4
運行頻度（ピーク）（本/時間）	30	17	——	20

図表36　地下鉄輸送効率の国際比較

世界に誇る都市交通の高効率性

東京の都市交通の効率の高さは、世界に誇り得るものである。その源泉が情報通信システムの発達にあることはいうまでもない。

東京では、昼夜間人口の大きな格差が象徴するように、遠距離通勤を余儀なくされているものが多いが、都内の輸送効率をみると、情報通信技術の進歩を反映して極めて高い。

例えば、地下鉄の輸送効率を見ると、東京の輸送人員密度や車両効率は、欧米の主要都市に比べて二～三倍、運行頻度では五〇％以上高い（図表36）。

道路交通をみると、慢性的な渋滞が続いて、環境の悪化や交通事故の多発につながってきたが、ＩＴＳ（高度道路交通システム）の活用によって最近はかなり改善を見ている。ＥＴＣ車載器のセットアップは全国で一七〇〇万台に達して、利用率は七三・四％に上っている。

生活スタイルの変化

コミュニケーション手段の多様化によってインターネットを利用した購買が急速に増加し、消費行動にそして流通構造に変化が現れている。

モバイル機能の高度化に支えられて、映像、音声などの無線配信が急速に拡大し、人々は、いつでも、どこでも多様な情報にアクセスできるようになり、趣味や娯楽の選択と予約もインターネットの利用が急速に増加している。Ｅ―

ラーニングも普及しているし、金融取引や証券取引もインターネット取引が主流になりつつある。

電子政府、電子自治体なども徐々に普及し、行政サービスの電子化も進みつつある。

情報通信技術は、ワークスタイルにも大きな影響を与えている。企業の仕事の多くは情報システムに取って代わられ、その仕事は、分析、企画、調整が中心になりつつある。情報システムは生産工程、在庫管理、販売管理、顧客管理、購入管理、人事管理などに広範に取り入れられているほか、経営企画、戦略展開などにも情報システムは欠かせない存在になっている。

在宅勤務のワークスタイルも徐々に拡大している。業務管理体制が改革途上にある日本では、米国ほどには普及していないが、今後は、情報通信技術を活用しつつ、業務体制の改革によって在宅勤務は普及し、ワークスタイルも柔軟かつ多様になっていくに違いない。

安全と安心

生活の安全と安心にも情報通信技術は大いに役立っている。情報通信技術に支えられた家庭用や業務用の警備保障は急速に普及している。消防、防災の電子化が進み、迅速な対応が可能となっている。地震情報の伝達の迅速化、予測の精緻化は、都市などの住民の安心を高めている。

医療サービスの電子化も急速に進展し、医療技術の進歩と相俟って健康管理の精緻化に役立っている。高齢者や身体に障害のある方々への機能補完にも情報通信技術は大きく貢献している。

最近、食品表示違反や原産地偽装事件が多発し、消費者は、食の安全と安心にとりわけ関心を寄せている。情報通信技術は、食品などのトレーサビリティを可能にし、消費者へ安心を提供し得るものである。

(5) 教育の高度化

東京は、高等教育の中心である。二〇〇五年度時点で、東京都に一一二、東京圏に一六四の大学がある。しかし、残念なことに、一般的に日本の大学の国際競争力は決して高くない。海外からの留学生の在籍者に占める比率は、日本が二・九％であるのに対して、米国三・九％、英国一六・一％、ドイツ一一・五％、フランス一一・一％となっており、日本はかなり低い。海外の青年にとって日本の大学の評価は、あまり芳しくない。

本来、大学こそ、知のピラミッドの頂点に位置づけられるべきものである。その国際競争力の強化は、まさに知識社会を生き抜く日本にとって喫緊の課題である。

大学、とりわけ東京にある大学が先頭に立って情報通信システムを活用し、知の構造化を進め、国際競争力を高める必要がある。すでに米国などでは高等教育用のサイトを運用しており、日本もそれに習ってE―ラーニングを高度化し、体系的な教育コンテンツなどの提供を充実していく必要がある。

海外留学生の評価を高める上で、そのフォローアップはとりわけ重要で、インターネットベースはその有力な手段である。日本が教育輸出国になるには、ＩＴの活用が欠かせない。

3　東京の魅力としての文化機能

(1) 歴史にみる文化基盤の形成

江戸文化の形成

慶長八年（一六〇三年）徳川家康が江戸に幕府を定めた。その後、江戸は着実に発展し、一七世紀末には江戸の人口は八〇万人となり、当時五〇万人前後であったロンドン、パリを凌駕した。一八世紀には、江戸は、一〇〇万人都市となり、名実共に世界に冠たる大都会に成長した。その過程で、一七一六年の吉宗による享保の改革において大岡越前守が出した都市政策は、江戸一〇〇万都市の基礎をなしたといわれている。

徳川三〇〇年の幕藩体制による統一の下で、江戸時代には町衆文化が着実に成熟していった。工芸品の分野をみると、江戸時代初期には、名工を京都から招くなど、工芸技術の多くを京都から取り入れた。そして、元禄時代（一六八八～一七〇四年）になると、染小紋、江戸漆器、江戸指物、江戸象牙など江戸に根ざした優れた工芸技術を生むようになる。

そして、文化文政期（一八〇四～一八二九年）になると、その成熟期を迎え、江戸押絵羽子板、染小紋、手描友禅、組み紐、織物、刷毛などが発達した。こうした工芸品は、長い歴史と風土のなかで伝統的な技法を育て、地場の原材料を活かして優れた製品に結晶したものである。そして、時代が経るにしたがって、手工業品が下町地区にも発達し、村山大島紬、多摩織、本場黄八丈など新鮮さのあるものを生んでいる。

江戸初期には、武士が文化の推進役を果たし、城郭建築、別荘建築、茶室などが盛んに建てられたが、江戸時代の封建文化の創造の基盤は、主として大衆、町民、農民のエネルギーにあった。

元禄文化となると、浄瑠璃、歌舞伎、義太夫節などが発達し、近松、西鶴、芭蕉などが活躍した。とりわけ芝居が人気を集めたほか、浮世絵、風俗画も広がり、学問思想において古学派、国学派が台頭した。商人道を説いた石田梅岩が活躍したのもこの頃である。

文化文政の頃になると、歌舞伎座、中村座、市村座などで町人優位の芝居が最盛期となり、文学の分野では、十返舎一九、式亭三馬、小林一茶などが活躍し、東海道中膝栗毛、浮世風呂、俳句などの作品が人

図表 37　江戸時代の歌舞伎小屋

気を集めた。

そして、慶長末年になると、狩野派の絵画が隆盛を極めたほか、幕末にシーボルトが来朝するなど海外文化が入り始め、日本は、やがて黒船の来訪を経て、開国を迎えることになる。

このように東京の文化的基礎は、この江戸時代に形成されたのである（図表37）。

開国から昭和へ

明治維新を経て、日本は、近代国家の形成へ急速に歩み始める。廃藩置県の数ヶ月後、岩倉具視を団長とする使節団は、一年九ヶ月の年月をかけて米欧の視察に向かう。各地で大歓迎を受けた使節団は、欧米の進んだ文化、技術、統治手法などを持ち帰り、日本の近代化を加速することになる。和魂洋才という表現が当時の状況を象徴している。そして、日本は、殖産興業で近代産業の建設に挑戦したほか、明治、大正時代に大衆文化が開花した。東京は、政治、経済の中心であるばかりでなく、文化の中心地でもあった。

日本は一八六八年のパリの万国博覧会に初めて参加して、日本の伝統文化を紹介するとともに、欧米の先進的な技術や文化を積極的に導入した。一八七二年には新橋―横浜間に鉄道が開通し、やがて銀座に文明開化の象徴ともいえるれんがづくりの洋風市街地が出現した。

日清、日露の両戦争に勝利を収めた日本は、殖産興業の掛け声とともに東京湾岸に工業地帯を造成した。第一次世界大戦でも戦勝国に名を連ねた。一九一四年には東京の玄関として東京駅を完成させるなど、経済的にも、文化的にもますます成熟の道を歩んでいく。東京は、近代都市としての装いを整え、銀座、日本橋、丸の内、新宿などが人々の憧れの的となった。

一九二三年九月一日には、関東大震災が襲い、東京は、壊滅的な打撃を受けることになる。そして、後藤新平が中心となって、東京の復興を進め、近代都市への装いを整えていった。その後、日本は、次第に軍国主義の道を歩み始め、第二次世界大戦へと突入する。そして、一九四五年に米国空軍の大空襲に見舞われ、東京は、焦土と化した。

第二次大戦後の発展

日本は、第二次世界大戦後、目覚しい復興と発展を見せ、とりわけ一九六〇年代から高度成長期に入る。一九六四年に東京でオリンピックを開催し、これを機に東京に高速道路を建設し、新幹線をスタートさせ、東京は、力強く拡大していった。

東京を始め、日本の生活者は、三種の神器（テレビ、電気洗濯機、電気掃除機）や3C（カラーテレビ、カー、クーラー）などを享受し、米国流の消費生活を夢見て、豊かな生活を追求していった。

そして、一九六八年には、ドイツ、英国、フランスを抜いて、世界第二の経済大国となった。ところが、急速な経済発展は、深刻な公害問題や都市の過密化を招いた。東京もその例外ではなかった。また、「モーレツ社員」とまで言われて懸命に努力したサラリーマン達は、所得水準が上昇するにつれ、労働時間や通勤時間の短縮、マイホームの取得などゆとりある生活を求め、文化に憧れをもつようになっていった。

一〇〇〇万都市となった東京は、副都心計画や、高速道路の整備を進めるとともに、東京湾に臨海副都心の造成を進めた。さらに、民間の活力によって、丸の内、六本木、汐留、品川などの整備事業が展開されるとともに、サントリーホール、オペラシティ、東京芸術劇場、江戸東京博物館、国立新美術館などの文化施設の出現に導いた。

(2) 文化性を高める社会条件

東京では、文化性を高める社会条件が備わっている。先ず、所得水準が高い。東京の一人当たりのGDPをみると、日本全体の平均水準を大きく上回っている。この高い所得水準が人々に生活の質への関心を高め、人間の高次元の価値である文化への追求の傾向に発展する。

自由時間の増加も文化への関心を高める重要な要素である。日本人の年間労働時間は主要先進国のなかでは相対的に長いが次第に減少傾向を辿り、一九〇〇時間前後となっている。

最近、女性の社会参加が進んでいるが、一般的に女性の感性は高く、その活躍は、文化性を高めることにつながるであろう。

グローバリゼーションの進行は、自己の存在価値を文化や宗教に求める傾向を加速する。同時に、交通手段の進歩による大量輸送時代とユビキタス時代の到来は、世界に大交流をもたらし、人々に他の文化への接触の機会を飛躍的に増大させる。そして、このような異文化との交流が新しい文化創造を促すことになる。

情報通信技術は、文化性を高める上で、重要な機能を果たす。デジタル技術の進歩は、音声、文字、図形、動画など様々な形態の情報を、大量に、瞬時に、かつ、双方向で移動させることを可能にし、一五世紀のグーテンベルグの印刷機械の発明以上のインフラを提供している。

情報主導の社会では、需要者が多様な情報によって自らの選択を自律的に判断するようになる。それによって需要が差別化し、需要構造が多様化するが、そうした中で、ひとびとは、芸術、教養、教育、時間、旅行、環境、健康、安心などの文化的価値を重視するようになる。そこに文化の発展を導く社会的基盤がある。

社会の秩序と倫理が保たれていることも文化性を高める重要な要素である。

(3) 日本と東京の文化特性

自然との共生

日本人は、自然との共生の中で、自然との調和を大切にしながら、その文化を育んできた。日本は、歴史的に、農業国家として発展してきたので、人々は、その収穫が自然に大きく左右されることを認識していた。農民は、豊作であればそれを天の贈り物、自然の恵みとして感謝し、天災で凶作となれば神の怒りと考え、これを鎮める行事を行った。そして、これが自然から与えられたモノ、空間、水、土地、資源、環境を大切にする意識につながった。「もったいない」、「足るを知る」といった考えは、ここから出たものであろう。日本企業や日本人が地球環境に深い関心を持ち、優れた成果をあげていることは、この思想の延長上にあるといえよう。

日本人は、四季の変化のなかで、美、優しさ、精巧さといった感性を高めてきた。西洋の庭園、例えばベルサイユ宮殿の庭園は、幾何学的な美しさに彩られているが、日本庭園は、自然美と人工の枠を兼ね備えた魅力を持つ。日本庭園は、また、借景を大切にする。借景とは、庭園とともに周辺の風景を共に楽しむ構図である。例えば、庭園の周囲の山や川との調和を保ち、月が出たとき、或いは鳥が飛ぶ美しさを視野に入れて設計されている。

日本文化の特徴が「中間領域」或いは「あいまいさ」と表現されることがある。日本庭園と西洋庭園の比較は、それを象徴しているように見える。水墨画と油絵、俳句と西洋の詩、能とシェイクスピア劇の対比でもそれを感ずる。日本文化には行間を読む、直接表現では見えない主張があるとされ、これが「わび」とか「さび」につながっていると指摘されるが、これも自然の移り変わりの感性がにじみ出たものであろう。

多様性

日本全体に共通するものではあるが、東京の文化の特色に多様性がある。

第一に、伝統的な文化と近代的な文化が共存している。東京には、京都や奈良ほどの歴史性はないが、それでも護国寺、増上寺などの伝統的な建物があり、一方で、六本木ヒルズ、ミッドタウン、丸の内などの近代建築が立ち並ぶ。

歌舞伎、能などの伝統芸術が人気を保ち、寄席などの大衆文化が好まれるとともに、アニメ、ポップアート、ゲームソフトなどが若者の憧れとなっている。

東京には、随所に伝統のある祭りがあれば、映画祭、映像祭、ジャズ・フェスティバル、カーニバルな

図表38　伝統ある浅草・三社祭

図表39　ラ・フォル・ジュルネ・オ・ジャポン

ども盛んである。祭りは、伝統的な技術や芸術を取り入れて生活を讃えるものであり、今日においても人々に連帯感を呼び起こす（図表38、39）。

第二に、文化的感性と技術の粋が並存している。東京では、江戸時代からの匠の技に象徴される優れた伝統があり、陶器、漆器、織物などに外国人が目を見張るものがある。大島紬などがアパレルファッションに利用されるケースもある。

家具、自動車、家電製品、カメラ、携帯電話などは、優れた機能とともに、感性豊かなデザインが人気を博している。

第三に、グローバルな感性が共感できる。明治神宮、浅草寺、本願寺などの神社仏閣や新宿御苑などの日本庭園もあれば、欧米に引けをとらない近代建築、コンサート・ホールもある。歌舞伎や文楽などの日本的な文化もあれば、クラシック音楽、バレエ、オペラ、現代演劇を楽しむことができる。

食文化は、まことに多彩である。西洋料理が銀座に登場したのが一八七二年、中国料理が築地に出現したのが一八七九年、上野に韓国料理がお目見えしたのが一九〇五年であるが、今では、東京で世界中の一流の食事を楽しむことができる。ＺＡＧＡＴ（二〇〇七年版）には、二三区内にフランス料理一五九、イタリア料理二二四、中国料理一二三、日本料理五三四のレストランが掲載されている。アルコール飲料も、ビール、ウィスキー、ワイン、ブランデーもあれば、日本酒、焼酎など多彩である。日本人の洋菓子職人には、世界でトップクラスの者がおり、和菓子も伝統的に多彩である。

第四に、自然の景観と近代建築が楽しめる。東京は、山岳地帯には恵まれていないが、明治神宮などの緑地があり、都心に或いは郊外に河川が流れている。臨海副都心などには海風が漂うウォーターフロントが楽しめる。

大衆性

江戸文化が大衆に支えられたように、東京の文化もその特色として大衆性があげられる。都民は、文化イベントには大変熱心である。

文化関連施設が豊富に整備されており、二〇〇五年度の調査によれば、東京に総合博物館一四、科学博物館九、歴史博物館三六、美術博物館四〇、合計九九の博物館がある。人口一〇万人当たり〇・八で、全国平均の〇・九より若干低いが、その規模を考慮に入れると、遜色はないし、最近は、増加傾向にある。他の欧米の主要都市と比較しても、美術館、博物館では国際水準並みである。もちろんその展示用貯蔵品では欧米のそれに及ばないが、優れた欧米の展示会があれば、押すな押すなの大盛況である。

二〇〇七年九月現在で、東京には、一〇のプロのオーケストラ（全国では二七）がある。人口一〇〇万人当たりで、東京が一・四であるのに対して、ニユーヨーク二・九、ロンドン一・九、パリ四・七となっている。しかし、欧米の一流の演奏家による音楽会となると、高額のチケットが飛ぶように売れる。バレエ、オペラ、ミュージカルにもファンが多い。

東京二三区に約八万軒の飲食店があり、そば、すし、ファーストフードの類から高級料理に至るまで、大衆が楽しんでいる。

また、東京には、数多くのカルチャーセンター、教養技能教室、音楽教室、書道、生花、茶道などの教室がある。

（4）文化発展の新境地

歴史にみる産業と文化の出会い

歴史を振り返ってみると、西洋文明においては、ギリシャ、ローマに始まって、キリスト教文明で開花した数々の文化資産、例えば、教会建築やステンドグラス、陶磁器、タイル、シャンデリア、衣服、絨毯などをみると、産業技術が大きな役割を果たし、同時に産業が文化表現から大きな刺激を受けていたことが感じられる。

日本においても、奈良、平安時代以来、神社、仏閣、庭園をはじめ、友禅、西陣織、伊万里焼、輪島塗などの伝統工芸産業は、それぞれの地域の伝統の上に、産業と文化が見事に融和し、結実したものであった。日本のモノづくりには国際的に高い評価が寄せられているが、その背景にはこのような文化的基盤があるからである。

一九世紀から二〇世紀になると、洋の東西を問わず、貴族中心、武家中心の文化が大衆化し、レコード、映画、ラジオ、テレビなどが文化の伝播の担い手となった。

ところが、二〇世紀に入って、大量生産、大量消費に支えられた産業効率の追求は、企業や経営者に生産性についての関心を高めたが、技術及び技術を集積する産業は、いつしか精神文明と無縁の存在となり、便益と利益を極大化する手段と考えられるようになった。一方、芸術家や文化人の方も、根底では、技術や産業に依存する要素があるにもかかわらず、収益にこだわる技術や産業とは次元が異なるのだという意識を抱くようになった。その結果、両者は、分離した発展の過程を辿ることになる。

情報通信技術が生む産業と文化の融合

ところが、ＩＴの進歩は、産業と文化、技術と芸術を再び結び付け、その相乗発展を図る新境地を拓きつつある。最近の情報通信技術の発達は目覚しく、音声、文字、図形、動画など様々な形態の情報を、大量に、瞬時に、かつ双方向で移動させることを可能にし、さらにデジタル技術でアナログに負けない感性や文化性を表現するようになっている。

技術と芸術の出会いは、様々な局面に表われる。

第一に、財及びサービスの文化価値そのものの高度化をもたらす。自動車、家電製品、家具などは、機能の高さはもとよりデザインの優劣で製品の差別化が図られる。両者の出会いによってファッションはますます進化し、人々の感性を磨き、トータルファッションへの道を歩むことになる。東京は、今や、世界有数のファッション都市である。

コンピューター・グラフィックスを活用して、演劇、バレエ、オペラの演出効果を高め、舞台装置のコンピューター管理によって光と音と動きを連動させて舞台効果を高めることができる。

情報通信技術を活用した多様な音声や映像の創作は、アニメ、ポップアート、ゲームソフトなど新しいコンテンツを生んでいる。これは、今や成長産業に発展し、文化価値を多彩なものにする。ゲームソフトやアニメは日本製が世界市場で半分以上のシェアを占めている。「千と千尋の神隠し」は、二〇〇三年のベルリン映画祭で金熊賞を受賞したし、ポケモン、鉄腕アトムなどは、海外の若者の間で圧倒的な人気がある。東京はアニメの集積地である。

第二に、文化表現を多様なものにする。電子音楽は一人でオーケストラの効果を表現でき、レーザー光線はダイナミックで、美しい色彩効果を表わすことができる。染色技術の進歩は、複雑かつ多彩な色調を表現し、ファッションを多様なものにしている。

最近の映画は、リアル表現とバーチャル表現を統合して、新しい映画表現を提供している。オペラやバレエでも、バーチャル表現を取り入れている。ロボットは、産業用のみならず、医療、福祉、生活などの面で活用するようになり、人々に「癒し」の機能をもたらすことも可能にしている。

食文化も多様になっている。人類の食生活の変遷をみると、当初は生のままで食べ、火を発見して焼くことを知り、器を作ることによって煮ることを覚えた。最近では、殺菌方法と保存技術が進歩し、食材の「生」の味を生かすことが可能になっている。今日では、欧米でも日本食ブームが起こっているが、食に関する技術の多様化によって、さまざまな味覚や美的な盛り付けが提供でき、その人気は、ますます高まるに違いない。東京で味わう洋食は進化し、懐石風の繊細さを取り入れたフランス料理やイタリア料理も出現している。

第三に、文化の伝達手段の高度化をもたらす。産業技術の進歩は、文化の伝達方法を多様にし、文化を広く浸透させている。音楽表現はレコードからCDへ、モノからステレオへと進歩した。映像表現も白黒テレビからカラーテレビへ、そして薄型テレビ、DVD（デジタル多用途ディスク）、ハイビジョンへと進歩してきた。そして、今では、音声や映像、さらに情報を含めて無線配信の時代を迎えている。

文字伝達、印刷技術も高度化し、その情報伝達は、即時、大量、多色、双方向へと進んでいる。各種のイベントの開催やツーリズムの普及も文化の伝達に貢献している。

第四に、都市や地域社会に文化性を浸透させている。一九〇二年にエベネザー・ハワードは、〝Garden

Cities of Tomorrow〟を提唱し、都市の自然と文化との調和の必要性を提唱した。最近、地球環境問題への関心から東京でもその思想が再び脚光を浴びている。

第五に、文化性と効率性の同時達成を可能にする。ＣＡＭ（コンピューター支援生産）やＣＡＤ（コンピューター支援デザイン）を利用することによって、優れた文化性を生かしつつ、精度と効率の向上、素材とエネルギーの使用の節減を図ることができる。

優れたデザインの自動車を生産するには、高品質の鋼板が必要だし、高層建築を造るには強度の高い材料が不可欠である。最終製品の製造技術のみならず、素材技術の進歩が文化性を支え、加工範囲を拡大することになる。

伝統価値と先端価値の融合

最近、産業界において日本の伝統的な文化や技術を現代の先端的なそれらと融合して、新しい生活文化を提供しようという傾向が高まっている。これは、「今日的な日本らしさ」を追求しようとするものであり、いわば「温故創新」ということになる。

こうした動きが高まってきた背景には、とりわけ発展途上国の急速な工業化によって国際競争が激化し、日本製品が性能や価格面での競争では比較優位を失いかけていることから、感性や美しさといった独自の価値によって日本のモノづくりやサービスの優位性を取り戻そうという意図がある。

日本の文化が自然との共存のなかで育まれ、自然の恵みを大切にする価値観に成熟してきたことは、すでに述べた。日本人の自然観は、次の三つに表われている。

一つは、「たくみの心」である。これは、社会に受け継がれてきた伝統や、他者の技や知識を学びながら、

図表 40 「新日本様式」百選に選定された，ハイブリッドカーと液晶テレビ

自らの技能と能力を磨こうとする真摯な態度を表わしている。友禅、伊万里焼、輪島塗などがその成果であり、江戸においてもそれが息づいている。これが日本のモノづくりの原点である。

次は、「ふるまいの心」である。それは、自然を大切にし、その恵みを象徴しながら、気品を保ち、礼節を重んじ、美意識を高め、道を究め、ものを大切にする心がけである。華道、茶道、剣道、柔道などはその伝統を受け継いでいるものである。

もう一つが、「もてなしの心」である。これは、他人の価値を尊重し、相手の気持ちを大切にしながら、他人に優しく接し、心地よい雰意気をかもし出す態度である。日本には、相手の喜びを自分の喜びとし、縁といわれる人間関係を大切にする。日本庭園、日本料理、茶室などにその例を見ることができる。

二〇〇六年一月、民間企業や専門家有志が経済産業省の支援を得て設立した「新日本様式」協議会は、そうした運動を展開している一例であり、その輪郭を明らかにするため、「新日本様式」百選を選定する事業を進めている。これまで二〇〇六年秋に五三点、〇七年秋に六三点の計一一六点が選定されている。これらには、「日本の心」が見事に表象されている（図表40）。

第一は、新しい商品コンセプトに表れるものである。ガソリンエンジンと電動機を組み合せて世界最高の低燃費を実現するハイブリッドカー、〇・四ミリ角の超極小で高度の認識機能をもつミューチップ、昼間は太陽電池として発電し、夜は省エネ性の高いＬＥＤ照明となる一体型モジュール、特殊繊維で高機能性をもつ人工血管などがその例である。

第二は、機能と利用の高度化に表れるものである。手のひらに収まるデジタルハイビジョンカメラ、西欧の乗馬療法を家庭用の健康機器に応用した乗馬フィットネス機器、ナノ単位の技術を活用した砂汚れ防止のサンドプルーフ水着などが注目を集めた。

第三は、伝統技法の新活用を図るものである。前回の選定で人工衛星の展開式太陽パネルに活用された折り紙起源のミウラ折りが注目を集めたが、今回も新しい感覚を活かした彩花盆栽や東京国立博物館法隆寺宝物館がこのジャンルに輝きを与えている。

第四は、ＩＴ映像表現の活用である。アニメは、日本の得意分野であるが、「時をかける少女」、「ベクシル―二〇七七日本鎖国―」などが日本の感性を象徴している。スクリーンで観るシネマ歌舞伎も見事な映像である。

第五は、デザインの進化に表れるものである。因州和紙を使って優しいフォルムを彩るデスクスタンド、桐本来の素材感と深い色調の桐格子壁紙、いつでもおろしたての快感が味わえる「カドケシ」消しゴム、日本人らしいユーモアを示す輪ゴムのアニマルラバーバンドなどが関心を呼んでいる。

第六は、新しい生活様式の提案につながるものである。情報ネットワークが支える安心ホームシステム、地域への好奇心を環境保護につなぐエコウォークなどがある。

私は、このような活動を通じて伝統価値と先端価値の融合が進み、産業と文化に新境地を拓くものと期待している。

地球環境と調和した生活文化

最近の異常気象が象徴するように、地球環境の悪化は、ますます深刻になっている。我々は、その生活スタイルを地球環境と調和するように改革しなければならない。東京では、ヒート・アイランド現象が顕著となり、百年後には、平均気温がさらに三度前後上昇するという予測さえある。

東京では、企業が多く立地し、人口が集中し、食料、エネルギー、物資の消費が大きく、環境負荷が高い。我々は、現在、大量生産に支えられた大量消費、大量廃棄の消費生活を享受しているが、これを省資源、省エネルギー、リサイクルを軸に有効消費、完全循環に転換しなければならない。

日本人は、自然との共生の中でその生活文化を熟成させてきた。江戸時代には、当時の技術やシステムを基礎に、周辺地域との連携の上に循環経済システムを形成していた。東京は、今こそ、その伝統を活かしつつ、高度の技術と情報システムを活用して都市システムを改革し、市民の意識を変え、地球環境と調和した生活文化の確立に努力すべきときである。

欧米では、自然は対峙するもの、征服すべきものであり、技術が未成熟の故に環境破壊が起きるのだという意識が強いが、それでは自然の逆襲を受けることになるかもしれない。今や、人類は、自然との共生を図る生活文化が試されている。東京がその先兵となりたいものである。

4　東京の魅力を高めるために

(1)　情報と文化を基点に知的創造都市を目指そう

現在進行しているグローバリズムは、世界市場でモノ、資金、技術、情報などを自由に流通させるほか、人々が世界的規模で行き交う条件を提供するものである。伝統的な大都市であるロンドン、パリ、ニューヨーク、ベルリンなどは大都市なりに、ストックホルム、シンガポール、ブラッセル、ボストンなどは中規模都市なりに、歴史や風土に培われた生きる知恵や文化の特性を活かしていこうとするであろう。

私は、知識社会の到来を控えて、東京が情報価値と文化機能を基点に知的価値創造都市を目指すべきであると考える。それには、効率的な情報インフラ、競争性の高い市場、俊敏な経営、創造力豊かな人材、知性と感性の満ちた生活環境が整えられなければならない。

そして、このプラットフォームの上に、技術革新、新商品の開発、新しい社会システムの構築、広範な文化活動、そして環境負荷の低減など人類が求める知的価値の創造に英知を結集していく必要がある。

東京は、これによって、世界都市のネットワークの有力な核となることができる。

(2) イノベーションを持続する都市に

都市は、生き物であり、たえず進化する。二一世紀には、技術条件がますます高度化し、人類の思想も進歩する。そうなれば、都市は、他の組織と同様に新しい条件の上に新しい価値の創造に向けて絶えずイノベーションを持続し続けなければならない。この努力を怠れば、東京は、都市間競争に脱落してしまうであろう。

東京は、これまで高度成長と生活水準の向上を目指す日本の先兵として走り続けてきた。東京は、観光の拠点となる多くのコンテンツを有するが、高度成長の過程で、伝統的な建築物、美しい田園風景、そして水辺を破壊するケースが数多くあった。都市の再開発のために、河川の上に高速道路を建造し、伝統的な建築物を壊すことさえあった。多くの地域で、未だに電柱が林立し、ペンシルビルが立ち並び、広告看板が目を引く。

今や、経済重視の時代から文化重視の時代へ、量の時代から質の時代へと移りつつある。そこでは、情報、技術、文化が大きな役割を果たす。そして、地球環境の保全に貢献することも都市の魅力の大きな要因となる。東京がこの分野のソフトパワーの向上を目指してイノベーションを続けることこそ他の都市との差別化を図る源泉となるのである。

イノベーションを持続するには、都市が絶えず住民のニーズや希望を吸収し、住民のインスピレイションや野心を刺激し、都市の各部を有機的に結合するハードとソフトの技術や多様な知識経験を備えなければならない。コミュニティー活動は、都市の改革への合意形成のための有力な手段である。

このようなイノベーションを続けることは、経済面で潜在成長力を高めるとともに、高次元の欲求を充足し、創造性豊かな人材を輩出させ、都市の質を高めることになる。

(3) 優れた人材と企業が集う東京に

都市がイノベーションを持続していく根源は、そこで活躍する人材であり、生活者であり、企業である。グローバリゼーションの時代では、多くの優れた人材は、活躍するのにふさわしい最適の場所を生活の拠点とする。二一世紀の都市は、政治、行政、経営、研究、文化、スポーツ、医療、福祉、ジャーナリズム、などの分野で、社会の進歩と改革をリードするニューエリートとでも言うべき人材を求めている。

東京は、自らそのような人材をその中で育てるとともに、国内の他の地域、そして海外から優れた人材が集う環境を整備する必要がある。それには、住みやすい生活環境、開かれた社会意識、豊かな文化、外国人を暖かく迎える包容力が欠かせない。優れた人材が集うところに新しい知と価値が生まれるのである。

今や、企業が立地する都市を選ぶ時代である。卓越した企業が立地することは、優れた市場を生み、技術革新を促し、優れた人が集う。

東京には、そのような磁力が期待されているのである。

第四章

東京生活を愉しむ

――豊富な生活スタイル――

栗山昌子

1　都市には人が住んでいる

美しい景観のある都市は、住んでいるものにとって大変に魅力的である。だが、理想の都市設計は景観の美しさの追求だけでなく、そこに生活していく人間が、日々の生活の中で真に求めているものをいかに具現していくかということにもあるだろう。人は何を求め、何に満足して都会の生活をしているのだろうか。都市生活の魅力とは何なのだろうか。

少し前までは、都心は人の住むところではなく、むしろ仕事をする空間と考えられていた。昔読んだ『君たちはどう生きるか』（岩波文庫、吉野源三郎著）の冒頭の部分に、デパートの屋上から下を眺めると、人々は、潮が満ちたり引いたりするように、昼間は都会で生活し、夜になるとそれぞれ郊外の自分の家に帰って行く、という描写があった。都会人の生活空間と、仕事の空間とは別のものであると考えられていたのである。人はせかせかと道を歩き、満員電車に乗って仕事場に通い、学校に通っていたのである。私の子供の頃は、高層といってもさほど高い建物ではなかったので、屋上から、たやすく道路の様子を観察できた。色々な服装をしている人を見て楽しんだり、道ばたで話し込んでいる人たちや、子供たちがちょろちょろ遊んでいる様子などを眺めながら、そこに行き交う人達にはそれぞれ百人百様の考え方や生き方があるのだろうとその生活を想像してみたりしていた。

今、東京は超高層の建物が美しい景観を作り出している大都会に変身した。三十何階だ、五十何階だという高いところにあるレストランの窓は、景色を眺めることが一つのもてなしの形態である。席へ案内する人も「こちらからは遠く富士山まで見えますよ」とか「レインボーブリッジの夜景は見事でしょう」と強調してくれる。夜景ならずとも、こうして高層階から眺めると東京の大都会らしい様相は見事である（図

図表41　東京の夜景

表41）。近代的なビルの建ち並ぶ向こうには東京湾の海や、遠く筑波や箱根、秩父の山々まで見える。一昔前まで、大都会というと必ず工場の煙突があり、黒い煙がもくもくと上っていたものだった。空気も汚れていて、東京では青い空をめったに見ることができないというのは残念ながら受け入れなければならない現実であった。今、煙突の見えない大都会の景観を、高いところから見渡すと、そこに存在する空気さえも、凛と冴えているように感じるのである。高層マンションの高いところに住んでいる人の言葉を借りれば、「窓が開けられないのが残念で、この空気を胸一杯に吸い込んだら、どんなに美味しいことだろう」と。

しかし、そこには人が見えない。渋滞する車までは見えても人は見えない。都会という概念には、人が多く生活をしているということがある。従って、ごみも多いし、人の話し声を含む騒音があると思われている。新しい高層の建物からは、地上まで降りればともかく、展望している限り、人の気配がない。職住接近の考え方が都会の生活のなかに取り入れられてきた昨今、都心には働く人もその家族も、数多くいるはずである。街は清潔で、大都会らしかった不潔な匂いもなくなっている。救急車のサイレンが時折響くものの、クラクションなどの騒音も少なくなった。私は週に二回は六本木にあるジムで機械の上を歩きながら外を見ている。窓のすぐ向かい側は高級マンション群であり、明らかにオフィスではなく、また空き家でもなく、誰かが住んでいる生活空間だ。しかし一度も、休日でも、そこに人の姿やその気配を感じたことがない。日中だからだろうか。美しい建物だけが残っていて、人がみんな消えてしまっているかのような様子を見ると、人の生活を覗き見するヒッチコックの映画「裏窓」とは大違いで、むしろ、映画「渚にて」の異様な光景を思い出す。

だが一方、渋谷の駅前などは、どこからこんなに多くの人がわき出てくるのだろうかとびっくりする程の混雑である。確かに東京には人が沢山住んでいるのだと実感できる。色々な人生への可能性を秘めて、スクランブル交差点を「わっと」一斉に渡っていく人々を見ると、まさに都会は人間の住むところなので あり、美しい街づくりは、ここに住む人々に種々の満足感を与え、幸せをもたらしてくれるものであって欲しいと願わずにはいられない。

2　多様な選択肢を持つ東京の生活

昨今の情報網の発達により、日常生活の中にも、様々な情報が飛び込んでくるようになり、また国境を越えて人が自由に往来する国際化の時代に伴って、都市に住む人々の持つ価値観も複雑なものとなってきている。それにより、東京の生活も、多彩な分野で選択肢が多くなり、便利になったということができる。選択肢が多いということは、便利である一方で、個人個人が、それらを理解し、自分の価値観に合わせて、何を受け入れ何を排除していくかという選択を迫られるということにもなる。大きな波に押し流されて行ってしまわないように、そこに存在するメリットやディメリットなどを、一人一人が自分の生活のパターンと照らし合わせながら、しっかりと受け止めていく判断力を養うことが必要である。

(1) 交通の便利
交通網の発達

便利といえば、まず考えられるのは、交通網の発達であろうか。古くからある環状線や中央線に加え、今は地下鉄が縦横に走っている。マップを見ながら、色々な色で塗られた地下鉄等の線を辿って、ここからこれを使えばこういけるなどと考えるのも楽しい。今の東京には、自分の住んでいるマンションから直接地下鉄の駅に行けるというものもある。その地下鉄は乗り換え場所さえ知っていれば、色々なところへ連れて行ってくれる。バスも交通渋滞に巻き込まれるかも知れないのを覚悟すれば小回りがきいて便利である。

東京は首都高速道路も広範囲に走っていて、上手に使えば、あっという間に目的地に行き着くことができる。しかし時間帯によっては、長い駐車場といわれるほど、車がびっしりつまり動かない。間違って渋滞中の高速に乗ってしまったら最後、飛び降りることもできず、遅刻してしまうのは必至である。一方東京では、時間に正確な公共の乗り物の運行が発達しているおかげで、大混雑の首都高速道路を尻目に、すいすいと自分の行きたいところへ時間どおりに行き着くことが出来る。とは言っても、いまでも都心の過疎地といわれるところはあるもので、会議で出かけなければならない戸山にある国立感染症研究所などは、少し時間の余裕を持たせても、車で行くのが便利である。都心で車を使う場合の難点は駐車場であったが、最近は行き先に駐車場がだいぶ増えたので、自分で車を運転して出かけやすくなった。

タクシーも、台数が多く、近距離の利用でも乗せてくれるようになり、使い勝手がよいのだが、それでも、ちょっと郊外に行くと、駅前ですらタクシーがなく、ましてや流している車もないことから、往生したことがある。井の頭公園のあたりの夜道を地図を片手に、道を尋ねようにも人は通らず、街灯の薄明かりのなか、地図を片手にさまよった時には、東京にいるような感じがしなかった。

歩行者に優しく

歩行者に対しても、新しい街づくりは便利を考えるようになってきた。汐留の新しい街などでは、以前アメリカの雪の多い大都会で見かけたようなビルからビルへと結ぶスカイウォークが出来ていて、天候に関係なく快適に往来ができるようになってきた（図表42）。広い道を渡るための地下道に降りるエレベーターもあちこちに設置され、人が気持ちよく歩けるように歩道の幅を広げたり、緑を増やしたりの整備がされるようになった。そのせいか最近は車いすでの外出や、子供のベビーカーを押しての買い物なども多く目にするようになった。新しく開発されたヒルズなどはこのような弱者への配慮がかなりなされているが、一般にはまだまだと思うところが多い。歩道が車の出入りのために斜めになっていたり、階段の多い歩道橋などは、歩きにくいのみならず、街のあちこちで、景観をすら損なっている。

以前から設置されている歩道橋の中には、そこを通らないと向う側に渡れないものがあり、年をとった人、身体が悪い人、ベビーカーや大きな荷物を引きずっていたりする人にとっては、あらかじめどこか渡る場所を見つけておくとか、または最近設置された、自転車道を、自転車と一緒に渡るなどの工夫をしなければならない。私の家の近所でいえば天現寺や渋谷橋、渋谷駅の交差点など、うっかりすると歩道橋の階段を眺めながら、行くべきか戻るべきか、戸惑ってしまう。また、最近は自転車が歩道を走るようになり、狭い歩道を歩行者の背後からスピードを出して走ってきて、あわやの危険な思いをすることも多い。

図表42　汐留のスカイウォーク

図表43　天現寺交差点の歩道橋

歩行者が安全に都市を歩く環境整備は未だという感じである（図表43）。

外国へのアクセス

東京は今や、人の往来も激しく、情報発信の面も含めて、世界の大事な国際都市になっている。東京国際空港は場所が千葉県の成田にあり、首都東京の中心部からいささか遠いのは難点だが、世界の何処へでもアクセスすることが出来る。とは言っても、空港そのものの機能としては、滑走路の本数が足りないとか、時間的な制約に縛られているとか、これから整備していかなければ本当の便利にはならない。

最近は地方の国際空港の設置も増え、東京近辺に住んでいることだけが便利を享受していることにはならなくなってきたが、それでも、ビザが必要であれば、発給してくれる大使館は東京にある。もちろん地方の都市に領事館を持っているいくつかの国では、それなりの便宜を受けることはできるが、そのような機関がない町からは外国へ出るのも何かと面倒である。また、地方の人が、外国へ行こうとすると、住んでいる場所によっては、東京か成田近辺で一泊しなければならないだろうし、飛行機を乗り継ぐことになっても、東京までの航空賃を加算されるということを聞いた。東京に住んでいるものにとっては、主要駅やホテルと空港を結ぶバスや、エクスプレスなどの公共交通機関が利用できるし、または自分で車を運転して行っても、そんなに費用のかからない駐車施設も数あることから、世界へのアクセスがやはり一番便利だといえる。

もちろん東京の都心近くに空港があるに越したことはない。サンフランシスコに行ったときに、住宅街に隣り合わせて飛行場があることから、そこに住んでいる人に住み心地を聞いてみると飛行機の音は馴れてしまえばあまり気にならないし、むしろ便利で良いとまで言っていた。人それぞれの感性があり、静かさをとるか、便利さをとるかなど、一つの選択肢と考えても良いのかも知れない。

外国のみならず地方都市へ行くにしても、東京は、あらゆる交通手段の要と言って良いのではないだろうか。自分が出かけていくための利便性ばかりでなく、郵便や荷物にしても、他のところより、早く届くなどの利点が東京には多くある。

(2) 買い物の便利

買い物を愉しむ

都会というのは何処の国でも買い物をするところという感覚がある。アメリカでも、ワシントンに住んでいたときには、買い物をしにニューヨークへ行くということであった。東京も同じように、日本人にとっては何でもすぐに手に入り、買い物に便利な場所であることは間違いない。今までは外国旅行でしか買えなかった小物、お茶や香辛料など、町なかの小さな店でもさりげなく売られている。最近はブランド品に興味を持っている人がずいぶん増えているようだが、デパートで買える商品としてだけでなく、立派なブランド店自体が東京の青山や、銀座、六本木などに豪壮なビルを構えているものも多くなり、買い物客は、豊富な品揃えのなかから欲しいものを実際に手に取ってみることが出来るし、値段さえ気にしなければ、いつでも手に入るので、便利である。とは言っても、セキュリティーのためだろうが、入り口に立っている人が品定めをするように客の人品骨柄や服装をさりげなく「じろっ」と見ているので、買う気もなくちょっと入るのには勇気がいる。

また、外国のものばかりでなく、東京では日本の各地方のものでも、または芸術家の作品であっても、手にとって品定めをしながら求めることができる。ネットの発達は、都市に住むのと同じような便利さを、地方の人たちにも与えているというが、実際に実物に接する機会が少ないのでまだなかなかその域に達しているとは思えない。

豊富な食料品

生鮮食料品などでも東京豚とか東京産の野菜とか東京湾で捕れた魚などを見かけることはあるが、大体は地方の特産品が日本中から東京に入ってきている。地方で獲れた上質のものはどんどん東京の市場へと流れているようである。そのせいか、東京で買うと地方に較べて値段が高い。私は週末を那須で過ごすことが多いが、食料品の値段が東京に較べて半分以下である。市場やスーパーには土地の新鮮な野菜が山のように積まれており、その他の日常のものを買うのに不便を感じることはないが、どうしても欲しい香辛料だとか、この土地で採れるものでない生鮮食料品など外国のレシピを見ながら料理をしようとすると、なかなか手に入らないものが多い。その点今の東京の生活は、物価が高いことを除けば、「雪中の筍」ですら探しまわる必要のない程、求めれば何でもその場で揃う便利さを持っており、これは日常生活の中で捨てがたい魅力であるといえよう。

(3) 教育機会の豊富

子供の教育には東京に住むのが良いという人もいる。良いか悪いかを別にして、教育ママだ、お受験だと血眼になるのも一つの道ではあるだろう。子供達の将来の進路を考えるときに、確かに、東京には教育機関や、そのレベルの多様さから、状況に応じて考えられる選択肢がいくつもある。外国人も沢山住むようになったことから、子供達もいながらにして自然に、国際的な感覚を身につけていくことだろうし、小さいときから、英語や、各種の外国語を学ぶことも出来る。両親が日本人でも、外国語で教育するインターナショナルスクールのような学校に子供を通わせる人が多くなったのはひとつの例である。

都会で沢山の人たちとの切磋琢磨の中で自分を磨いていくような教育がよいのか、または自然の中で自由に子供達を育てて、子供が自分で考える力を養っていくのがよいのかは、色々議論のあるところであるが、都会にいればこれも両立させられる。我が家でもアメリカにいたときは、夏休みも長いことから、その間を利用して自然を学ばせるようなキャンプに子供達を入れていた。今東京でも、都会に住みながら、休みには子供達を地方に送り、自然の中での生活を体験させる家庭も増えてきた。都会の生活のなかだけでは、なかなか自然との共存を学ぶ機会がまだ少ない。これからの環境問題を今の世代から引き継いで世界と共に考えていく子供達には、都会生活だけでなく、地方の自然の中であらゆるものの命の大切さや、自然の仕組みを、身をもって体験して学ぶ機会が大事であろう。

いわゆる子供の教育は学校だけではない。漢字や数学、英語を学ぶ塾、ピアノなどの音楽教室、リトミックやバレー、水泳やテニス、体操等を子供に教える教室や料理教室など、子供達の情操面を引き出す機会も東京には多くあることを、孫の生活を通して知った。もちろん、一般の住民のためにも、カルチャーセンターや各種のスポーツセンター、図書館などが東京の町毎に存在しており、求めれば誰にとっても学びの機会が実に豊富である。

（4）医療機会の豊富

医療についても、同じように、選択肢の多さをあげることが出来る。医者の数も多いし、医療機関もたくさんある。難しい病気の治療や、高度な手術を受けるということになれば、厭でも人々は都会に出てくることになる。新しい治療や薬品などの開発や使用もまた、常に都会から始まっているようである。難病の子供を抱えて上京し、何日も母親が東京で病院通いをしながら生活するということは、生活の場所を確保するのも、経済的にも大変なことである。そういう人たちの支えになろうと、家を提供したり、世話をするボランティアの団体もあるが、数も限られており、なかなか充分とは言えない状態である。東京に住んでいるという、それだけでこういう難病の治療を受けるのには便利なのである。

老人になると、何かと病院に行く機会が増えるものである。しかし医療機関や医師の多い東京でも、高齢化による老人人口の増加もあるのだろうが、なかなか見てもらえず、病院通いは一日仕事になりかえって病気がひどくなるということもあると聞く。また長期療養が必要になると、このごろの入院の規則では、病院に長期間いることができない。病気でないなら、退院をして福祉施設である老人の介護施設にはいることになる。大体は年寄りを地方に連れて行くことになり、見舞いに行く人はなかなか大変になる。高齢化のおかげで見舞いに行く方もかなりの老人になる。身近に福祉施設がなお多くできれば、都市の生活がもっと快適なものになるだろう。

もちろん都心にも実に行き届いた老人特別養護施設があるが、土地が高いせいか数が少ない。大変なウエィティングリストになっているそうだ。目黒区にある施設を見せてもらったが、清潔で家族的であり、手に余る人数をとることはなく、病院と隣接した行き届いた施設であった。これは、入っている老人にとっても、また見舞いに行く家族にとっても有難い場所なのであるが、順番を待ってもなかなか入ることが出来ない。買い取りマンション形式の高額な施設ですら、なかなか入居できないようだ。もちろん地方にある施設も、雄大な山の景色を見ながら、また良い空気をおなか一杯吸いながら生活できるのでそれも良いのだが、自分の生活圏である東京にそういう施設がまだ少ないというのは快適な都市生活を送ろうとするときに選択肢の欠如とも考えられる。在宅介護、巡回介護の分野を含め、まだまだこれから充実させていかなければならないところではないだろうか。

(5) 働く機会と雇用環境の豊富

東京には様々な雇用機会がある。地方で勉強した若者の多くが、卒業後は東京に出てきて就職する。また技術を学んだ者も同じように東京に出てきて仕事に就く。国際的な分野での仕事も多く、世界とのつながりを感じながら働くことも出来る。自分の能力や努力によって、高給を取り、要職を得るような機会もある。特に若者の目からは、東京に多くの魅力のある仕事が散在しているように写る。以前は労働の機会を求めて地方から都会へ出てくる労働者が多かったが、今はビジネスチャンスをつかもうと多くの若者が東京へ集まってくる。六本木の森タワーなど、東京のもっとも都会的センスのあふれたところと思われる場所でも、働いているかなりの数の若者が地方の出身である。また、私がよく行く都心のスポーツジムで活躍しているトレーナー達も地方の出身者が多いので驚いた。雇用する側も地方の出身者に対する偏見がないのだろうか。いずれにしてもこの都市空間に、地方出身の若者達が大勢いることが、何の違和感もまわりに与えないほどに、みんな都会的なセンスを持って、生き生きと働いている。仕事を選ぶに際して、都会は沢山の機会を供給しているので、自分の好きな道を選べるという長所があるという利点以上に、若者にとっての都会生活は、楽しみ方も多様で、単なる憧れを越えて魅力あふれるものなのであろう。

図表 44　多様な魅力が溢れる東京のビジネス街

ビジネスなどを含む各分野で成功している若い世代が、新しい都会人として、今や東京の新しい生活の場を先導して作り出しているようにも思える。社用族が一流料亭やクラブを使っていた時代から、今では若い人たちが楽しそうに、接待なのか、仕事仲間と一緒なのか、プライベートなのか、高級な外国ワインをあれこれ吟味して飲み、高価な食事をすることが出来るような時代になっている。女性の社会進出も活発になっていることから、若い女性が、高給を取り、自分のお金で生活を楽しんでいるのを見ることも多く、新しい時代の都会生活の在り方を実感させられる（図

表44）。

一昔前までは、外では頑張っていても住関係はまだ追いつかず、着飾った人たちも「どぶ板をまたいで」とか「ウサギ小屋から」などと揶揄されていたが、今は、アメリカに較べれば狭いとはいえ、東京でもそれなりの住居に住めるようになっている。そして、これからまだまだ都心に新しく建てられつつあるマンションも多くあり、よりよい環境が整備されていくことであろう。アメリカの美術館が日本の芸術性豊かなデザインの展示会をしたことがある。そのなかに、日本の狭い住居がいかに美しく又機能良く設計されているかを示した部分、例えば収納の工夫や、システムバスなどがあり、アメリカ人の賞賛の的であった。多くの勤労人口を抱えた東京では「狭いながらも楽しいわが家」プラス「便利なわが家」と東京らしい住まい方が定着してくるはずである。

しかし、東京には輝く部分のある反面、失業者や働く意欲を失ったような若者がかなりいることも事実である。特に一つ足を踏み外した若者の再就職の道はなかなか険しいもののようである。また、年金だけでは生活できないので生活保護を受けている人、またはホームレスのような生活者もいて、この東京という大都会にはそれらを全てそのまま包み込んでしまうような、不思議な側面もある。

(6) 文化を愉しむ機会の豊富

都市生活の魅力の一つは、人々の興味に応じて色々な文化を楽しむことが出来るということにある。遥か遠くの地方や外国の文化を身近に見たり聞いたりする機会が東京には多い。和太鼓のコンサートなど、日本中駆けめぐっても、そんなに幾つも出会わないようなものが、一晩のうちに楽しめたりする。めずらしい展覧会や、なかなか聴けない音楽会など、あまりに多くのことが一時期にあったりすると、贅沢なことに、面白いものを見損なったり、知らないうちに終わってしまっていたりの失敗をすることもたびたびある。

先日ある音楽会で福岡に住んでいる友人に偶然出会った。この音楽会を聴くために以前から予定を立てて日にちを空けておいて、その日福岡から飛んできたとのこと、非常に驚いた。東京にいると日常生活の中に入り込んで見失ってしまっているような贅沢がいろいろあるのだなと改めて思わされた。世界の有名な美術館や博物館と連携した大規模な催し物や、今まであまり接したことのなかった世界のめずらしい美術品の展示会もある。また、色々な分野についての講演会や勉強会も行われて、学ぶ機会には事欠かない。東京ではこのような生活を潤す文化的なものが日常生活と隣り合わせにあるので、恵まれている。

ただ残念なことは、美術館や展覧会などの面白い催し物があっても、夜遅くまで開けているところが少ないのでなかなか行く時間がとれない。また休日に行こうとすると、とても混雑していて充分に鑑賞することも難しいときが多い。アメリカでは、国立、州立、私立を問わず、ほとんどのミュージアムで、人々が仕事を終わってからも行けるように、ボランティアの人々の力を借りて、夜の時間もかなり長い間開けている。また、展示物を真剣に鑑賞するだけでなく楽しむこともできるようにと、カフェがあったり、ベンチがあちこちに置いてあったり、子供のためも含めた色々な解説プログラムも組まれている。

また、ミュージアムが、展示以外の色々な目的に使われていることにも驚いた。天皇皇后両陛下の御訪米に際してのニューヨークでの歓迎ディナーは、大勢の客人を迎えてメトロポリタンミュージアムで行われた。また日本から森英恵さんが出席した世界のデザイナーが一堂に会した大舞踏会もここで開かれた。どちらも着飾った多くの人たちが賑やかに参集する機会であり、いつもは静かに眠っているエジプトのミイラ達も、突然の華やかな話し声にさぞびっくりして目をパチパチさせたことであろう。このように、あちこちのアメリカの美術館は、セキュリティーには心を砕きつつ、人々に社交の場や、チャリティー目的のレセプション、果ては結婚式場など、地域社会の人たちが自分たちのものとして身近に感じる機会を提供しているのである。東京でもせめて、働く人たちへの時間的な配慮ができていけば、文化を楽しもうとする都会の人への付加価値も増し、楽しみ方の選択肢も今ひとつ増えるはずである。

食文化を愉しむ

文化のなかには食文化も含まれる。日本人は食べることにとても熱心な国民である。日本の地方には郷土料理があり、それぞれ独自の食文化を楽しんできたが、それらが今や東京に進出して、みんなの料理になっている。また地方の伝統のある料亭も、東京に店を出しているものが多く、特別に旅の情緒を楽しもうというのでなければ、わざわざ現地へ出かけていくこともない。歴史をさかのぼれば、諸外国から持ち込まれた食文化を日本風にアレンジしたものも多くあり、天ぷらやすき焼きなどは今や日本国籍を得ている。最近の東京にはエスニック料理といって、色々な国の珍しい料理が提供されるレストランが増えてきている。日本風にアレンジされたものも多くあり、本物とは違うところもあるだろう。人によって、美味しいというものもあれば、どうも苦手というものもあるのは当然なのだが、いながらにして世界の、今まで味わったこともない、または見たことのない国の料理を楽しむことが出来るようになってきた。

もちろん高級なヨーロッパ料理にも事欠かない。世界の有名料理店の支店だとか、パリの三つ星レストランから来たシェフの特別料理だとか、旅をしてわざわざそこまで行かなくても、この東京で、あれこれ選んで楽しむことが出来る。食材にしても、今まで外国でなくては買えず、仕方なく何かで代用しなければならなかったようなものまで、今や店頭に並んでいるのを見ると、東京は本当に世界の食文化の中心のようだと思ったり、または、それだけ多くの異なった食文化を持つ人たちが住んでいる都市なのだと実感したりする。

しかし気をつけなければならないのは、健康維持と食の関係であろう。粗食で過ごしていた時代に較べ、栄養過多になってきてはいないだろうか。また、化学肥料を使った食材を使用したり、外国からの輸入材料などにたより過ぎて知らず知らずの間に身体に有害物質を取り込んでいないだろうか。特に脂質の多い料理やカロリーの多いものの摂取には気をつけて、メタボリックシンドロームによる健康被害から一層身を守る必要がある。アメリカで飛行機の乗り継ぎで時間待ちをしていると、ハブ空港では次から次へと色々な地方の街から飛行機が到着する。蛇腹につけない小さな飛行機から乗客が降りてくる。縦も横も分からないほど太った人たちが階段を転げるように出てくるのであるが、地方の人たちは太っているが都会の人たちはそれほどの肥満体の人は少ない。同じようなものを食べても、都会の人の方が、考えたり注意したりする機会に恵まれているからだと言われていた。

食文化を通して世界と語り合えるというのも本当に楽しいことである。そして世界の食を楽しんでいる間に、東京ではご飯とみそ汁、そして干物やおつけものといった生活はだんだん一昔前のものになっていっているような印象すら与えている。

3　異文化に出会う愉しみ

戦後は、日本にとって二度目の開国といえる時代であった。異文化との新しい出会いでもある。長い鎖国時代、また今回の太平洋戦争の時代を通して、日本人の物の見方には、知らず知らずのうちに

「閉鎖的な同質性」が培われてきたが、これからは国際都市になった東京に存在する多様な価値観を、住民一人一人が理解する努力をしていかなければならない時代になっている。そしてこの価値観を学び、それに対応していくのは住人それぞれであることはいうまでもない。

(1) 異文化移入

江戸末期からの横浜や神戸の港を通して始まった外国との交流は、日本にとってまさに近代化に向けての第一回目の異文化との遭遇であり、このときの人々のとまどいは外国人というよりも異人さんという呼び方をしていたことによく象徴されている。どんな事柄を捉えてみても、まずは取り敢えず日本人とは異なった人たちであり、その人達の生活様式や文化として理解したのであろう。当時、横浜絵というものが浮世絵師らによって作られ、これがアメリカ人だ、イギリス人だ、ロシア人だ、フランス人だといって紹介されているのだが、むしろそれぞれの国の特色を表すというよりは、日本人とは違う姿や生活習慣を持つ人たちとして描かれ、紹介されている(図表45)。三味線を持つ芸者さんと共に、畳には座れず出窓に腰掛けて、葉巻をくゆらしたり、日本古来の楽器と共に、西洋の楽器を奏でたりしている図が描かれており、外国からきた異人さんは日本人とは違った生活様式を持っている人たちなのだということを、これらの版画は、日本人達に教えてくれた。そして、この図柄からは、当時の人たちが、外国から来た、見たこともない人たちに接して、またその人たちが持ち込んでくるものの考え方や、生活習慣、食べ物などに戸惑いを覚えながらも、何とか相手を理解して、親しく交流を持っていこうと努力する姿が窺える。

二度目の開国といわれるのは、第二次世界大戦後のことで、戦勝国の外国人が入ってきたときには、やはり似たようなとまどいがあったのではないだろうか。もっと困ったことに、知らない人たちというより

図表45　横浜絵

も、戦争で戦った相手、学校で「敵」と教え込まれてきた外人であり、野蛮で凶暴な人種がいよいよ日本にやって来るということで、私もどんな人間達だろうとこわごわ眺めたものだった。同年代のアメリカ人にあったときに、相手もまた学校で「日本人は嘘つきで、すぐに人をだますような悪い人間である」とたたき込まれて育ったそうだ。お互いに顔を見合わせて笑ったことだが、ここからまた新たな異文化とのつき合いが始まることになる。

学校での英語教育に始まり、西洋流のエチケットをたたき込まれた。それにつれて生活様式も、畳の上のちゃぶ台や火鉢などの光景がだんだん少なくなり、テーブルと椅子の生活に移っていく。足をたたんで座るつらさもなく、布団をたたんで押し入れに片付けたり、用途に応じて部屋の模様替えをする大変さもない。今都会の住宅は、畳を残している部分があるものの、大抵が西洋風の生活様式を取り入れている。日常の運動量も自ずから減って、それを解消するために都会の現代人は、ウォーキングやトレーニング、そして色々なダイエットに取り組んでいる。そして都会人らしいスマートさや健康を何とか手に入れようと日々努力をしている。日本風の生活様式がかなり影を潜めつつあるが、戦後日本に浸透してきた異文化から学び、便利になった日々の生活を東京の人々は楽しんでいるように見える。

(2) 異文化から学ぶこと

戦後、国際化ということをモットーに、そして世界平和を求めつつ、日本は多くの外国人を受け入れてきた。特に日本の首都である東京は、今や一五〇以上の大使館や外国の公館を抱えている。戦後独立した多くの国々があり、欧米だけではない新たな異文化との出会いがそこに見られるようになった。多様な文化を持つ各国の大使館、といっても、外観からその国らしさを見せてくれるものは少ない。この都市の中に異質なものが入ってはその美的バランスを欠くのかも知れない。それでも中に一歩入るとそこはもう日本ではなく、それぞれの国なのである。独特の室内のデコレーションやその国の風習を凝らした花飾りや、香を炊き込めてのもてなしなど、お国柄豊かな文化を東京に持ち込んでいる。宗教的な考え方や、それに伴うエチケットや行事など、そこから学ぶことは数多くある。

図表46　ラオスフェスティバル

最近は、色々な国が自国の文化や食べ物を観光にも絡めて日本の人たちに知ってもらおうと、公園などで、一般向けに開かれた催し物をする機会が増えてきた。代々木公園広場の催事場で、〇七年はラオスが初めてこの種のフェアを開催した。珍しさも手伝って多くの人たちが参加し、食べ物や音楽、舞踊などを家族や友人と共に楽しんでいた（図表46）。またチェコの大使館はいつでも自国の文化を見てくださいと門戸を開いているし、代々木上原のイスラム教のモスクでも、信者の祈りの場であると共に、一般の見学者にも開放して、建物の説明と共にトルコ文化の紹介をしている。こうして東京に住んでいると、思わぬところで思わぬ国の文化に接する機会があるものである。

（3）異文化理解の難しさ

言葉にしてもエチケットにしても多くの外国の人と一緒に生活する場所では、外国人とのつきあいは西洋流のやり方を知っていれば対応できると考えられていた時代から、今では国際的なつきあいが広がって、国や民族により様々な習慣や風習があることを学ぶのも大事という時代になっている。もちろん、郷にいれば郷に従えということで、日本に滞在する外国人には日本の言葉、日本流の生活の仕方やものの考え方を理解してそれに従ってくれることを求めるのであるが、法律や規制についてはそれが可能でも、なかなか習慣は変えられない。おまけに今や、日本人の中でも育った環境や若者の世界では価値観の基準が一様ではあり得ない。大事なことは、自分のまたは自分の国の文化や考え方を大事にしながらも、なお相手の考え方や文化や習慣を理解するということをきちんと考えていくことにあるのではないだろうか。各国が色々な機会を利用して自分の国をアピールしているのも、もっとお互いへの理解を深めて共生への道を探ろうとしているのである。

このように手軽に様々な異文化に接する機会が得られるのも、都市生活の面白さではないだろうか。そして、国際都市になった東京は、複雑に絡み合う異なった価値観の存在する中で、いかに外国の人たちを理解し、異なった考え方と付き合っていけばよいのかを学ぶ良い機会にもなっている。また、それを全国に何らかの形で発信できれば尚更である。

先日、日本を訪問したロシアの女性グループが、この度の日本訪問で二〇年前のソ連時代に来たときには全く感じられなかった日本人の温かさに触れることができたと述べていた。ソ連という共産主義の国を今日のロシアとのイメージの違いから来る日本人の感覚かも知れないが、外国人を迎えるに当たっての日本人の優しさの芽生えであり、お互いを理解する機会の増えた成果であったのではないだろうか。

4　外国人にとっての東京

様々な国籍の人が国境を越えて往来し、多くの自由な発想や意見が飛び交い、世界の情報が瞬時に発着する場所にもなっている東京は、外国人ビジネスマンやジャーナリスト、観光客にとっても、魅力ある都市のようである。来日し、東京に住む外国人達と直に接するのは、東京の住民たちの楽しみでもあり、彼らにより満足な日常生活を与えるのも隣人としての東京人の役目である。

(1) その魅力　―安全な都市・東京―

先日も外国から来ている人たちに東京というとどんなイメージかと聞いてみた。安全な都会と答える人が多い。実際アメリカの大都会に住むと、銃というものの恐怖が常にある。アメリカの人たちも個人が銃を持つような社会をやめなければならないと言う人もいるが、一方では、自分の身は自分で守らなければという開拓時代の名残りとも思えることを言い出す。自分の身を守るためだけならまだしも、犯罪にも多くの場合銃が使われている。日本でも暗闇で辻斬り強盗がはやった物騒な時代もあったが、戦後は、銃や刀の所持を規制する法律ができたことにより、市民の生活は大いに安全なものへと変わっていった。それに加えて日本の警察の力も犯罪防止に貢献しており、世界から賞賛されている。特に交番という日本の犯罪防止の概念が一九八三年にシンガポールに取り入れられたのは周知のことである。「コーバン」という英語で犯罪防止のために警察官が見えるところにいるという派出所の概念をニューヨーク市に導入してからは、ニューヨーク市の犯罪件数が激減したとジュリアーニ市長が得意げに語ったのを聞いた。

東京がさらに安全になった理由として、明るくなった町並みをあげることができる。犯罪は暗いじめじめしたところに巣食う、という印象がある。白昼堂々などという表現の犯罪ももちろんあるのだが、概して暗いところは危険というイメージの方が強い。高いオフィスビルに人がいなくなってからでも明かりがついている。街灯も明るくなり数も増え、細い路地の中まで照らしている。省エネ対策との矛盾をどのように解決していくのかという問題は残るであろうが、取りあえず明るいことは安全につながり、清潔感も漂わせてくれる。こんな美しい明るい街では悪いことは出来ないし、悪い考えを持つことも出来ない、と通常の人間は考えるであろう。しかし、安全神話も時には崩れることがある。まさかと思う盗難事件がわが家で起こったり、安全と思われていた西麻布の大使館ビルの前で、白昼堂々ピストルでの殺人事件があったりで驚いた。

安全を保つことは、生命や財産だけの話ではなく、東京に住む人の多方面での生活の安全確保ということもあるだろう。地震などの天災への備えのほか、疫病やエイズなどの感染症への防備、食品の安全、そして今後の大きな課題はテロリズム対策ではないだろうか。都市で起きた大規模テロといえばニューヨークの九・一一事件が思い起こされる。あのニューヨークのビルと日本の高層ビルとでは建築様式が違うので、あのような惨事にはならないということを聞いたことがある。だからといって安心ということはない。

日本が国際的な貢献で大きな力を持つようになり、発信する情報が世界をリードするような立場になり、他国からの注目度があがっている現在にあってもなお、この「安全な東京」というイメージが、十分なテロ対策を含め、実体の裏付けがあるものとして国際社会の話題であり続けて欲しいものである。

(2) その障害 —日本語—

つい最近、アメリカから転勤でやってきた人に聞いた話だが、日本はまだハードシップ・ポスト（勤務に様々な困難が伴う場所）なので、色々な手当が付いたり、生活上の優遇措置があったりするという。何がそんなに大変なのだろうと聞いてみたところ、言葉の問題や生活習慣の特異さが理解しにくいことから、友人を作るのが難しいことなのだという。それでも以前に較べると少しは外国人にも住み易くなっているのではないだろうか。

以前は道路標識なども、日本語がわからないとなかなか理解困難であったのが、今は、国際化時代の需要に応えるように、地下鉄など、英語、中国語、韓国語で表記されており、ずいぶん改善されてきている。また外国語を話す日本人が少なかったり、日本語を学ぼうとする外国人が稀であったりと、国際都市の形をしていながら、なかなか実が伴わないものだと思った時代もあったが、これも最近は変わってきている。マレーシアから来た友人も、かつての日本は英語の通じない国であったが、最近はよく通じるようになったといっている。都心の警察署長の話を聞くと、最近は帰国子女の警官も増え、英語や他の外国語で道を教えるなどの対応もさることながら、増加しつつある外国人犯罪に対しての取り調べにも、現場で直接対応できるようになってきたそうだ。

人との交流に言葉は大事な道具である。心があれば言葉がなくても善意は通じるというものの、不便である。アメリカでは移民が多いせいか、夜には公立学校を開放して外国人のための英語教室を地域の教育委員会の監修の下に開いていた。移民のみならず、誰でもこの国で何年か生活をしようとする人たちは、このようなクラスに参加することが出来た。縁あって日本に滞在する外国人が、この機会に日本語を学ぶことは彼らの生活を便利にするだけでなく、新しい友人を得、彼らの生活の中で遭遇する多くの日本文化への理解や興味へもつながっていくことになるだろう。

アメリカで出会ったあるジャーナリストの夫妻はことごとに日本に対して、なかなか厳しい見方をしていた。この人は一時期日本に住んでいたのだが、日本をもっと良く知ろうとして、あまり外国人の住まない杉並区の街に住むことにしたところ、言葉も通じず、まわりの日本人との交流が自由にできなかったことから、その社会から自分が疎外されているように思い、その結果日本を好きになることができなかったのだと言っていた。周りの人たちが今少し思いやりを持って付き合う努力をすれば、良い関係になったのではと思わないでもない。日本語を学び、日本の良き理解者となって自国に帰って行く外国人は、将来のよりよい友好関係を築く上でも、日本にとって大事な人たちなのである。この夫妻が、日本語を学ぶ機会に恵まれていたら、また日本への見方も変わっていただろう。

東京に住んでいる外国人は、金持ちばかりではない。留学生もいるし、労働力として働きに来ている人たちもいる。日本で学ぼうとする留学生の数がなかなか増えていかないことも、日本語の難しさや外国人が日本語を学ぶ機会の少なさによるのではないかといわれている。需要はかなり増えてきているので、簡単に学べる日本語学習への対応も、今後の課題になるはずである。東京が、外国から来る人たちにとっても、住み心地の良さで魅力を感じる都市になって欲しい。

5　老人も住む東京

（1）老人にやさしい都市

こうして、雑多な人たちがこの東京にはそれぞれの利益と楽しみを求めながら共存している。老人だって、やはり東京の魅力ある生活を、その活気を若者と一緒に享受したい。

年をとって引退したら静かなところで過ごそう、東京はどこへいっても混雑しているし、気の休まるところがないと言って実際に郊外に一度居を移した人もまた、刺激の多い都会へ、戻ってくるようになった。田舎が良い、懐かしいふるさとへ帰って余生を気の置けない人たちと過ごすと言っていた人たちも結局、やはり長年住み慣れた、知人も多い東京の生活を捨てきることはできないようである。アメリカでも、静かさや、緑、そして自然の生活を求めて、老人は郊外へと生活の拠点を移していった時期があったが、彼らも都会の便利さとその刺激の誘惑には勝てず、また元の都市へと戻ってきている。シカゴで、ここの住人のほとんどは帰ってきた老人だという高層アパートを街なかの景色の良い湖畔で見たし、いわゆる老人ホームもあまり遠くない街はずれにあった。

東京に舞い戻ってくることの魅力は何であろうか。なんといっても東京は、そして特に都心に住むということは便利なのである。退職すると今までにはもてなかったような自由な時間が出来る。身体が元気であれば、「さあこれからが第二の人生だ」ということになる。今までは仕事に追われて、趣味を楽しむ余裕もなかったのが、これからはできる。何かを学びたい、美術館を訪ねたい、夜の音楽会にも行きたいと欲張ってあれもこれもと考える。しかし、静かさを求めて郊外やふるさとに住んでしまうと、なかなか東京まで出てくるのが億劫になる。結局今日もやめようかということになる。

　また、仕事で使っていたレストランで、これからは家族と一緒に美味しい食事を楽しみたいと思う。都心であればすぐに行けたのに、郊外に住むことになれば電車に乗る時間が長くなり、帰りのタクシー料金も馬鹿にならない。年をとると残念ながら病院に通う機会も増える。遠くから通わなければならない病院の一日仕事はいかにもきつい。こんなことなら東京の中心に住んでいた方が生活に変化があり、人と会う機会も多く楽しいと思うようになる。若者と共に過ごす刺激の多い都市の生活は、若さを保つ秘訣にもなり、老人には大きな魅力なのである。聞くところによると、東京は、日本の中でも長寿の地域になっているのだそうだ。

図表 47　美しい緑が残る清水谷公園

　刺激だけでは長寿は得られない。癒しの部分も大事であり、都心に緑を増やそうとの街づくりが積極的に考えられている。その一方で、マンション群の建設のために、緑が失われていく現場も多く見られて残念に思う。東京全体における緑の割合はどうなのであろうか。皇居の緑や、大きな公園、神社仏閣などの境内にも沢山の緑が残っている。高層のホテルの建つ街を歩いていたら、意外なところに、鬱そうと樹の生茂る美しい緑の空間に出会い、嬉しかった。これが清水谷公園かと宝物を発見した思いであった。あちこちの街角にも、公園とは言えないようなものだが、小さな広場があるのを見かける。そういう場所が、人々にとって憩いの場であり、社交の場であるように整備されていくと良いと思う（図表47）。

ニューヨークで子育てをしていた頃、お天気がよいとベビーカーを車に積んでキセナパークという近くの広々とした公園に、子供の散歩がてらよく出かけた。またすぐアパートの一角にある日だまりの小さな公園にベビーカーを持ち出したりもした。この近所の日だまり公園には多くの老人が静かに腰掛けていた。夫婦だったり、友人同士だったり、ひとりだったり、ときどきお互いに声を掛け合って一緒に楽しくおしゃべりをする。もう車の運転をしなくなった老人には遠くまで行くことは難しくても、こういう小さな日だまり公園があると、人に会って潤いのある時間が楽しめるのだなと思ったものである。特に、ニューヨークの社交クラブのように、ニューヨークの高層アパートでは北向きが好まれる。日が差し込んで家具を傷めないようにという配慮だと聞いた。そういう意味でもこの小さな広場は、住む人々、特に老人には大事なものであっただろう。

(2) 癒しの空間と景観

現在のわれわれの生活の中で、横のつながりを世界につながる国際化の問題と捉えれば、もう一つ大事に考えたいのは、縦のつながりとでもいえる東京の歴史的な観点での現在とのつながりであろうか。戦前の東京の、または江戸時代から受け継がれてきた生活風習がただよう町並みだったり、むかし懐かしい景観だったりするものが、一部に残っている。それらは新しいことに夢中で飛びついて生活している中でなお大事にしたいものではないだろうか。古い革袋に新しい酒は入れられないというが、古いということだけが全てなのではなく、新しい街づくりの中で歴史的なものを使って新鮮なものを作りだしていくと考え

図表 48　青空を取り戻した日本橋地域の将来図

ればどうだろうか。東京でなくては存在しない歴史の中のもの、「宮城」、「国会議事堂」、「日本橋」、「東京駅」等々、戦火や天災を免れて今存在するものは、東京の宝物である。ちょっと老朽化すると壊して近代的な新しいものをたてるというのが最近の大都会づくりのように思える向きもある。しかし点在する東京の宝物は大事に考えて新しいものの中に上手に取り入れていく努力も大事であろう。表参道ヒルズや、大手町の銀行協会の建物に見られるように、新しい街づくりの中に思い出深い歴史の一部が取り入れられているのは見事である。

住民の便利のために造られた高速道路のある部分を取り除いたら、美しい「日本橋」の姿が現れたという図を見せてもらったことがある（図表48）。日本人が近代都市を追い求めてきた中で埋もれてしまった宝物が出てきたような感動を覚えた。人々の生活の場で、便利さだけを追求したときに置き忘れてきたものがあちこちに埋もれて多くあるのではないかと改めて考えさせられた。広い道路も良い。しかし、下町の狭い路地に昔の人情や生活が今なおあるということも捨てがたい。多くの神社や仏閣も都会の喧噪の中で、個人の宗教とは直接関わりなくとも、人をいやす力も持っているし、東京の街の観光に役立っている。日本の美しい光景はたくさんあるが、こういうものは東京にしかない。地方の人にも、そのためにぜひ東京に見に行かなければというものをどれだけ沢山用意することが出来るだろうか。しかも東京は近代的な大都会である。歴史的なものを矛盾と捉えるのではなく、調和と発展させていけば、それが大都市東京にとってのこの上ない魅力なのではないだろうか。

都市景観を考えた街づくり、そしてそこに住む人たちの生活を大事にした街づくりからは、当然緑や、自然の環境を呼び戻す努力がなされていることを学んだ。そのおかげで郊外にまで行かなくても、この大都会の中で、自然を楽しむことが出来るようになってきた。新しく開発されたお台場はまさに夢の島で、ごみの匂いとは縁遠く、東京湾の潮風を感じながら息抜きをすることが出来る。きれいな砂浜の海水浴場までできていることには驚いた。また、きれいになった隅田川のほとりで、公園の手すりに寄りかかりながら、この土地の歴史に思いを馳せ、昔のように「歩いて渡れる太鼓橋が一本かかっていたらもっと絵になるだろうな」など考えながら、折々の季節の風情を楽しむことも出来るようになった。「春の小川」と歌われたようなさらさらと流れる川が東京にもあったのだと聞いた。都心を流れる小川達も、一時のあの泥の匂いから、再びスミレやレンゲの花の懐かしい香りと共に、昔の自然の優しい姿を取り戻す日も近いことを期待している。

「智恵子は東京に空が無いといふ。ほんとの空が見たいといふ。……桜若葉の間にあるのは、切っても切れない　むかしなじみのきれいな空だ。……」と、高村光太郎が智恵子抄の「あどけない話」に述べている。智恵子にとってのほんとの空は、阿多多羅山の山の上の空だったのだが、東京は新しい街づくりのおかげで、高層建築の間の広く空いた空間に、そして緑の葉の間に、再び以前にあった東京のほんとの空が見え始めてきた。

緑だけが景観ではない。〇七年の東京の秋はことのほか美しかった。天候のせいか、東京の努力のせいか、また、環境汚染改善の賜か、東京のシンボルといわれる銀杏の黄金色の見事だったこと、長らくこの都市に住んでいるが、初めてみたような驚きであった。同時に、東京の桜並木の紅葉も、秋に今一度桜が咲いたかのようであった。秋の観光スポットの一つとして、東京へ銀杏と桜を見に行こうというのも、決して荒唐無稽のものではなく、毎年のことになるとよいと願っている。

(3) 人とのつながりを求めて

都市に住む人々は、日常、特に何もなければお互いに関与しない個人主義を大事にしている。忙しさに追われて過ごすときには大変魅力的な生活スタイルであるが、時には大変孤独に感じるときもある。初めてのアメリカのアパート生活で経験したのも、こういう人とのつき合い方であった。「隣は何をする人ぞ」と、人のことにはかなり無関心で、他人が勝手に自分の方に入り込んできたり、頼まなくても親切に対応してくれたりすることは少ない。新しく引っ越しても、誰に挨拶をすることもない。日本だったら、向こう三軒両隣に引っ越しそばを配ったりするのになと思いながら、密かに住んでしまっている。周りのことを詮索しないというのが、アパート住まい一つの礼儀なのかも知れないということを学びながら、それでも、必要なときの他人への心配りもまた見事なものであった。

ニューヨークでアパートの九階に住んでいたある日のこと、突然玄関のベルが鳴って、出てみると大きな人がドアの外に立っていた。アパートは逃げ場がないのだからよく見て開けるようにということであったが、警察官の服装をしていたので安心してドアを開けたところ、彼は脱兎のごとく家に入り、危ないと言って子供部屋に突進した。後ろについて入ると、まだ二歳の娘が、昼寝をしていると思っていたのに、どういう訳か窓枠によじ登って、ブラインドと窓の間に立って下を覗いているではないか。お巡りさんが抱きかかえて、窓枠から彼女を抱き下ろすと、下で見ていた大勢の人たちが、よくやったとばかりに拍手をして喜んでいる光景が目に入った。危ない、早く何とかしてやれとの通報で飛んできてくれたようであった。

最近は東京でも、マンションやアパートなどの共同住宅が都会の生活に定着するようになると、一軒家も含めて、アメリカと同じように、他人とのつき合いは最小限になってきた。しかし、それでよいのだろうか。新聞の懸賞論文最優秀作（〇七年一月一七日付読売新聞）の中に、昨今の都会での生活は、人々があまりに他人に対して無関心であることを嘆き、もう少し温かい他人との関係にしていくことが大事であり、ありきたりだが、他人との触れ合いの最初は「挨拶」であると述べているのを見た。これを読んで、廊下で行き会ったり、エレベーターで一緒になったりしたときに、必ず挨拶をするアメリカ人の生活態度が思い出された。かといって貴方は何処へ行くのとか、何をしてきたとか、今日は子供たちはどうしているのかなど、人の生活の中に土足で踏み込むことはない。また知っている人か初めてあう人なのかなども関係なく、朝であれば「おはよう」、夕方であれば「こんばんは」、また、にこっとして「ハーイ」と言うだけのこともある。アメリカでは「向こう三軒両隣」というような横のつき合いもほどほどだが、こういう、エレベーターなどでの挨拶を通しての高層故の「縦」のつき合いもあり、個人主義絶賛の中にも、ほんのりと人の温かさが感じられたものだった。こういう温かさがないと、都会のクレーターのようなくぼみに人は落ち込み、孤独を克服できないでいるときもあるだろう。人は究極、何かに連なって、生きていきたいと思うものである。個人主義の自由を大事にしながらも、アメリカの友人は自分の生活圏のなかで常に頼れる誰かがいることが大事だと言っていた。それもあって、仕事をしていない主婦や老人は地域にとけ込むために、そこで求められているボランティアの活動をするのだそうだ。

都会の隣人関係の冷たさを述べたいときによく使われる「隣は何をする人ぞ」という言い回しは、実は「秋深き隣は何をする人ぞ」という松尾芭蕉の詠んだ有名な句の一部を誤って借用したものである。山々が色づいて、もう冬がそこまで来ている。自分の人生の終わりも間近い。耐えられないほどの寂しさを感じたとき、ふと、隣にいるのはどんな人なのだろうかと、そっと覗いてみたくなるような、思わず募る、その人恋しさを詠ったものである。そして、辞世の句「旅に病で夢は枯れ野をかけ回る」へと続くのである。都会の生活には自由な反面、ともすればこのような寂しさも併せ持っている。

人恋しさから東京に舞戻って来た人たちに、特に老人にとって、この大都会が、人の触れ合いもある、温かさ溢れる生活空間であって欲しいと願っている。

6　都市生活の凝縮

職住接近の都市構想のなかで整えられていく東京の街には、いよいよ多くの人が住むようになる。職住接近という考え方は、基本的にはまだ働いている世代の人のためかも知れない。しかし、職はなくなっても、そこにある付加価値の様々な楽しみは、これから第二の人生を送ろうとする人たちにとっても、一緒に楽しませてもらいたい貴重なものである。六本木ヒルズがオープンしたときのことを思い出す。静かな住宅街が台無しになると言って、反対をしたのは周囲の住民や近所に住む外国人が多かった。それに対して、同じ容積のものであれば空間を使って高層の建物を造ることにより、公園を残し、大きな木を残し、広々とした広場を残すことが出来るのだと施行者から説明された。出来上がってみると想像以上に明るい空間がそこにはあった。広がる建物と建物の間からは青い空が見え、時には太陽がまぶしく感じられるようにさえなった。

生活環境も、交通のアクセスは便利だし、買い物、食べ物、人の集まるクラブ、一流のものが何でも次々に手に入る。クリニックがあり、エステがあり、ジムやプールがあり、美容と健康にも事欠かないし、アカデミーや図書室で学んだり、色々な種類の映画を楽しみ、時々の美術を鑑賞することもできるなど、至れり尽くせりのセッティングである。都市でこそ享受できる全ての選択肢が一つに集まっているような印象を受ける。また職住接近ということで高級なマンションやホテルが建てられており、新しい都市生活の究極を見るような気がする。ここに生活することは高嶺の花であるかも知れない。しかしここを訪れて、癒しを得たり、楽しみを得たり、これが大都会の中心地でもあるのだという感慨にふけったり、自由気ままにエンジョイできる場所でもある。

六本木ヒルズの広場に、芸術的なオブジェが配置されているのも、なかなか人の心をいやすものである。モスクワで地下鉄に乗ったときに各駅毎に美しい彫刻を配していることに新鮮さと安らぎを感じたことがある。また、アメリカの副大統領夫人であり、後に大使夫人として日本に着任したモンデール夫人は、自分が陶芸家であることからの印象だろうが、東京の街角にもっと芸術をと述べていた。故郷のミネソタで博覧会が開催されたとき、彼女の提案で、会場へ行くまでの停車場七ヵ所の駅にそれぞれ趣向を凝らして、芸術的なものを配置したのだそうである。東京ではまだあまりそういう芸術品を街に見ることがないが、ヒルズの「蜘蛛のオブジェ」は芸術作品でもあり、待ち合わせなどで人にも親しまれており、街なかの芸術の手始めとして大いに評価したい。

こういう高層のものが建つことに反対意見を言っていたグループも、今は静かに、新しい都会らしい空間を、自分の街の大事な場所として楽しんでいるのではないだろうか。その後六本木ヒルズに似たような街づくりが東京のいくつかの場所で見られるようになった。きっとそれらの地域でも、同じように、人びとがその場所を貴重なものとして楽しみ、それぞれの生活の中に取り入れていることだろう。

第五章

東京のしたたかな経済力

―知らないうちにそっと―

黒川和美

1　東京一極集中とは言うけれど——頂上は高く裾野は広く——

東京が日本の中心で、東京の経済力が日本の経済力を決定する——と一言でいうには東京は複雑な構造を抱えている。近年、都心に集中豪雨が発生すると水害が生じる。このような現象は以前にはなかった。地球規模で温室効果ガス、CO_2の発生により地球温暖化が進むことと都心の集中豪雨が緻密な理論的説明もないまま、一括りで説明されるように、一極集中のイメージは曖昧としたまま。新宿五丁目ではヒートアイランドによってエアコンをつけないでいると、マンションの内部は五〇℃を超え、愛犬や愛猫が熱中症で倒れたりする。

満員電車に揺られて長距離通勤をする決死隊的サラリーマンが東京経済を支えているといわれた時代から三〇年が経ち、当時体力があるバリバリの日本経済の担い手はメタボリックを抱え、未熟なICT知識のまま、お荷物、窓際、団塊、オヤジと呼ばれて、今、定年を迎えている。丸の内では新しい街づくりが進む一方で、八重洲北口では風俗店が増えてゆく。

大学には誰もが行けるようになり、国際化しない大学と三六万人の学生が東京に存在する。優秀な中国や韓国の留学生はいつの間にか日本には来なくなり、アメリカやヨーロッパの大学に留学するという。しかし、それでもこれまでで最大規模の一〇万人の留学生が日本にはいるらしく、それは多分、東京の大学ではない地方の大学に在籍しているらしい。

構造改革が進んだとはいえ、天下りは後を絶たず、外郭団体はたくましく成長し、独立行政法人は第三セクター同様日本的民営化論の延長線上で元のまま息づいている。日本経済を支えるべき資金はその半分が銀行や郵便貯金に累積し七〇〇兆円を超えているが、そのほとんどが国の借金になるメカニズムは今も変わらず、銀行も郵便貯金も東京を中心に霞ヶ関の資金調達係になっている。気付かないうちに、巨人もベルディも団塊オヤジも、床屋が消えて美容院に変わっていくように消えていくのかと思えば、確実に盛り返してきているではないか。

慢性的な交通渋滞はＥＴＣとｓｕｉｃａの影響でなぜか前とは違った状況になりつつある。

東京を考える場合、その頂上と裾野の両方を同時に見る必要がある。東京の頂上は日本の頂上でもあり、日本の裾野と東京の頂上とを同時に見る必要がある。東京の頂上を考える場合、世界の頂上と比較してその双方を同時に見る必要がある。東京の頂上を考える場合、二三区、山手線の内側、都心五区、丸の内など、都心といえども、その頂上の範囲と意味が論者によって多種多様である。多くの人は一極集中論で東京を切り捨てようとし、東京を擁護する人は曖昧な一極論で逃れようとする。しかし、東京は複雑な構造を持っておりその複雑さの基礎のところで激しい競争にさらされている。頂上はより高く、裾野はより広くすることで東京の競争力は強化される。そして、それでもなおこの東京との競争に全国から、全世界から参入してこようとする人がいる。

2　ストック東京（1）　―インフラが余った―

どこの国のどんな都市でもそうとは限らない。しかし、東京では優秀な官僚達がいつの間にかそっと、しかしそれは人々が気付かない東京の特徴を作り出している。

～上・中・下水道と水源は確保され、水は余った

東京には相模川水系や多摩川水系や荒川水系や利根川水系がある。徳川家康が城を築城する前は周知のように東京は文化の中心でも産業の中心でもなく政治の中心でもなかった。ただ、自然条件として多くの人々が生活するのに必要な水と食料を確保できる可能性があった。現在これらの水系に、官僚達は一四〇余りのダムをそっと作り続け、東京の水が管理されただけでなく、まず大都市東京が成立すべき基本的条件である水を確保し管理する仕事を着々と行なってきた。都民は気付いていないかもしれないが、東京には今水が余っている。多分、神奈川にはもっと水が余っている。そして、埼玉や千葉は、その東京や神奈川の水をネットワークすれば余っている。ライフラインとして、都市にとってもっとも重要な成立条件である水が余っているのだ。世界の大都市はみな水を確保することにやっきになっている。とりわけアジアの大都市はみな水が不足して困っているのに東京には水が余っている。

～公的住宅も空室が生まれ余っている

公共投資は日本国中、様々な分野に行なわれてきた。道路、鉄道、空港、港湾、上・中・下水道、公園、学校、病院、図書館などなど。官僚達が競い合って戦後作り続けてきた行政施設は日本中に建ち上がり、今彼らは更新リニューアルが必要だと説く。リニューアルには費用がかかるが土地を手に入れるというもっとも面倒な仕事はもう無い。住宅の建て替えのように、これまでの敷地により新しくて便利な施設を作りかえればよいのだ。水だけでなく東京の都心にも郊外にもたくさんの官僚達が作った住宅が余っている。つまり、家も余った。公務員住宅や議員住宅の必要性の有無を敢えて論じないが、大切なことは更新が必要という点より余っているという事実である。

〜大学も余り、授業料は安い

東京には官僚達が作った住宅が余っている。大学も余っている。文京区には一三の大学がある、そこで文京区と呼ばれている。多摩には六〇余りの大学が存在し、二五万人ほどの学生が通っている。八王子はそうした大学をたくさん抱えた都市の一つであるが、文京都市とは呼ばれず、なぜか大学は八王子から都心へ戻ろうとしている。

日本の大学はアメリカやヨーロッパの大学と比較すると授業料が安い。だから学生は大学で勉強をせず、大学の勉強とは別に専門学校に通い、資格を取って、就職の不安をなくそうとする。そして、大学の門前に専門学校が立地する。丸の内のビジネス街には日本中の大学がサテライトオフィスを構え、そこで、学生時代に適切な知識と資格を仕入れなかったツケを社会人になってから支払っている。多くの大学はそれぞれ都心のサテライトで競い合い、それが採算を取れずに右往左往している。

〜地下鉄も整備され、料金は安い

地下鉄は全部で一三のラインが形成され都心だけでも二五〇あまりの地下鉄の駅をつくり都心の足は極めて便利になった。初乗り料金は一六〇円で安い。地下鉄建設は七号線の延伸など限られた部分だけが残されており、東京都心へ向かう放射状の交通網はおおむね完了している。残されているのは、いわゆるセコンドベルトといわれる郊外の都市間を結ぶ公共交通で、これらはロンドンやパリでも重要なテーマになっている。

東京の場合、都心五区の人口は一〇〇万に満たず、山手線の内側の人口は二〇〇万人にも満たない。二三区の人口が八五〇〇万人にもかかわらず、首都圏の人口は三四〇〇万人なのだ。つまり、郊外に二五〇〇万人の人が住む。官僚達はその二〇〇〇万人が、みな山手線の内側を目指して通勤通学すると思っているが、今ほとんどは都心に向かって通勤しているわけではない。通勤通学は三〇〇万人で、五年毎に一〇万人ずつ減少している。都心では泥棒は捕まるが郊外では泥棒は捕まらない。都心には網の目のように地下鉄が張り巡らされているが郊外では車を利用するしかない。そして郊外のバスは高い。郊外は都心発信の電波の傘の下にまだ居る。余裕のある電波で、ワンセグ、マルチメディア放送技術が導入されると、地域版ホットペッパーやリクルート、アパマンの世界が拡がってゆくだろう。

3　ストック東京（2）　―膨らむ緑・編み込まれる交通ネットワーク―

～自然が失われたというが、都心の木々は着実に成長している

韓国や中国から観光にやってくる人たちが絵画館前の銀杏並木で記念撮影をする（図表49）。観光客にとって絵画館が見学の対象ではない。季節によってその風景を変える銀杏並木と、そこに居心地良くあるオープンカフェが魅力的なのだ。私達は気付かなかったが、並木は勝手に時間と共に成長してきた。以前見た銀杏並木と少し違う。表参道の欅並木も以前見たそれとは少し違う。いつの間にか成長してきた。神宮の森が、皇居が、東御苑が、緑のボリュームを増やし、皇居前の松並木は風格のある大規模盆栽に成長し、多くの外国人観光客に驚かれている（図表50）。木は勝手に時間と共に成長し都民に潤いを与えている。上野の森はもっとグラマーだ。

他方、せっかくの緑があるにもかかわらず、その緑を使えるかどうかという議論を始めると多くの問題があることに気付く。皇居や御苑の公開を論ずるよりも、新宿中央公園や芝公園の緑の公開の方が重要だ

図表 49　絵画館前の銀杏並木

図表 50　都庁から見た代々木公園

といえる。公園はあるがそこで緑を満喫する環境にはない。秋の陽だまりの中で自然空間を満喫するのなら、下丸子や府中の多摩川べり、水元公園や、赤羽や東白ひげの川沿いといった方が好都合かもしれない。緑が少ないと悩んでいた都民が今、上手に緑を自分のものにしようとしている。六本木ヒルズの毛利庭園やけやき坂のスタバ前、そしてミッドタウンの芝生が真夜中までガードマンに見張られて安心して利用できる都市空間であるとすると、世田谷公園や羽根木公園や新宿中央公園や芝公園は管理の仕方に問題があり、官僚達がそっと作ったツケがまわってきた気がする。

～山手線は二九駅中二五駅がターミナル化している

山手線は二九の駅があり、そのうち新宿、池袋、渋谷、東京、上野といったメジャーなターミナル駅は言うに及ばず、二九駅中二五駅が他の鉄道線路と交差しターミナル機能を持つようになった。そして更に、舎人ライナーによって日暮里もターミナルになる。間もなく高速道路新宿環状線が完成すると、高速道路は地下でネットワークされる時代が幕を開けることになる。慢性的な渋滞を抱えていた鉄道や道路はｓｕｉｃａとＥＴＣでみるみるうちに便利に利用できるようになった。しかも、高齢者に優しいエレベータが確実に備わって利用できるようになってきた。東京の都心には公共交通が集中的に整備され、東京の地下は鉄道と道路のネットワークでいつの間にか便利になり密度の高い高層オフィスと住宅を効率的に結び始めている。問題は郊外部のセコンドベルトの充実だ。そして、地方部では都市連携する地域ネットワークの充実だ。

～中央埠頭のゴミ処分場はあと五〇年はもつらしい

東京の一般廃棄物ゴミを処理する東京湾の中央埠頭では、エコタウン計画が進展している。これまで分別収集せずに生ゴミを山積みにしてきた中央埠頭では、生ゴミと共にプラスチックバッグ（ビニール袋）が大量に捨てられている。四年前に東京都の廃棄物審議会はマテリアルリサイクルからサーマルリサイクルへの思い切った政策転換が行なわれた。これによってビニール袋を廃棄物と共に燃やして熱回収する政策が採用されることになったのだ。中央埠頭は東京都の東京湾のもっとも先端にあり、一時はこのゴミの山をうずたかく積み上げて標高数百メートルの新しい山にする提案すら生まれた。しかし、都の職員は多分そっとサーマルリサイクルが必要になる日を待っていた。これによって、これまで埋め立てられている生ゴミを焼却し、その体積を六〇分の一にしていくことができる。熱回収しながら東京のごみ捨て場は、あと、半世紀利用できるのだ。東京のゴミの山は徐々に本物の山になっていく。東京湾は三番瀬を最後にこれ以上の護岸工事は行われなくなり、三番瀬も長期に渡って鳥達のサンクチュアリになり、東京湾の水質浄化に寄与するに違いない。私達は下水道と一般廃棄物処理のシステムによって東京で発生する廃棄物を次第にリサイクルしながらエネルギーを確保し有効な土地を作り出している。そして、東京オリンピックが開催されるとお台場でトライアスロンが行われる。

～東京ビル群は丸ごとエネルギー備蓄基地だ

同じことが東京の内陸についてもあてはまる。東京にはたくさんの高層建築物などが建設されている。明治維新に下水道のシステムが導入され二階建ての石積み建築物が出来て以来、第二次大戦後は高さ三一メートルを前提とした八階建ての鉄筋コンクリート作りのオフィスが大手町、丸の内、有楽町に広がった。鉄骨、鉄筋の技術水準が高まり、下水道と水洗トイレが一般化すると、高層建築物が建築可能になり、インフラとの関係で許容の容積が増えた結果として緑地を確保しオフィス空間を空中に確保する技術が一般的になった。

オフィスの中にはプレ工法でリサイクル可能な建築資材が導入され、それが木質のものであればセルロースとして、それが石油製品であればサーマルリサイクル可能な建築資材として、高層ビルディングの中に着々とストックされている。わが国では原子力発電と水力発電が電源として整備されており、価格変動の激しい化石燃料ベースの発電方式は次第にドミナントでなくなりつつある。イラニアンライトを中心に輸入される原油はその六〇パーセントが産業用で、二〇パーセントが民生用、二〇パーセントが輸送用に用いられてきた。エアコン等の普及で民生用が拡大する以前は七割が産業用用途に用いられた。これらの産業用用途に用いられた原油は加工されナフサになってプラスチック製品になってきた。これらが私達の身の回りに建築資材として着々と蓄積されてきているのだ。

結果として東京のビルはその多くがリサイクル可能な材料で作られているばかりでなく、そのかなりの部分がセルロースやプラスチック製品として東京の多くのオフィスや住宅などの中の建築物としてストックされている。東京のオフィスビルディングは、もし、それがサーマルリサイクルに振り向けられるとすれば、大量の熱源を備蓄しているのと同じなのだ。これらを取り崩していく前に新しいハイブリッドを超える原理で動く自動車が開発されれば、東京の街は壮大なエネルギー源をストックした森を形成していることになる。つまり東京は巨大な石油・セルロースの森になっているのだ。

4　ストック東京（3）　―豊かな時代のアップルイーター―

東京だけの話ではないけれど、ニート、フリーター、秋葉系といった言葉が若者の行動の一面を表す言葉として用いられる。一九九〇年のはじめ、ニューヨーク市長はニューヨークの呼び名をビッグアップルとしてキャンペーンした。ビッグアップルとは競馬の賞金が語源だが、ビッグアップルのニューヨークと、りんごをかじりながらそこで夢を掴もうとして努力するアップルイーターとしての若者達を対比し、キャンペーンしたのだ。今ではダイエットを目指してランチをりんご一個で我慢するアップルイーターもいる。東京では夢を掴むために何をかじり、何を我慢して若者達は頑張っているのだろうか。

～父親世代が蓄積した住宅を息子・娘世代がアテにする

一九八〇年代に生まれた子供達は二〇代の中心にいる。彼らの消費行動はその両親とは根本的に違う。第一に父親達の世代は多くが東京でマンションを買うか家を建てるか、いずれにせよ大きなローンを抱えなければならない運命にあった。親から住宅を譲り受けることができた東京人はそれだけでラッキーな人生を送ることができた。しかし、多くの父親世代は都心でマンションか、郊外で戸建てか、あるいは、郊外でもマンションを購入した。一部の人は、郊外で高価なマンションを購入し、バブルがはじけてその価値は低下し、ローンだけを背負った。さらに子供達の誰もが大学に行くことが当然となった時代にその教育費を負担しなければならないという二重の苦しみを会社以外のところで味わわなければならなかった。この父親世代の努力が今の東京を支えている。子供達はこれとは逆に入りやすくなった大学、親から贈与される住宅を十分あてにできる経済環境の中で夢を追うことになっている。

～新しい世代は新しいライフスタイルを求める

豊かな時代にりんごをかじりながらどんな夢を追うのか。東京の街に地方から夢を追って出てきている若者もいる。東京に家があり夢を追っている若者がいる。地方では父親の代から家を持つことはそれほど難しいことではなく、それゆえ父親の世代の負担は東京の人々より軽かった。この東京と地方の差は見えないところで東京の若者を、アップルイーターたちの行動を変えている。アニメーターという職業は低賃金のまま存続している。ウェブクリエイターという職業が若者の憧れになり、誰もがブログを持ち、自分の意見を彼らの世界で主張する。多くの若者がビッグアップル、ビッグネームを目指してバンド活動し、多くの若者がチームを作ってオリジナルなダンスを競う。しかし、彼らは究極にどんな夢を持っているのだろうか。

～大学に集う時代から大学院に集う時代が来ている

東京は少しずつ変わっている。東京人が少しずつ変わっている。東京の組織が少しずつ変わっている。大学は卒業する所ではなくて所属するところになりつつあり、卒業しても大学院に所属する。大学に求められているのは、社会の変化を的確に捉える知識人達が大学のサロンに集まり、知的な会話を交わしながら相互に情報交換することである。社会人の生徒が増えることで生徒の年齢構成は確実に高くなり、教師は生徒から学ぶようになった。これこそあるべき姿なのだろう。各大学は都心にサロンをオープンする。教授は社会人の生徒から習って学部生に社会の変化を伝える。郊外のキャンパスはスポーツや健康を肌で確かめるサロンになっていく。英国やアメリカの大学のように乗馬クラブが、ヨットクラブが、ボートクラブが、ゴルフクラブが大学の施設として整備されていく。都心のキャンパスと郊外のキャンパスは情報ネットワークで知的情報を共有できる。一度都心に住むと二度とは離れられない、という都心マニアが一方で育ち、一方、郊外に住むと二度と離れられない、という郊外マニアが育つ。それぞれが高いレベルで本格的に人生を謳歌し始めると両極に分化していく。大学が郊外に進出して学生達が都心の専門学校に通いにくくなったというクレームがあったが、いつの間にか専門学校が郊外の大学の前にやってきた。それどころか大学のプログラムの中に専門学校のプログラムを取り入れている。大学は都心で知的レベルの頂点を視野にその存在価値を示すだけでなく、郊外において新しい若者達の価値を吸収していく。この都心と郊外は高速道路で結ばれて、八王子と都心は深夜であれば二〇分もかからない。

〜都心も魅力的だが首都郊外二五〇〇万人口が東京を変えている

団塊世代の行動はいろいろな形で大都市のあり方に大きな影響を与えた。会社や行政や大学といった組織は変わっていくのと同様に、組織化された人々も変わりつつある。一つは郊外から都心への通勤の減少である。東京郊外から毎日東京都区部へ通勤通学する神奈川、埼玉、千葉、あるいは東京多摩地域の人々の合計は三〇〇万人ほどだ。たぶん郊外の人口の昼夜間人口比率は〇・九程度なので、東京側から周辺へ移動する人はこの九割くらい居ることになる。この五年間で郊外から都心への流入はおよそ一〇万人減っている。ここ一〇年間で考えると二〇万人以上減少しているのだ。まだ団塊の世代が定年退職する以前のデータであるので、団塊の世代は多く郊外に住宅を所有しローンを抱えていると想定すると、これから五年の間にはもっと多くの人が都心に来なくなると想定できる。

一方、都心に居住する人々も増えている。都心居住は二つの意味で増加していると考えられる。一つは都心の利便性を求めて家族そろって真に住居を移すケース、他の一つは高齢になって病院介護などより優れた老後のサービスを受けられる都心への移住である。しかし郊外の居住者の動向を見るとこの様な動きを統計的に明確に把握することは容易ではない。高齢者が郊外から都心に住居を移すというケースはそれほど一般的ではない。また、都心の住宅供給は団塊世代の定年退職時期を迎えているにもかかわらず、その数は減少している。

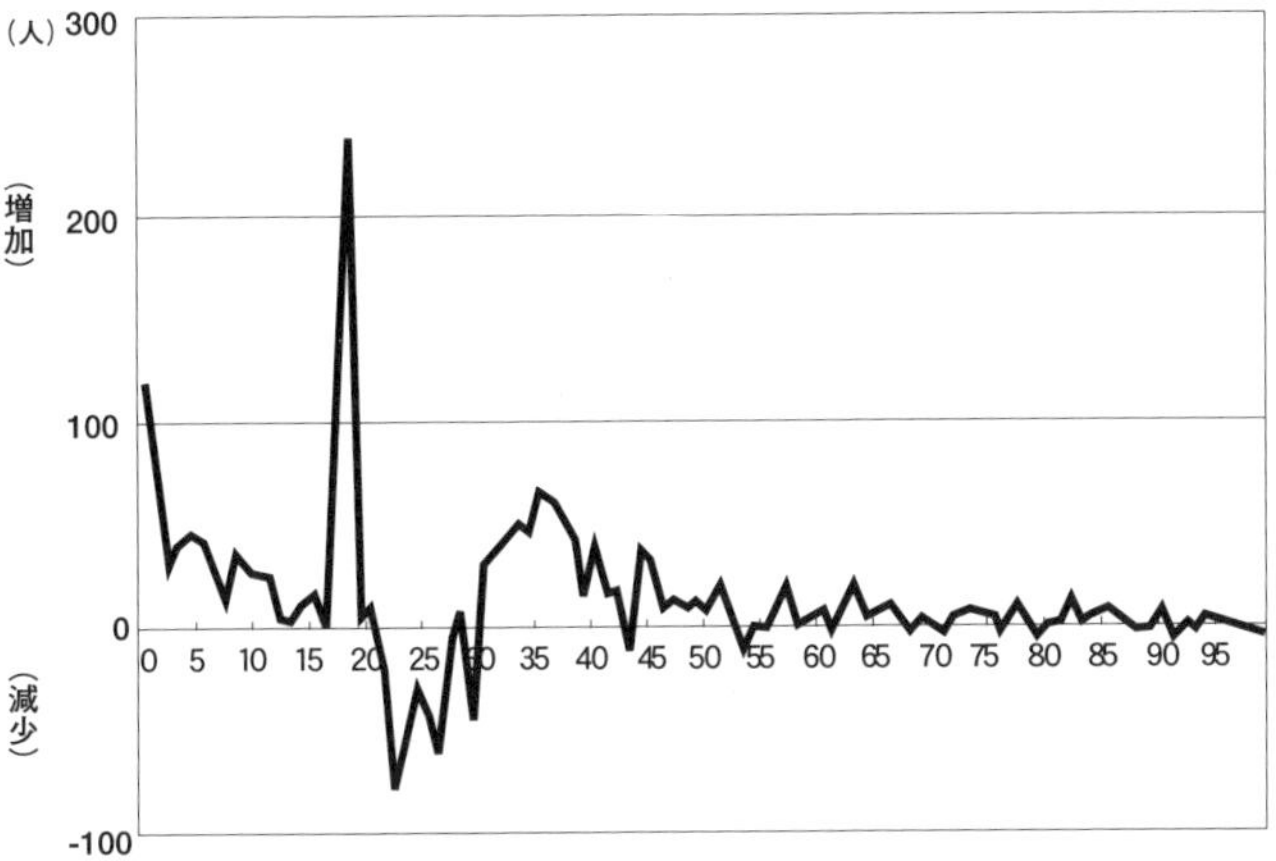

図表51　町田市女性人口流出入（2006年）

郊外の町田や相模原、八王子、さいたまなどのデータを見ると、三〇代女性のそれらの地域での流入が増加し、郊外地域で第二団塊世代の女性達の雇用が顕著に増加していることがわかる。また、二〇代前半の女性達の都心への通勤も減少しているように見える（図表51）。

一体、東京に何が起こっているのか。いくつかの仮説を立てることは可能だ。かつて家族内で行われていた世代間の相互の支援体制が、東京という広大な都市空間の中で生まれている。また、第一団塊世代が実行したような長時間の通勤を第二団塊の世代は次第に行なわなくなってきている。彼らには通勤に時間やエネルギーを費やすことに関する嫌悪感が生まれてきているのかもしれない。一日のうちにやってしまいたいことが第二団塊の世代にはたくさんあるからだ。人々の行動はそれが日常的なものであれ、非日常的な行動であれ、一つの目的を達成するためにだけ外出するわけではなくなっている。職場で仕事を終えると専門学校で学び、友達とディナーを共にするなど、彼らの行動は確実に回遊型、周遊型行動になり目的地は多様化しそれらの行動の質は高度になっていく。それゆえ都心ではとりわけ単身者を中心に周遊型行動が追求され易い環境が生まれ都市空間は確実に二四時間化の方向に向かっている。社会のシステムがこれに追いついていかないために、都心では不健全なネットカフェ、ワンルームマンションの建設がラッシュをむかえている。

〜三五歳女性の生き方が東京を映し出す

三〇代女性はかつて、家庭内で出産し子供を育て老人の面倒を見、逆に老人は子供達を見守っていた。彼女達はコンピュータの技術に追いつけない父親世代を会社でサポートし、彼等が退職すると保育所環境の整った郊外で介護などのコミュニティービジネスに従事し、郊外で新しい職場を生み出し始めている。彼女達にとって働く場所は回遊か周遊型になり、自動車や自転車を使って地域内を移動する。かつてはお年寄りに対する福祉的サービスの供給を担っていたが、今は確実に自分自身の魅力的な働き方を子育てと共に追求している。

ここで重要なことは、彼女達が自分でローンを抱えて郊外の住宅を購入しているわけではないということだろう。彼女達が確実に郊外に進出し始めたのは、団塊の世代が三〇年かけて蓄積した居住空間が、郊外の地域に大量にストックされているからだ。

郊外から都心への通勤の減少と、郊外での女性の雇用の創出がスパイラル現象で起こっている。父親世代に手に入れた住居に居住する第二団塊世代の女性は出産し子育てをする。出産は母親世代にバックアップしてもらう。子供たちが行く保育園には新しい雇用の場ができる。子供達を見てくれる保母さんは二〇代の女性達。女性達自身の職場は女性を中心にした地域コミュニティー、コミュニティー産業というべき雇用創出スパイラルになっている。かつては父親世代の団塊世代をサポートするコミュニティービジネスでの雇用創出であったが、今度は自分自身の子育てが新たな雇用を作り出していく。これらを地域内で周遊型行動として完結させるために自動車社会が機能している。当然外食産業は一層必要となり、週末ににぎわう大型店の立地にも新たな女性の雇用が生まれる。

このような大都市郊外で起こっている女性を中心とした、雇用創出スパイラルは東京都心でも少し別の形で機能している。郊外と都心での大きな違いは、移動の手段が都心では公共交通であり、地下鉄やＪＲ・私鉄の相互乗り入れ、ｓｕｉｃａの活用などが後押ししていることである。鉄道の乗り継ぎ検索を助ける「駅すぱあと」は人々の移動をサポートし、待ち時間ゼロの移動を可能にしてくれる。東京二三区では全世帯の五〇パーセントが単身世帯で、都心区では六〇パーセント近い。単身者の生活をサポートする様々な都市施設がまた、女性の雇用を作り出している。都心の空間活用は確実に高度化し集積、集中していく。規模の経済が機能して、よりスマートなライフスタイルを実現してくれている。都心で女性の単身者が最も不安に感じる治安に関して言えば、都の行政は大幅にそのパフォーマンスを高め東京の状況を改善している。地下鉄や山手線や私鉄はピークロードプライシングや二四時間化、ゾーン運賃などを導入できる体制を確実に作っている。また、郊外から都心に通勤している多くの人々の利便性を考え、駅中店舗が活用され安全性と確実性を高めた周遊型ライフスタイルを維持できるように工夫されている。

昔、家庭内で生じていたことが社会的に進められてきているだけ。つまり、老人をお嫁さんが見る、老人が孫を見る、といった行動が経済システムに乗ってきたという部分があるかもしれないが、以前との違いは、自立女性の活躍の場、選択の幅を社会は拡大することに成功しているということであり、また、老人は元気で自立できているか、ということに尽きる。通勤の混雑が減少し、寝たきりの比率ができるだけ低く抑えられることがこれらの問題の推移を観察する上で必要だ。

5 ストック東京（4）—東京は財産持ち—

〜行政財産は確実にストックされた

財政赤字が天文学的になり、税負担がさらに増えたにもかかわらず、公的年金は破綻すると聞かされると、これまで一体行政は何をしてきたのかといいたくなる。お役人の年金や住宅はいつの間にか保証され、民間よりも公務員が優位の社会システムが見えないうちに造りあげられてきていた。

しかし、悪いことばかりではない。私達の周りにある道路や公園、学校や図書館、体育館や市民ホールなど、いつの間にか税金で建設されたものは私達の身の回りにたくさんある。上下水道や地下鉄など、これまで料金として支払ってきたものの中にその土地代も含まれている。日本全体でいうと都道府県でおよそ二〇〇兆円、区市町村でおよそ一〇〇兆円、国に五〇兆円ほどの行政財産という名の財産が累積されている。私達の年間の税負担がおよそ八〇兆円あまり、そのうちの多くが公務員の給与になっているが、残りの金額はサービス供給のための施設の整備や更新にあてられてきている。おそらくこれまで日本経済を世界の先進国のトップランクに導き、朝から晩まで働いて今日の日本経済の礎を築いてくれた高度経済成長期を担った戦前世代、さらには戦後生まれの団塊の世代の人たちが負担し作り上げてきた多くの行政サイドのストックがある。第二団塊世代以降の若者たちは、両親たちが税金で負担した公共空間を贈り物として受け取り、様々な公共サービスとして無料で、あるいは安価に享受できるようになっている。だから経済成長のために必要とされた官民双方での資本ストックは、いまやその活用の仕方を変えて、より使い易い形で次の世代が夢を実現する為に自由に活用でき、彼らの夢をより実現できる機会を作り出しているのだ。第二団塊の世代といわれる女性達は今、企業の中ではＩＣＴの担い手としてコンピュータと格闘し、家庭では出産子育てと格闘し、その次の世代の子供達がより豊かに夢を育むことができる社会の担い手として活動している。そういう風にして、東京で活躍する次の世代の人々を見ることはできないだろうか。

〜減税できる自治体も出て来る

杉並区では子供達に環境の問題を強く認識させるために、あえてレジ袋の利用を抑制するためのレジ袋税を導入しようとしている。この杉並区では過去八年間の間に年間予算一五〇〇億円のうちのおよそ一割一五〇億円を使わないで残し、八年前にあった累積借金を半分以下に減らしたばかりでなく、必要なサービスに供えるための基金も四〇〇億円あまり作り出した。杉並区民は行政サービスが低下したとは感じていない。職員の数は大幅に減少し民間委託は役所全体の業務の三分の二にまで広げられようとしている。結果として支出を一割ずつ制することができてきたのだ。このまま七〇年間一五〇億円ずつ削減し、つまり一五〇〇億円の予算ではなく一三五〇億円の予算で行政サービスが民間委託を中心に供給されるとすると、七〇年後には行政に大規模な貯蓄が生まれ、市民は無税でサービスを受けることになるという（『無税国家論』松下幸之助）。そのような理想的な状況が果たして生まれるかどうかは行政サービスを提供する公務員の心意気にかかっている。それでも杉並区では年々お祭りが盛んになり、公園の緑は深まり、道幅は拡張され、学校の施設は綺麗になり、図書館は充実し、杉並病の喘息の子供達の海の学校は区民の負担によって他の区にはない高い水準で維持されてきている。

東京全体を考えてみよう。東京でも都民の利用する水は多摩川や荒川、利根川の水系にある多くのダムで確保され、それらの費用の多くは既にこれまでの都民が負担をして、おおむね支払いが完了する時期になっている。首都高速道路も同様でこれまでのネットワークは既にこれまでの利用者が七〇〇円という高い料金を支払う中で作り出されてきている。下水道も同じである。多くの学校は、ほぼ全てがこれまでの都民の負担で作られており利用できるようになってきている。公園もしかり、図書館もしかり、一般道路もそうだ。私達は多くの行政ストックをいつの間にか高いと思いつつ負担をし、次の世代の為に作り上げてきた。もし東京を他のアジアの国々の大都市と比較するとすれば、東京が競争力を持つのはこれらのいわば行政財産ストックが常に国民、都民の努力によって作り上げられてきており、無料か、極めて安価な値段で利用できるようになっているという点である。いま、発展に発展を続けている中国やインドの大都市では、これからたくさんの負担を彼ら自身が考えながら安全で安心できる魅力的な街づくりを長い年月を費やして進めていかなくてはならない。地下鉄、上下水道とダム、環境保全のための様々な努力が彼らには求められている。さらに一人っ子政策をとった中国では限られた働き手で多くの老人を養う、超高齢化社会がおとずれる。

〜河川も東京湾も水質が改善され、アユもサケも戻って来る

東京都心は公共交通が行き渡り、東京全域で下水道は一〇〇パーセント普及し、公立の学校は余るほど作られ、荒川や多摩川の水質は改善されて、東京湾には江戸前の魚がたくさん成育するようになった。フッコ（すずきの幼魚といっても四〜五〇cmはある）ならモノレールの下やレインボーブリッジで、子供でも釣れるほどなのだ。ボラに到っては猫も跨いで通ってゆく。

6　着実に潜在力を高めている東京

日本の経済の中心、一極集中の源である東京は日本経済の頂上と見立てることができる。この頂上はこれまでニューヨーク・マンハッタン、パリ・イルドフランス、ロンドン・グレーターロンドンと比較されてきた。一方でネットワークと呼ばれる都市連携をＥＵでは重要だと指摘する人がいる。人口規模の大きな都市が鉄道や空港港湾でネットワークされていくと、その生産力や国際競争力は、競争的な環境に置かれた他の都市にとって脅威となる。ＥＵの都市連携を必要と主張する専門家は、東京、大阪、ソウル、北京の都市連携を脅威として、ＥＵの主要都市を急いで空路、新幹線、道路でネットワークする必要があると主張している。日本では東名阪の新幹線網が構造的に混雑をきたす状況を踏まえて、中央新幹線、リニアモーターカーを急ぎ整備する必要があると主張する人々がいる。首都圏の四〇〇〇万と関西圏の二〇〇〇万に加えて、中部圏の一七〇〇万が連携することで日本の経済ポテンシャルの頂上を高める必要性を主張している。テリトリアルコヒージョン（Territorial Cohesion・地域集積）と呼ばれるが、交通ネットワークの高度化により、多くの人々の経済活動を高速で結びつけることができると競争環境が生まれ、資源の

高度利用が可能になり頂上は高まるというものである。

日本では東名阪のメガロポリスの一層の経済ポテンシャル向上とそれを延長するアジアゲートウェイ構想の一貫となる東京、大阪、ソウル、北京のメガシティ化が声高に新たに主張され始めている。ここで新たに必要とされているのは、陸海空の高速交通ネットワークと人々や物の移動を効率的にする入管システムのシングルウィンドウ化であるとされている。

〜大きな購買力が世界の美味を集める

わが国は生産地としての特性よりも、魅力的な消費地、とりわけ、高所得者の集積する魅力的な輸出対象地域として世界の市場で重視されている。現在はまだ海外への直接投資の拡大が進行中で、いずれ生産拠点はアジアに移されマーケットを世界に求めることになるが、その最も有力なマーケットはＥＵペンタゴンやアメリカの東海岸西海岸の消費地そして日本ということになる。

これらの中で安全性、衛生基準そして嗜好性、様々な点で優れた消費地としての役割を、東京を中心に日本のマーケットが誘導していくに違いない。これまでは食品衛生や品質の保全などについて官僚主導で製品やサービスの管理が行なわれてきたが、次第に消費者の判断力による管理が求められることになり、日本の消費者はこのプロセスで一段高い判断力のある消費者に自立する必要があるだろう。頂点を高めるためには物理的な集積集中を可能にするインフラの整備とともに、頂点を極める厳しい消費者の判断力が必要とされる。

～今に郊外では一〇余りの政令市が生まれる

裾野を広げるためには、分散されたままで一つの方向にまとめられていないエリアに方向性を与えなければならない。その一つの考え方が地方分権と道州制の議論である。東京二三区に八五〇万人、これに対し郊外地域に二六〇〇万人が居住している。これらの中で横浜は確実にもう一つの都心として自立し、東京都心と匹敵できる可能性を示唆している。横浜には横浜駅を中心に半径一〇キロに二〇〇万人以上が居住し、その郊外から都心に多くの働き手や学ぶ人々が集中する。そればかりか、立川駅を中心に半径一〇キロで考えると一五〇万人、大宮駅で一五〇万人、柏駅で一〇〇万人、千葉駅で一〇〇万人、本厚木駅九〇万人、町田駅、相模大野駅それぞれ一八〇万人、橋本駅一三〇万人、八王子駅一三〇万人、と軒並み政令市に匹敵する規模で人々は居住している（図表52、53）。しかも郊外から一方的に都心に向かう放射状方の交通体系を崩し、都心から郊外への通勤通学を含めて確実に地域で自立、及び周辺都市との連携を拡大していわゆる業務核都市分散を着実に成功させてきているように見えるのだ。

これらの諸都市は残念ながらその人口と経済力を持ちながら地域を魅力的なものにすることには成功していない。例えば、業務核都市には指定されていないが、新松戸の駅をターミナルとして松戸、市川、船橋、鎌ヶ谷などの都市でおよそ二〇〇万人が生活しているが、これらの人々の魅力的な経済力の活用が行なわれているわけではない（図表54）。消費は都心に奪われ、郊外では混雑が発生し、魅力的な日常生活を確保することに成功しているとはいえない。そこで、市川市を中心にこれらの諸都市が合併し政令市になることを模索し始めている。横浜、川崎、さいたま、千葉に続いて、業務核都市のこれらの諸都市は彼らの力を強め思い切って政令市に脱皮する可能性を秘めている。

東京二三区を五つに分割し政令市を模索するプランはこれまでも様々にイメージ図を描いてきたが、東

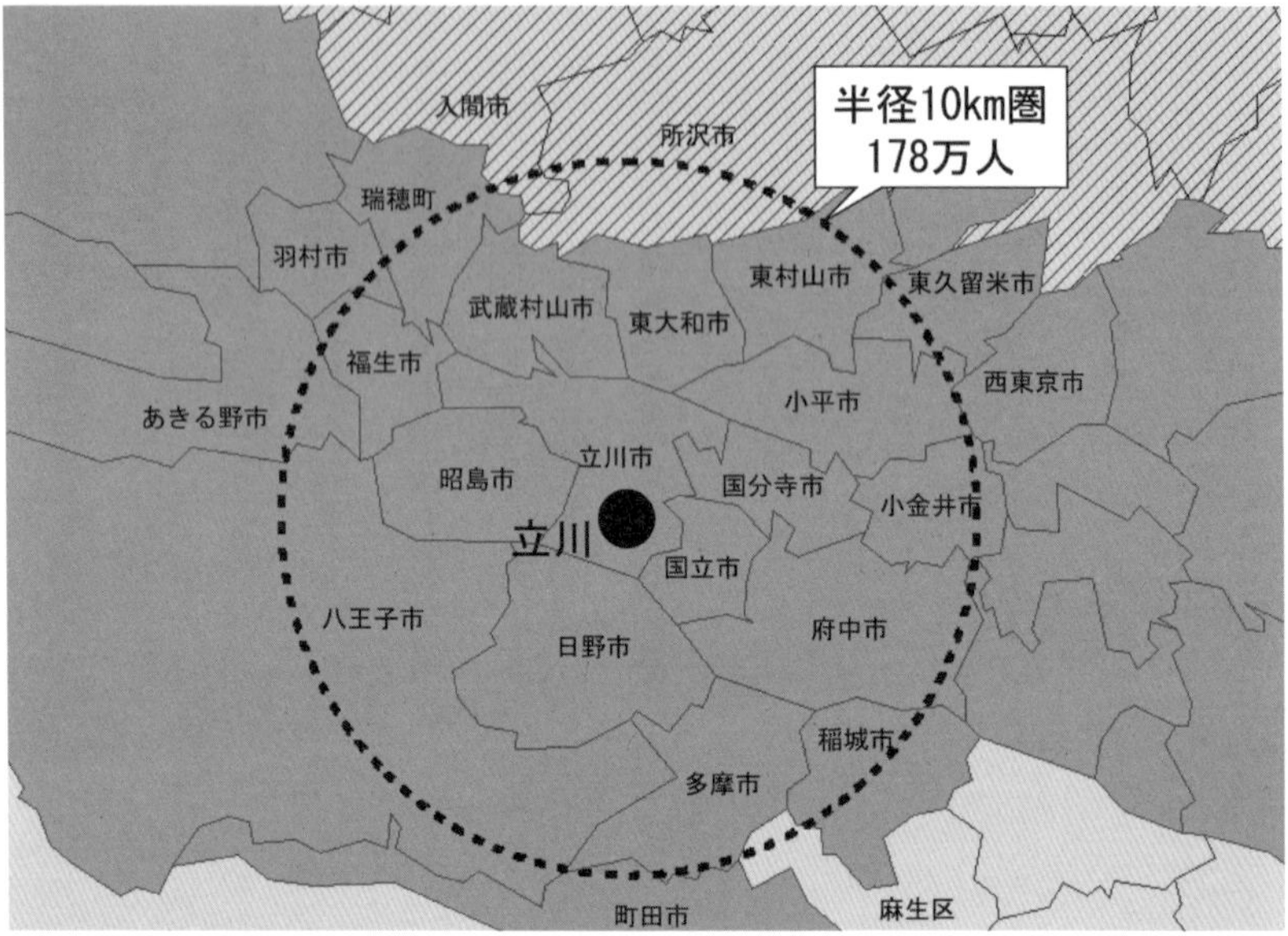

図表 52　立川都市圏

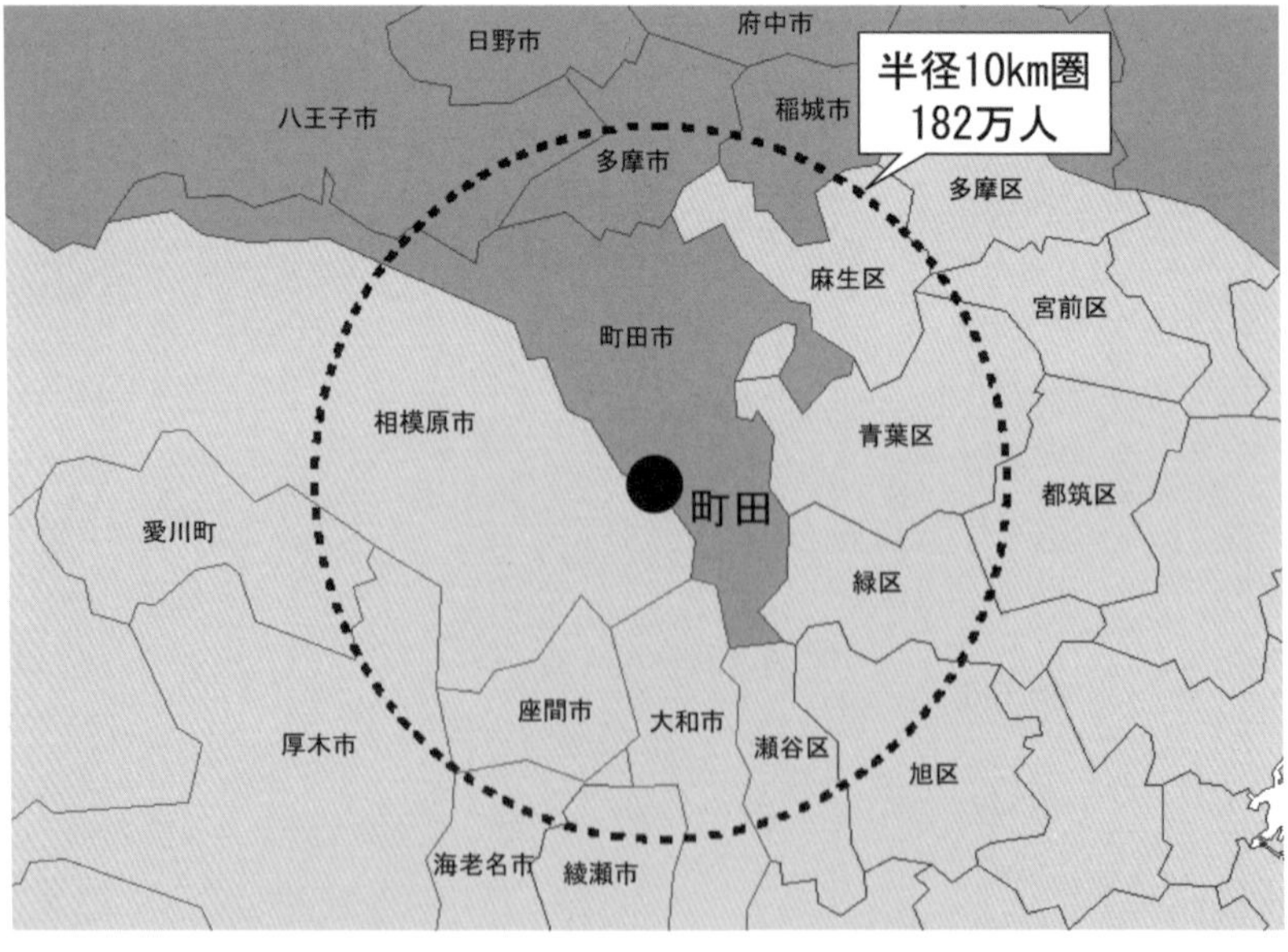

図表 53　町田都市圏

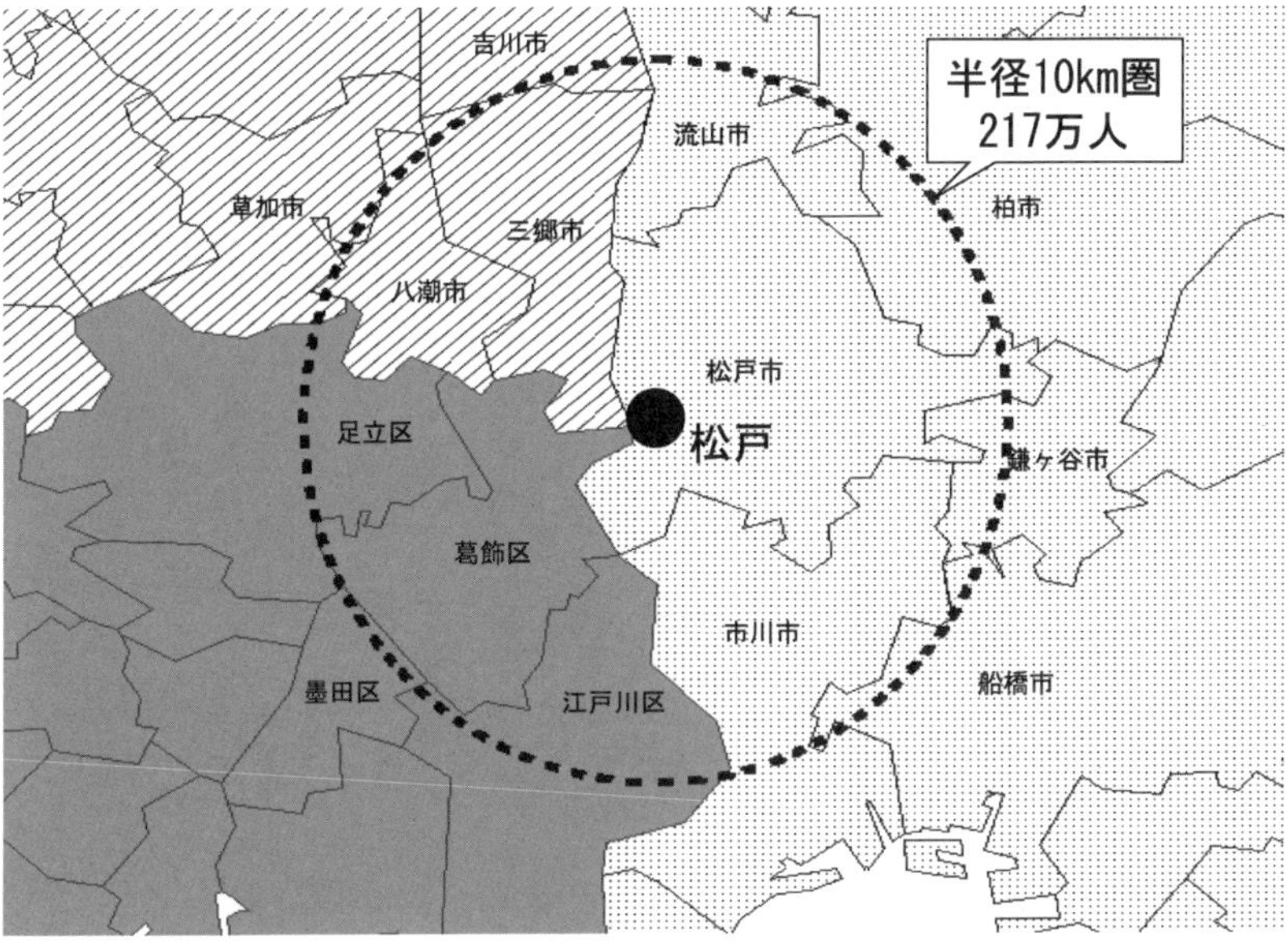

図表 54　松戸都市圏

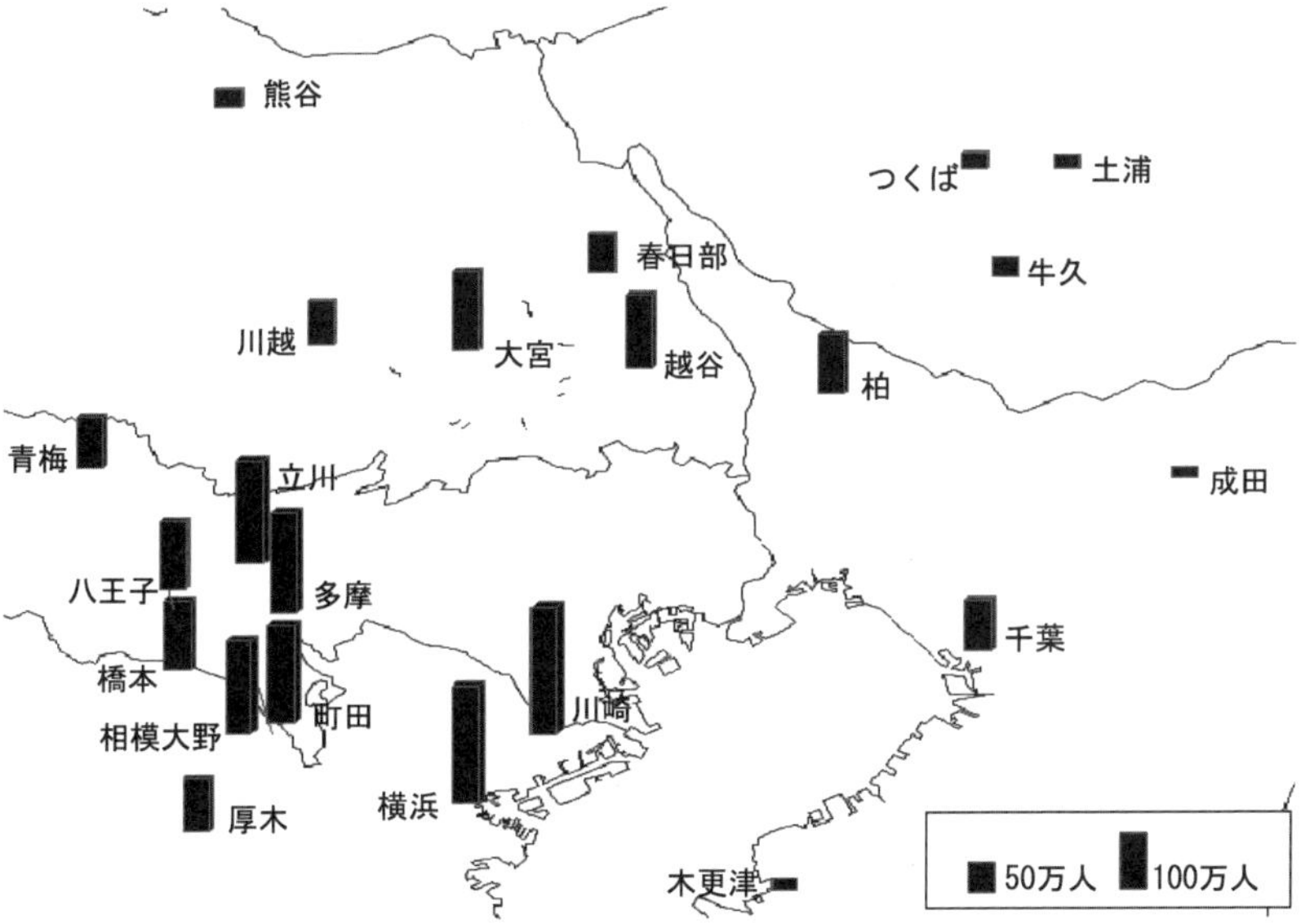

図表 55　業務核都市を中心とする半径 10 km 圏人口

京の郊外地域を一斉に政令市化することが進められれば神奈川や東京の広域自治体としての役割は大幅にその機能を失うことになる。実際、水は余ったし、広域の交通網や必要な行政投資は都道府県間ではおおむね終えているといえるだろう。現在、四七都道府県で最も一人当たり県民所得が高いのは東京都、第二位は愛知県、しかし第三位は神奈川県ではなく静岡県なのだ。

地方でも道州制の動きを捉え国から独立し、県を束ね地域の集積を高める様々な提案が生まれている。静岡は政令県構想を主張し、県を五つに分け五つの政令都市となって県の役割自体を無くすことを模索している。静岡県は高速道路網、新幹線網を充実させ、国際港湾を持ち、水力発電、原子力発電のエネルギー源を持ち、新たに空港を備えてわが国の経済の裾野を拡大する典型的な模索プロセスの中にある。彼らはそれをEUの広域都市連携哲学ポリセントリシティに基づくものという。

このような手法を東京の郊外地域が採用するとたちどころに一〇あまりの、都心に五つの政令都市が生まれ、それらの諸都市は十分な経済力を持って様々な地域の魅力を高める方策を手に入れることができる(図表55)。今は都道府県が郊外を中心とした都市づくりを支援をする形ではなく、国からの補助金を県内に配分する役割だけを担っている。しかし、多くのこれらの都市ではおそらく国からの補助を待つまでもなく都市内に地下鉄ではなく新都市交通やLRT(次世代型路面電車)、地域放送局、地域のサッカーチーム、地域の情報発信機関を自ら持つことが可能になる。東京の中心でタワーから発信する電波によって、首都圏全域を賄う新たな放送網が生まれると同時に、一五〇万から二〇〇万人のコミュニティーで地域固有の放送や通信の情報発信機会が発生するとともに、コミュニティーサービスの充実が図られて、自動車社会に依存する大型店開発の流れに新しい対抗力を持つ都市のあり方が追求できることになり、女性や若者の地域の雇用創出スパイラル構造が生まれる。頂上を高くして裾野を広げるという考え方である。

7　変わる経済社会構造の中で―捨てるべきもの、残すべきもの―

二〇〇六年に人口のピークをむかえた日本は、これから確実に人口減少社会に入っていく。その中で東京だけは、あるいは中枢中核都市といわれる大都市圏だけは、なおも人口が増加し都市は二極分化すると多くの人は考えている。しかも、沖縄県那覇市を除く全ての都市で、いずれは人口は減少する。日本人にとって一番苦手なテールカット（尻尾切り）の問題が発生する。テールカットの問題は東京の中でも起こるし、日本の条件不利地域でも発生する。優良企業の中でも発生するし衰退企業は丸ごとその中に含まれる。この様な構造を必然的に受け止めなければならない社会が到来するのだ。

だからといって高齢者や障害を持つ人々がテールカットされるようなそんな社会ではない。それは守るべき物を守り、いらないものを論理的に切り捨てると言う難しい課題なのである。目黒川は二〇年余り前、古い桜の木々をカットし多くの反対を押し切って若木に植え替え現在では大橋から東京湾に至るまで、見事な両側桜並木になっている（図表56）。都市災害に対応できる貯水施設を整備しながら週末には魅力的な散歩道に変身し、多くのレストランやブティックが建ち始め、河川の両側はその地域の構造を急速に変えつつある。暗くて汚れた、汚いイメージの地域から、河川空間はアーバン・リゾート空間を創り出している。

一方、古川は天現寺から古川橋、一の橋、麻布十番、赤羽橋と、超高級住宅街を流れているにもかかわらず、首都高速道路目黒線にその空間を奪われ、大型下水道の様相を呈したままだ（図表57）。守るべきものと、いらないものの切り分けが上手くいったケースといかなかったケースの代表的な事例である。もし、この目黒線が中央環状新宿線一一・五キロ（一兆七〇〇〇億円）のように地下に埋設されていれば、ある

図表56　目黒川と桜並木

図表57　古川と首都高速道路

いは第三京浜や第二京浜の想定交通量が増加しない今日では、目黒線を廃止するという選択肢もあるかもしれない。

都市はヘリティジ（守るべきもの）を持っている。今、産業構造上その必要性が低下しているこの様な高速道路網が他にもあるかもしれない。都心の中で起こるテールカットの議論も日本橋の空を取り戻すことと同様に、様々な場所で今後論じられることになるだろう。地下鉄は二四時間動いて国際都市として自由度を高める必要があるし、パスモを用いてピークオフピークの価格を自由に動かし、東京の夜をより魅力的にする必要もある。けやき坂のスターバックス前が真夜中でも明るくて健全な空間であるように、ミッドタウンの芝生が真夜中でも魅力的な空間であるように、表参道が真夜中でも心地よい散歩道であるように、白い光の中に浮かぶ真夜中の銀座中央通りの散歩が気持ちを落ち着かせてくれるように、東京は世界に向かってその都市の安全性を主張できる状況にある（図表58、59）。

渋谷の東急が運行するトランセが一〇〇円で代官山を

図表 58　深夜の六本木けやき坂

図表 59　表参道のけやき並木

周遊してくれたおかげで、港区や渋谷区や台東区では、補助金をもらった民間会社が、取り敢えず武蔵野ムーバスの様なコミニュティーバスを経営努力をしないまま運行している。東京の自治体は次第に提供するサービスが無くなり行政は仕事の内容を模索しなければならなくなっている。三〇年前の投資が目黒川のように花開き、魅力的な街路樹を形成し、公園の木々を豊かにし、消防車が入れなかった細街路を拡幅し、防災拠点も設けて、より魅力的に変身している地域もあれば、有力企業が立地して歳入は増加したものの、住民は減少し義務教育生徒も大方私立に通ってしまい、区の仕事はなくなっている中心都市もたくさんある。前述の杉並区のように減税自治体構想を提案している区もある。区では全事業の六五パーセントで管理者制度を用いて委託したり、あるいは民間に仕事を公開し公共部門のウェイトを減少する努力をしている。重要な点は、区民がこのような動きを支えていることとである。歳出を削減し民間に委託し税負担を少なくすることで区民の数を増やすという二三区間の競争が既に始まっている。これまで東京の都心では各区が努力するというよりは東京都が大きな役割を果たし街づくりの中心を担ってきた。しかし、近年ではそれらの役割はおおむね終了し、各区が魅力的な都市空間の形成に乗り出さざるを得なくなっている。ここにも東京の競争メカニズムが働いている。

都市の魅力はそこで活動する人々に必要なものを都市の側が提供してくれるところにある。そしてその水準は、着実に上昇している。不要になったものを切り捨て、新しいものに取り替えてゆかねばならない。

終章　グローバル・フロントランナー東京の戦略

市川宏雄

グローバル化、ＩＣＴ（情報コミュニケーション技術）化、ナレッジ・カルチャー（知識・文化）産業化に象徴される新しい時代に、東京は世界とどう向き合うのか。それが今、問われている課題である。ここでは、第一章から第五章において論じられた様々な処方箋を踏まえて、新しい時代の魅力の三要素である、国際的な接触・融合、文化の成熟、産業の創造について、これから東京がフロントランナーを目指す上で必要となる魅力創造の指針を三つ提示する。その指針とは、第一に国際的な集在・居住都市となること、第二に新日本文化を創ること、第三に新しい時代に打ち克つ産業を育てることである。

1　［指針1］国際的な集在・居住都市となる　――真の世界都市へ――

一九六〇年代に都市学者ピーター・ホールが定義した世界都市（ＷＯＲＬＤ ＣＩＴＹ）が八〇年代に地球上にいくつか現出した。二一世紀の世界都市は人々が国際間でさらに積極的に接触・融合することによって、世界都市としてさらなる成熟を遂げるはずである。国際的な接触・融合が促されることによって、異文化との融合がますます進み、そして新たな文化が成熟・創造されることにつながるとともに、新しいタイプの産業が創造されるといった、相乗効果が作り出す新たな局面が現出してくるはずである。

以下では、東京にやって来て様々なアクティビティをしたいと思う人々を五つのカテゴリーに分けて論じることとしよう。その五つとは、「訪れる人々」、「集う人々」、「学ぶ人々」、「働く人々」、「滞在・居住する人々」である。また、二一世紀の真の世界都市となるためには、都市空間や都市活動の魅力だけでなく、海外からやって来る人々がホスピタリティ（異文化受容）を持って迎えられ、その結果、人々の間にプラスの協調関係が生まれることが重要である。その際には、あらゆる人々が排除されることなく、社会的に

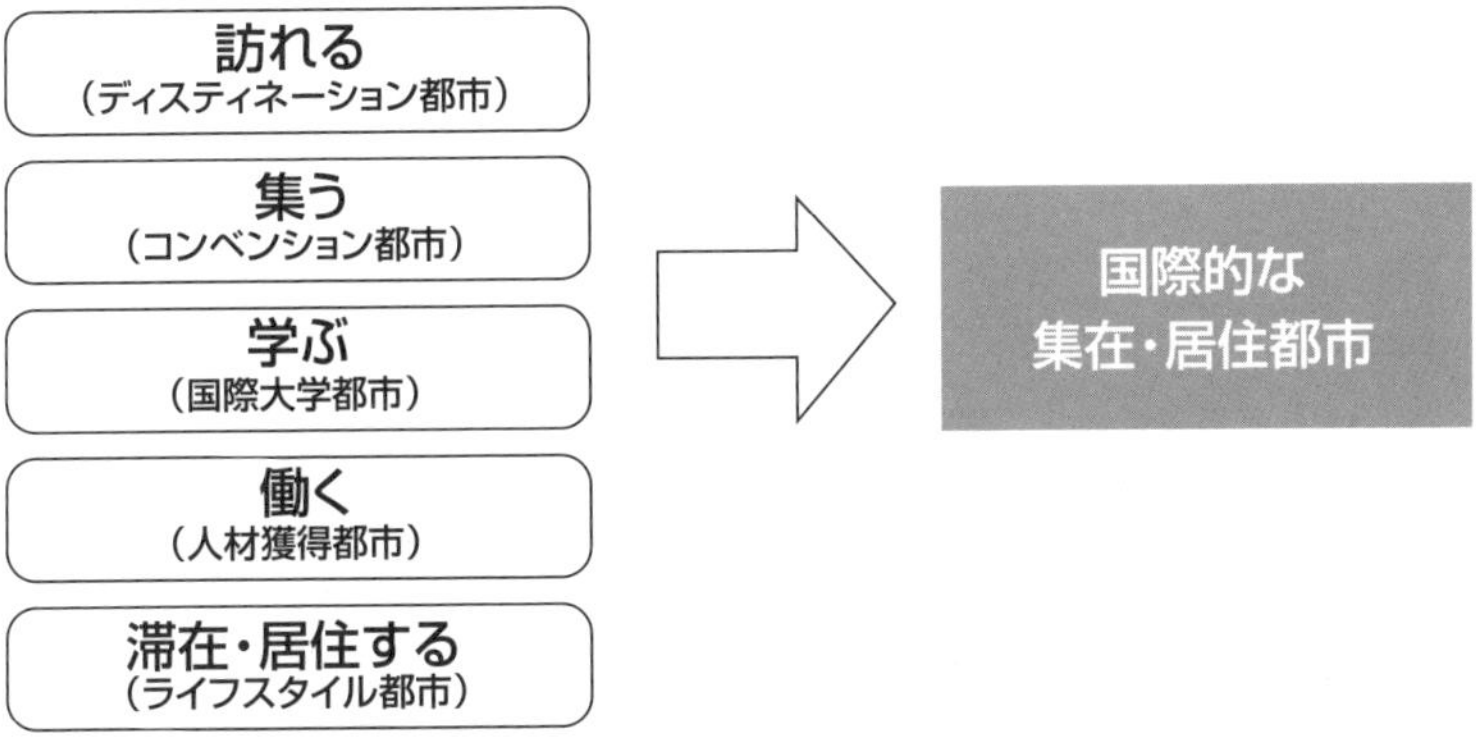

図表 60　国際的な集在・居住都市

包容（インクルージョン）されることも必要であろう。そこで、東京がフロントランナーとしての模範を示す条件として、ホスピタリティ（異文化受容）とインクルージョン（社会的包容）の重要性についても考えてみたい（図表60）。

(1) 訪れ・集い・学び・働き・滞在・居住する人々のための魅力を高める

訪れる人々――ディスティネーション都市

東京を訪れる人々のための魅力を高めることが必要である。そのためには、東京の存在や、魅力を気に入る、すなわち、まず行ってみようという気持ちを起こさせるディスティネーション性を与える必要がある。

～都市空間の視認性

ディスティネーションを創り出すのに重要な一つ目の要素は都市空間の視認性、いわばインパクトを与える何らかの存在が重要であろう。例えば、シドニーのオペラハウス、ニューヨークの自由の女神や摩天楼、ロンドンのロンドンアイやビッグベン、パリのエッフェル塔やルーブル美術館などは、人々が訪れることの動機となり得るとともに、そこに到達することで一定の満足を得ることができる対象である。

しかし、東京は、このような分かりやすいシンボル的な資源に欠けている。パリのようにセーヌ川のシテ島が発祥となり、その後の都市の発展が、城壁を同心円状に外側に拡張していったという都市構造や、ニューヨークのように、東西両岸を川で挟まれたマンハッタン島の南端に発祥し北上して都市が発展し、そこに東西南北に碁盤目状に街並みをはめ込んでいった場合などのように、一定の範囲に都心空間が形成されていった都市では、その過程で凝縮されたインパクトのあるものが形成されやすい（図表61）。

図表 61　ニューヨーク証券取引所

かつて、思想家のロラン・バルトが、東京の中心には巨大なＶＯＩＤ（空間）があると言った。そのことに象徴されるように、中心に江戸城が位置し、それが都市空間の要でありながらそこには入れない。その結果、凝縮されたインパクトのある中心が東京には存在しないのである。そうであるなら、水辺と丘陵という豊かな自然条件の上に人々を惹き付ける魅力ある要素を埋め込むことで、「面」としての東京のイメージ・インパクトを醸成することこそが、ディスティネーション性を与える上で有効なのではないだろうか。

それでは、水辺や丘陵が織りなす東京の都市空間の上にどのような要素を埋め込んでいけばよいのだろうか。

第一に、多くの場合、人は自らの国や文化、都市を相対化するために、他の都市の歴史や独自の文化を知りたいと考えて訪れる。多くの欧米の都市は基本的に石造りの文化である。ロンドンやパリでは、ロンドニウム、ルテキアと呼ばれた紀元前後のローマ時代の遺構が残る。もちろん木造建築がなかったわけではない。一六六六年の大火でロンドンの中心部（現在のシティにあたる地域）が焼け落ちたのは木造建築が密集していたことが原因であった。しかし、その後は、不燃の石造建築へと変貌した。そして、ニューヨークには一六九八年に建設されたトリニティ教会にはじまる建築物群以降、一九世紀から二〇世紀初頭にはコンクリート建築へ移行していった。さらに、上海の外灘（バンド）には二〇世紀初頭に建設された洋館が立ち並んでおり、現在でもその変容を知ることができる。

木の文化の下で育まれてきた東京の歴史をふり返ってみると、多くが木と紙で出来た建築物によって作りだされた街並みのために、あまり恒久性のある都市空間は形成されなかった。実際、震災・戦災を経て火災で多くの建築物を失っており、建築物によって都市の歴史性を視認することが難しい。そうであれば、都市の歴史や文化にストーリー性を与えることが重要となってくる。

江戸は、江戸城と隅田川を基軸として、四神相応の思想に基づいて寺社が配されるとともに、江戸城を中心に武家地と町人地が渦巻状に配されることによって基本骨格が形づくられてきた。そして、近代化された明治以降は、日本橋から銀座へ、そして、新宿、青山・赤坂・六本木へと新たな繁華街が生まれていった。こうして、界隈という「面」を歴史的に積み重ねることによって重層的な文化の具現化を東京は行ってきたのである。これについての理解を促すことは、東京を訪れる人の魅力となるのではないだろうか。

そのためには、工業化で急速な経済成長が進んだ時代に失われた江戸・東京の水の都としての歴史的特徴を回復することや、歴史的建築物の復元などが必要となるのである。

図表 62　世界遺産候補の国立西洋美術館本館

また、都市の歴史や文化を訴求するために、近年ユネスコによる世界文化遺産がディスティネーション性を付与するグローバル・スタンダードとして注目されている。具体例としては、ロンドンのウェストミンスター寺院、ロンドン塔、パリのセーヌ河岸などである。また、東アジアにおいても北京の故宮博物館、天檀公園等、ソウルの昌徳宮などが世界文化遺産となっている。東京には、現時点で世界文化遺産はないが、コルビュジエ作品のひとつとして、上野の国立西洋美術館本館（図表62）がその対象となっているほか、時代を遡って江戸城（皇居）などもその対象となり得るだろう。

第二に、人は、その都市が持つ先進性や未来性を知りたいと考えて訪れる。近年、上海やシンガポールなどでは歴史を先取りする建築物が次々に建設されているが、東京も一九七〇年代に盛んとなったポストモダンの頃から、新しい建築物の登場で世界の注目を集めた。とくに、二一世紀初頭になってからは、新しいタイプの複合機能型超高層建築物群が世界の人々に対してディスティネーション性を与え始めている。それは、こうした建築物群がグローバル化、ICT化、ナレッジ・カルチャー産業化といった新しい時代の到来や、東京をはじめとした多くの大都市が抱える災害リスク、環境制約、高齢化といった新たな課題に対して何らかの答えを提示しているという証となるからでもあろう。

ふり返れば、明治期のベックマン計画や太平洋戦争後の戦災復興計画など道半ばで十分に陽の目をみなかったものも多いが、時代ごとに未来を展望し、少なくともその時点での先進的な技術を活用した街づくりがなされ、都市空間がダイナミズムをもって時間の経過とともに変貌してきたことは紛れもない事実である。こうしたダイナミズムは東京がもつ最大の特徴とともに魅力のひとつであり、「面」としての広がりを意識しながら、今後も先進性と未来性を埋め込んでいくことが求められている。

~アートの存在

都市空間の視認性とともに、その都市にディスティネーション性を与える二つ目の要素は、文化施設とそこで鑑賞することのできるビジュアル・アートやパフォーミング・アートであろう。欧州の都市では、歴史的な建造物によって創り出された街並みによって、都市の視覚的な歴史性が認識できることに加え、美術館・博物館といったビジュアル・アート施設や、劇場・ホールといったパフォーミング・アート施設が多く存在している。それらを鑑賞することによってその都市独自の文化を強く認識することのできることが多い。

ビジュアル・アート施設についていえば、いうまでもなくパリにはルーブル美術館やオルセー美術館があり、また、ロンドンの大英博物館やニューヨークのメトロポリタン美術館など世界的に広く知られた施設もある。また、パフォーミング・アート施設については、ロンドンのロイヤル・アルバート・ホール、ニューヨークのメトロポリタン・オペラ・ハウス、さらに近年整備されたシンガポールのエスプラナード・シアターなど多くの都市で特色のある大規模施設が存在する。

東京については、東京国立博物館や東京国立近代美術館など上野や皇居周辺に加えて、最近では、国立新美術館や森美術館など六本木アート・トライアングルも形成され、新しい文化施設の集積が加わっていることが注目されよう。しかし、東京には世界的に広く認知された施設は依然として存在しないというのが現状である。

～魅力あるイベント

また、都市にディスティネーション性を与える三つ目の要素として、魅力あるイベントがある。イベントは大きく二つのタイプがある。

一つは、その都市や国に固有の文化に根ざすイベントである。東京には、三大祭をはじめとする祭りや花火などの独自の伝統に根ざす文化的行事が非常に多い。

もう一つは、グローバルレベルでのイベントである。世界のどこかで行われるイベントが東京で行われるようになることであり、代表例はスポーツ分野のオリンピック、マラソン、文化分野の国際映画祭、産業分野のモーターショー、ファッション・ショーなどであろう。また、政治・経済イベントとしては、先進国サミットやダボス会議などがある。

このうちオリンピックについては、東京は二〇一六年の招致に向けて二〇〇七年九月に国際オリンピック委員会（ＩＯＣ）に対して立候補の申請を行っている。一九六四年の東京オリンピックの経験を持ち出すまでもなく、オリンピックの開催は、その都市がその時点で持つアイデンティティを世界に発する千載一週の好機である（アクション・プロポーザル④オリンピック都市参照）。

～ショッピングと食

さらに四つ目の要素として、近年、外国から訪れる人々を惹き付ける大きな魅力となっているものに、ショッピングと食がある。例えば、JNTOのアンケート調査（二〇〇七年九月発表）では、訪日動機の第一位が前年調査の伝統文化／歴史的施設に代わって、ショッピング（三四・八％）となった。アジアの一角に、世界のブランドが一堂に会している東京都心の魅力は捨てがたいものとなっている。さらに、二〇〇七年一一月に発刊されたミシュラン・ガイドにおいて、東京がパリやニューヨークを抜いて世界で最も星の多い都市となったことは周知の事実であろう。

集う人々―コンベンション都市

ビジネスや学術などで東京に集う人々のための魅力を高めることが必要である。

グローバル化、ICT化、ナレッジ・カルチャー産業化は、人々の接触・融合の重要性を高めている。とりわけ産業面では、あらゆる分野において新しい知識や創造性が求められる中で、人々と集うことによって、つまり、フェイス・トゥ・フェイス（対面の直接的な接触）によってグローバル水準の情報や見識を発見、入手することの意義が増している。また、その他の面でも、ダボス会議のように、グローバル・エリートが集まり、経済や政治について方向性を議論する場の重要性も増している。こうしたコンベンションの開催は、その都市の国際的な発信力を高める。ダボスはスイスの山岳地帯にある人口一万人の小さな町であるにもかかわらず、ダボス会議の開催によって世界的に注目されているのである。

ここで、コンベンションの誘致に成功している都市の取り組みについて概観しておこう。コンベンション開催件数世界一のパリでは、豊富な歴史や文化資源に加え、ホテル・レストラン等のホスピタリティが整い、また、一〇〇平方キロメートル程度の市域に多数のコンベンション施設が点在していることから、コンベンション客に対して、ビフォア・アフターを含め十分な利便性が提供できている。また、東アジアにおける国際コンベンション開催件数第一位のシンガポールでは、MICE産業として、ミーティング（M）、インセンティブ（I）、コンベンション（C）、エキジビション（E）の誘致を積極化しており、二〇〇三年には、約四〇万人の外国人が参加している。こうした中で、シンガポールのセントーサ島は、娯楽性と静寂性を兼ね備えており、グローバルな話題をする場として好評であり、二〇〇六年に第六一回世銀・IMF総会の誘致に成功している。

東京でのコンベンション開催件数は欧米の主要都市に遠く及ばず、また、東アジアにおいてコンベンションの誘致が活発化する中で、東京はどのような方策を講じるべきであろうか。まず第一の方策は、ロケーションの克服である。東京は大西洋を中心とした世界の広がりの中で極東であるばかりでなく、東アジアの北東端でもある。都市の地理的な位置を変更できない以上、現実的な方策は、国際空港と都心間の時間距離を最短化することである。東アジアの多くの都市は国際空港を都心から約二〇㎞程度の地点に整備しているが、東京の場合、工業化の時代に計画された成田は都心から六〇㎞離れている。こうした点が東京で国際的なコンベンションが開催されにくい大きな要因となっている。羽田空港の国際化や成田空港の都心アクセスの改善が必須となる。

第二の方策は、ビフォア・アフターの充実であろう。コンベンションでは、会議や展示のみならず、ビフォア・コンベンション及びアフター・コンベンションで会食、ショッピング、観光など様々なアクティビティが行われる。東京は工業化時代に培った多様性、効率性、正確・迅速性、安全・安心性といった魅力の蓄積がある。新しい時代に向き合い、こうした魅力を再編することで、コンベンションの魅力を高める努力が不可欠である。

学ぶ人々――国際大学都市

東京で学ぶ人々のための魅力を高めることが必要である

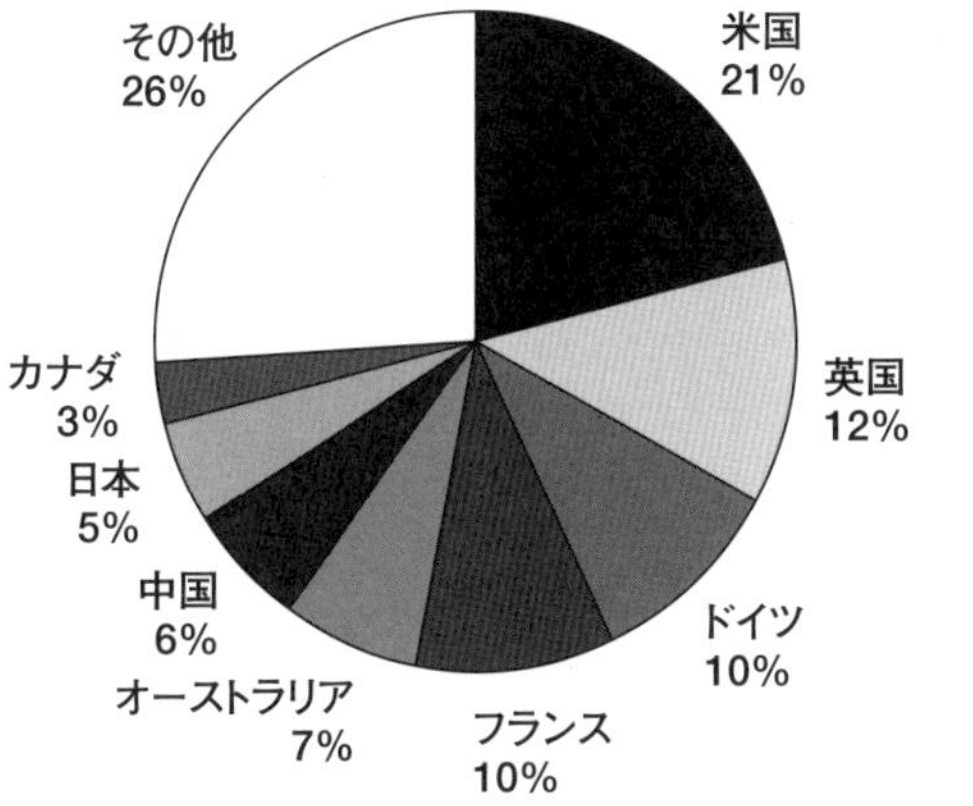

図表63　外国人留学生受入割合

外国人留学生を誘致することの意義が高まっている背景には、その都市や国への理解を深める機会を広く世界に提供する意義が認識され始めていることがある。それに加えて、革新的人材を外国から日本に惹きつけるために、就業の前段階である大学や大学院への留学段階からの東京での生活を、卒業後もそのまま継続させて引き留めることの必要性が叫ばれている（図表63）。

確かに、東京での外国人留学生の受入数は増加している。しかし、人口や経済規模、そして、技術集積などとの対比において依然として他の先進国に比べて外国人留学生が少ないこと、さらには、外国人留学生のうち中国人が六割以上を占めるなど国籍が北東アジア諸国に偏っており、東と西の文化的な融合といった側面でバランスを欠いていることなどの課題がある。

こうした中、東京で学ぶ外国人を増やすための第一の方策は、日本の大学をグローバル化に対応できるものとすることである。世界的に認知されたＭＢＡ校が東京に存在しないことに象徴されるように、日本でグローバルに通用する知識・能力を付ける教育を受けられる機会は十分ではない。その意味では、最近、法律や会計、公共政策などの専門職大学院が創設されたことや、大学院において博士課程の拡充が図られつつあることは、社会に出てからも大学に戻り、知識や感性を磨く機会を得つつあるという点で一定の進歩とみることができる。今後は、こうした教育機会が外国人にも魅力のあるものとなっていくことが望まれよう。

幸い、東京には、世界に類のない大学集積が存在するとともに、日本の学位の国際的信用力はそれなりに維持されている。こうした点も活かしつつ、プログラムの充実を図ることで、グローバルに活躍したいと考える世界の若者にとって東京が人生を賭けて学ぶ場として魅力あるものとするようにしていくことが不可欠である。

その際、大英帝国の歴史をもつ英国や移民の歴史をもつ米国の外国人留学生の受入れ策が参考になるかもしれない。ロンドンでは、「ロンドン・ハイヤー」という外国人留学生の誘致政策が展開されるとともに、米国では、特に二〇〇一年以降、戦後一貫して増加し続けた外国人留学生が減少に転じる中で、新たな誘致政策が模索されてきた（アクション・プロポーザル⑤国際大学都市参照）。

第二の方策は、外国大学の誘致である。一時期、外国大学の日本進出が盛んであったが、外国大学は日本の学位が授与できないなどの制約が生じていた。今後は、規制緩和などによって外国大学の東京への誘致を積極的に行うことも一考に値しよう。こうした点、シンガポールによる外国大学誘致の動きは参考になる。実際、フランスのＩＮＳＥＡＤ（欧州経営大学院）や米国のシカゴ大学がシンガポールに立地しており、多くの外国人留学生を受入れている。

第三に、東京に集積する多種多様な専門学校を活かすことである。東京には、約四〇〇の専門学校が存在する。教育分野はビジネスから、ファッション、デザイン、ゲームなど幅広い分野に及んでおり、多様な学習機会が提供されているといえよう。この点、言葉の壁さえ乗り越えれば、一気に広がる学習機会の多様性がある。

働く人々―人材獲得都市

東京で働く人々のための魅力を高めることが必要である。

リチャード・フロリダの『クリエイティブ・クラスの世紀』（井口典夫訳、二〇〇七年、一三七ページ）によれば、「グローバルな才能の磁石」と呼ばれる開放的で人材獲得に長けた都市群において世界経済が動いている。こうした点について、アルビン・トフラーは『富の未来（上）』（山岡洋一訳、二〇〇六年、一四五ページ）において「高付加価値地域」とでも呼ぶべき創造力のある人材と企業を世界からひきつけることのできる地域の創出をめぐる競争が起こっていることを述べている。つまり、新しい時代に打ち克つＩＣＴ・ナレッジ・カルチャー産業を創造していく上では、創造性溢れる革新的人材を獲得していくことが、その都市の存亡に直結するのである。

東京都におけるビジネスを目的とした在留外国人を、投資・経営、法律・会計、技術、人文知識・国際業務、企業内転勤という五つの在留資格でみると、一九九六年の二・二万人から二〇〇六年には四・七万人まで増加している。また、全国に占める東京の割合という点では、金融・保険業が九七・一％、不動産業が八一・二％、情報通信業が七三・一％と東京都に著しく集中している。

このように、東京については、近年海外から働くためにやって来る革新的人材が増えつつある。しかし、ロンドンやニューヨーク、そして、パリなど国際的接触・融合の歴史が長い都市と比べると依然として少ないのである。その典型ともいえるロンドンでは、国際金融センター・シティにおいて活躍するのは、イギリス人ばかりではなく、外国人が多く含まれている。世界から革新的人材を集めた人材面でのウインブルドン方式である。こうした点は、ニューヨークのウォール街やミッドタウンも同じである。また、文化機能を担うことで世界の都市に抜きんでるパリについても、フランス人ばかりでなく、ピカソ、シャガールといった外国人に大きく支えられてきたという歴史もある。後述するホスピタリティを含め、外国から東京で活躍することを目指して革新的人材が集まってくる雰囲気を醸成することが今後一層求められるであろう。

滞在・居住する人々—ライフスタイル都市

ある程度の期間、つまり、数週間から数ヶ月、または数年にわたって、学び、また、働くなどのために、東京に滞在・居住する人々にとっての魅力を高めることが必要である。

東京で学び、働く外国人が不自由を感じないで滞在・居住できる環境が重要性を増している。人の多国間移動が活発化し、学ぶ人々も働く人々も国際的に都市を選択するようになった新しい時代においては、生活、ライフスタイルといった滞在・居住環境がその選択に大きな影響を与えるようになったからである。急速に国際金融業が活発化した一九八〇年代後半に、東京に滞在・居住する外国人にとって大きな障害があると指摘された。しかし実は、そうした課題の一部は現在では徐々に克服されつつあることはまず認識されるべきであろう。

第一に、滞在・居住コストである。一九九〇年代の失われた一〇年によって、日本経済は多くの国々の後塵をはいし、長期にわたる実質的な円安傾向により一人当り所得の世界順位が大きく低下した。その結果、東京の物価水準は、世界的にみても著しく高いものではなくなっている。実際、人材コンサルタント会社マーサー社による世界生活コストランキングによると、東京の順位は二〇〇五年の世界第一位から、二〇〇七年には第四位と低下している。なお、二〇〇七年の世界第一位はモスクワ、第二位はロンドン、第三位はソウルである。

第二に、多様な滞在・居住期間に対応した住宅である。借地借家法の改正により定期借家権など賃貸住宅の供給を促す法的枠組みが創設されたこともあり、最近、外国人の短中期の滞在に対応したサービス・アパートを含め、多様な滞在・居住期間に対応した賃貸住宅が急速に整備されてきている。

このように障害となっていた課題が克服されつつある中で、工業化の時代に培った多様性、効率性、正確・迅速性、安全・安心性といった魅力もまた、見直されつつある。英国の国際ビジネス誌『モノクル』（二〇〇七年七月号）において、ビジネスマンにとって住みやすい都市ランキングで、東京は、ミュンヘン、コペンハーゲン、チューリッヒについで世界第四位となっている。大都市に限れば東京が第一位であり、その理由として都市交通に加えてサービスや食文化があげられている。

しかし、依然として、賃貸住宅の量、広さなど質の両面で、新しい時代に向けて十分な水準には到達しておらず、今後も一層の整備が望まれることも事実である。

また、東京が滞在・居住する人々にとってさらに魅力を高めるためには、学童の教育施設や安心してかかれる医療施設など外国人が不自由を感じる点に注意深く対応していくことが不可欠である。ちなみに、外国人の交流拠点となっているシンガポールでは、人口四三五万人のうち八〇万人が滞在人口であり、様々な点で外国人が不自由なく滞在・居住できる環境が整っている。

さらに、新しいタイプの滞在も視野に入れる必要がある。医療・福祉分野である。人の国際的移動が活発化する中で、医療・福祉を目的とした人々の国際的移動も見られるようになってきた。イギリス人がフランスで手術を受けたり、シンガポールが周辺国から高度な治療を受ける入院患者を誘致するといった動きも見られる。こうした滞在者への対応の認識はまだないが、日本の医療水準をもってすれば、東京は北東アジアにおける医療の中心としての潜在力を十分に持っている。

(2) 国際的な集在・居住都市の模範を示す ―ホスピタリティとインクルージョン―

人の国際的な交流といった集在性や居住性を考える際に、外国からの人々が温かく迎えられ、また、人々の間の協調が図られることが重要である。異文化を受容することの重要性についてリチャード・フロリダは「寛容性(トレランス)」という言葉を使って説明している。

ホスピタリティ ―異文化受容―

日本人はホスピタリティを持っていると言われている。では、外国人が東京を訪れ、集い、学び、働き、滞在・居住する際に、ホスピタリティをもって受入れられていると感じているだろうか。ここでは、言語や意識・習慣を例にして考えてみたい(図表64)。

〜言語の課題

東京がホスピタリティを発揮する上で克服すべき一つ目の課題は言語である。

ＪＮＴＯの『訪日外国人旅行者満足度調査』（二〇〇五年六月）における訪日前後での日本の印象（否定的なイメージ）の変化では、「言語障壁」が「物価が高い」に次いで第二位であり、これは、訪日前の四・七％から訪日後の六・五％へと訪日後に上昇している。つまり、「こんなに英語が通じないとは思っていなかった」という不満である。

図表64　東京を楽しむ外国人観光客（浅草寺）

そこでまず、東京を訪れた外国人が日本人とコミュニケーションするケースを分けて検討してみよう。第一に、観光やビジネス、そして、コンベンションなどで短期的に訪れる人々は、日本語に習熟していることはあまり想定されない。したがって、日本人が外国人来訪者の母国語で対応することが望まれよう。第二に、学ぶ人々、そして、働き、滞在・居住する人々は、多くの場合、日本語を習熟することに努め、日本人と日本語でコミュニケーションすることが想定されよう。つまり、短期的に訪れる人々や集う人々に対するホスピタリティとして日本人の外国語対応力が問われているのである。これについては、最近では、公共交通機関などにおいて、英語に加え、中国語、韓国語の表記が増加している点は評価されよう。

　また、日本人の外国語対応力については近年向上していると思われる。その背景には、旅行などを目的とした海外渡航者数の増加に加え、在留邦人数の増加に見られるように、海外生活経験者の増加もある。また、外国語学習人口について特定サービス産業動態統計でみても、外国語会話教室の受講生数は二〇〇六年には九五六万人に達している。

　そうでありながら、前述のアンケートに見るように、依然として外国人来訪者にとって英語等が通じない東京と映る背景には、「知っていても使わない」という日本人の外国語での会話習慣の壁があるのではないだろうか。実際、近年オーストラリアからのスキー客が著しく増加している北海道ニセコ町の例では、必要性から、多くの住民がオーストラリアのスキー客と英語で会話するという。また、大学教育においても、外国人留学生が一人でも参加する場合に、英語で会話するルールを決めると、日本人学生も英語で授業に参加するようになるという例もある。つまり、東京を国際的な集在・居住都市としていくためには、「知っていても使わない」という日本人の外国語に対する心の壁を取り除き、比較的短期に観光やビジネス、コンベンションなどで訪れる外国人に対して外国語でも対応できるようにすることが大事なのである。

　一方で、外国人の日本語対応力も近年向上している。日本文化への興味やビジネスへの取組みをきっかけとして海外で日本語を学習する人口数が増加しており、日本の言語や文化などへの理解が非常に深い外国人が目に見えて多くなっている。なお、日本語能力試験の受験者数が四四万人に達している。

　こうした動きの一方で、中国が孔子学院、スペインがセルバンテス文化センターを世界各地に開設して、海外での言語を普及する活動を活発化させている。日本もこうしたセンターを活用して日本語について一層の取り組みをすることが望まれよう。

～意識・習慣の課題

二つ目の課題は意識・習慣である。

東京に世界の人々が訪れ、集い、学び、働き、滞在・居住する国際的な集在・居住都市となる上では、言語とともに、異文化を受容し合う意識・習慣が必要である。

日本には、「もてなしの心」がある。前述のＪＮＴＯにおける訪日前後での日本の印象（肯定的なイメージ）の変化では、「日本の人々が親切・礼儀正しい」が第一位であり、これは、訪日前の三三・二％から訪日後の三九・三％へと訪日後に大きく上昇している。つまり、「日本の人々は親切で礼儀正しいと思っていたが、これほどまで親切で礼儀正しいとは思っていなかった」ということであろう。依然として、「もてなしの心」は健在なのである。

しかし、日本は、大陸国家でも多民族国家でもないため、外国人と関わる習慣が歴史的にみても希薄であり、異文化との接触・融合には慣れていないという点もまた事実である。移民の歴史をもつ米国や大英帝国の歴史をもつ英国などでは、英語が母国語であることに加えて、外国人と関わる習慣、そして、新たな外国人を社会に受け入れる習慣があり、グローバル化した新しい時代においてもそうした歴史的遺産が国際的な集在・居住都市となる上での基盤を形成しているといえよう。

一方、東京で学ぶ外国人にとっては、日本人がディベートをしたがらないと映り、東京で働く外国人にとっては、以前と比べるとかなり改善したものの、日本の企業に就職しても、目に見えない壁があって、将来の昇進プランが描けない、と映るのである。実際、留学生の多くが卒業後も引き続き日本に滞在し、日本の企業に就職したいと考えているにも関わらず、それを実現できるのはごく一部の留学生に限られているといわれている。新しい時代に打ち克つために、各分野の革新的人材が東京を目指すように惹き付けるためには、こうした意識・習慣についても今一度考えることが必要であろう。ロンドンやニューヨークで多くの外国人バンカーが活躍したり、パリで多くの外国人芸術家が誕生する例を引くまでもなく、各分野の革新的人材について国籍に関わらず、才能・能力を正当に評価する意識・習慣もまた必要とされているのである。

インクルージョン　―社会的包容―

グローバル化の中で、世界の多くの主要都市において、移民や所得格差などから一部のグループの人々が社会の中で孤立してしまう社会的排除（ソーシャル・エクスクルージョン）が問題となっている。つまり、グローバル化の負の側面が生じているのである。これについて、東京はグローバル化の波にさほど洗われていない分、青テントで暮らすホームレスの問題があるにしても、問題はあまり大きく顕在化していない。しかし、新しい時代を迎える中で、今後もこうした問題を生じさせないよう、多様な生活、ライフスタイルを包容する社会的包容（ソーシャル・インクルージョン）を高める方策を講じていく必要がある。その際、特に三つの側面に留意する必要があろう。

第一に、グローバル化、ＩＣＴ化、ナレッジ・カルチャー産業化といった新しい時代に対応して急速に経済の構造が転換する中で、様々な所得階層、年齢階層について、雇用機会が失われないよう留意することである。

第二に、人の国際的移動を含めたグローバル化が進展する中で、外国人の包容を維持し続けることである。具体的には、エクスクルージョンの対象となるような排他的な外国人コミュニティの形成が生じないよう留意することである。

第三に、高齢化が進展する中で、高齢者の包容を維持し続けることである。これまで見てきたように、東京における高齢者数は二〇三五年に人口の三〇・七％に達する。他国の主要都市に先立って超高齢化を迎える東京が、高齢者をいかに社会的に包容していくかを示すことが重要である。

こうした課題について、前述のリチャード・フロリダは『クリエイティブ・クラスの世紀』（二〇〇七年、二五〇ページ）の中で国や地域が、現在の競争優位性を持続するためには、クリエイティビティ、イノベーション、企業家精神のみならず、所得格差や開発の不均衡といった問題への対処も不可欠であると述べている。東京が世界のフロントランナー都市を目指す上では、こうした課題に積極的に解決策を提示していかなければならない。

（3）交流を支える玄関都市として世界と日本を繋ぐ

東京が国際的な集在・居住都市となることは、訪れ、集い、学び、働き、滞在・居住する人々による様々な国際的な交流を支える玄関都市となることを意味している。二つの視点から玄関都市の役割を見てみよう。

第一に、世界と日本国内を繋ぐ玄関都市となることである。現在、世界から日本への来訪者の五八・五％が東京を訪れている。東京が担うこうした玄関都市としての役割は、高速道路網や新幹線網など日本国内をくまなく網羅する交通ネットワークの整備が進むにつれて、世界と日本国内各地を近づけるものとなっている。つまり、東京の魅力を向上し、世界から東京を訪れ、集い、学び、働き、滞在・居住したいと考える外国人を増やすことで、結果として日本国内を訪れ、滞在する外国人を増やすことができるのである。

第二に、東京が海外と海外を結ぶ玄関都市となることである。国際的な接触・融合の場としての魅力を高め、革新的人材が集まる場となることで、世界から日本国内へ、また、日本国内から世界への玄関都市としての役割のみならず、海外と海外を繋ぐ玄関都市となることが今後の東京が目指すべき方向のひとつであろう。世界から革新的人材が集う国際会議を開催することや、東アジア観光の拠点となること、また、企業活動についても、東アジアの主要都市間で連携を深める拠点としたり、欧米から東アジアへ展開する際のヘッドクォータ機能を果たす拠点となることも考えられよう。こうした取組みを通じて、東京で新たな文化や産業を創造することにも繋がるのである。

2 [指針2] 新日本文化を創る　―伝統は革新の賜物―

これまで築き上げられた伝統がその時代ごとの革新の積み重ねによって形づくられてきた賜物であることを考えれば、これからの新しい時代に打ち克つためには、オリジナリティを持った新しい日本の文化を創っていかねばならない。ここでは、三つの点に着目したい。第一に、今なぜ、新しい日本文化を創る時期なのか、次に、新日本文化の特性をどのように創っていくか、そして、新しい日本文化を育むための都市空間はどのようにあるべきかの三つである。

(1) 新日本文化で時代を拓く

文化の受入・模倣・消化・融合・創造のプロセス

二一世紀初頭は、日本にとって、新しい文化を創りだす時期ではないだろうか。それまでの日本の歴史

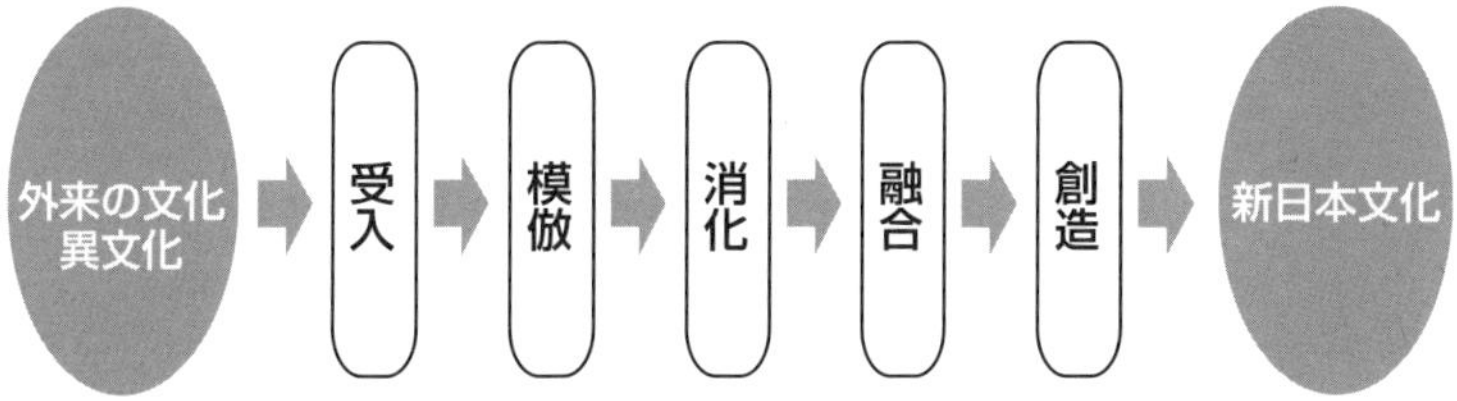

図表65　新日本文化の創造

をふり返れば、江戸時代に至るまでに受入・模倣・消化・融合してきた文化は中国大陸や朝鮮半島からのものが主体であった。明治維新によって江戸から東京へと近代化の扉を開いてからは、主として近代化のための制度や技術を欧州から、そして、第二次大戦後は、工業化のための技術や制度、そして、ライフスタイルを主として米国から受入・模倣・消化してきた。そして、日本が世界の先進諸国に追いついた二〇世紀の最後の時期を経た今、これらを融合し、新しい日本文化の創造に向けて模索を始めなければならない時代となったと認識すべきではないだろうか。つまり、グローバル化、ＩＣＴ化、ナレッジ・カルチャー産業化といった形で世界が大きく軸足を変えようとしている時、日本固有の時間軸においてもまた、新しい文化を創造せざるを得ない時代を迎えているのである（図表65）。

　このように、外来の文化を受入・模倣・消化することによって異文化を融合しながら独自の新しい文化を創造するというサイクルは、これまで日本が繰り返し行ってきたお家芸である。こうしたサイクルは他の国や文化にも見られるものであるが、日本の特質は、第一に、海外とりわけ先進国からの文化をあまり否定しないで受け入れてきたこと、第二に、進んで、その時代の先端の文化を受け入れることに専念してきたこと、第三に、海外の文化の特質とすべき部分を日本なりに消化、吸収し、それまで培ってきた国内の文化と融合しつつも、その一方で、日本文化としての同一性、一貫性を失わなかったことであろう。こうした例は、中国から取り入れられた奈良や京都の建築技術・文化が単に模倣されただけでなく、日本古来の文化と融合されたことや、最近では、日本人の自然との共生という感性が、欧州で生まれ米国経由で日本に入った自動車を進化させ、ハイブリッド・カーや電気自動車といった形で結実されたことに見てとれよう。

基層としての江戸・東京文化の重層性

文化の受入・模倣・消化・融合・創造のサイクルの中で、今、再び新たな創造の局面にあって必要なことは、これまで培ってきた文化を再認識することである。実際、日本の文化には、先進性を求める側面と歴史性を求める側面があり、そのバランスの中で、新しい文化が創られてきている。

江戸・東京の歴史の基層にあるのは、二六〇年余にわたる江戸文化であり、また、その後の欧米文化の洗礼を受けた一四〇年余のニュータイプの東京の文化である。チャールズ・ランドレーは、都市の歴史・伝統によって醸成されたアイデンティティに基づく芸術・文化が持つ創造性を活かすことの重要性を説いている。あらためて、江戸・東京の文化を再認識することは、こうした視点と共通するものといえよう。

江戸・東京文化の重層性とは何か。まず、ハードとしての都市空間の特徴である。これまで述べてきたように、東京の場合、日本の伝統的な木の文化に根ざした都市空間であったことを背景として、建築物の恒久性が弱く、江戸・東京の都市ストック、特に江戸のそれは、日常生活の中に埋もれ、見えづらい。ところが、目を凝らしてみると、水辺と丘陵からなる東京の地形に刻み込まれた道や掘割こそが中世以来の人々の営みを伝える歴史的な遺構というふうにも見えてくる。

また、都心部をみても、多くの道や区画が江戸のそれを承継していることが多いことに加え、寺社がその緑とともに、都市の記憶を伝えている。その意味で、一見わかりづらいが、江戸・東京の歴史的な基層は大地に刻み込まれた味わい深いものといえよう。こうした味わいを引き立たせる上でも、工業化で急速な経済成長が進んだ時代に失われた江戸・東京の水の都としての歴史的特徴を回復することや、そのための歴史的建築物の復元などが必要とされるのである。

次に、ソフト面での都市活動やライフスタイルである。江戸・東京の歴史性は、ハード面よりむしろ、都市における人々の活動に刻み込まれているという見方がある。陣内秀信は「日本の都市文化の特質」（青木保編『近代日本文化論5都市文化』一九九九年）の中で東京では、歴史が視覚化されないものの、ソフトな領域では今も欧州以上に過去のノウハウが生きていると述べている。過去のノウハウを具有する例として、祭り、浮世絵、食文化、歌舞伎、相撲などがあげられよう。祭りを例にとると、神田祭、山王祭、三社祭といった歴史ある三大祭りをはじめとして実に多くの祭りが各コミュニティ毎に今でも行われている。これだけの大都市は他にあまりないのではないだろうか。

新日本文化の創造

こうした基層としての江戸・東京の文化を踏まえて、新しい時代に打ち克つ魅力を創ることこそが新日本文化に求められることである。新日本文化の創造の過程では、とりわけ時代を先取りしたものが新たに日本の伝統として積み重ねられていくことになるはずである。時代を先取りすることには常に躊躇が伴う。しかし、工業化時代の栄光を過去のものとしないためにも、革新を伴う新日本文化の創造を進め、これからの時代を拓いていくことが不可欠である。

新しい文化が創造されていく過程で、様々な要素が文化的に融合、すなわち、カルチュラル・ミックスされることとなる。カルチュラル・ミックスの態様は多様である。

一つには、伝統的な文化と先進的な文化を融合する歴史的なカルチュラル・ミックスである。ハイブリッド・カーは、日本古来の自然との共生という感性と工業化時代に培った技術の融合の例である。また、都市空間についてみても、都市開発の中で失われていく自然を発掘・再生する試みが行われている。お寺に隠された緑地を街の表に出した例として、芝の愛宕グリーンヒルズといった都市開発プロジェクトがある。一四七六年に創建された青松寺が一六〇〇年にこの地に移ってきたその敷地を活かしたものである（図表66）。さらに、歌舞伎は四〇〇年余に及ぶ歴史の中で常に革新を遂げることで伝統を守ってきた代表的な日本文化のひとつであり、江戸時代の人々のライフスタイルや文化、そして都市空間を素材に、日本文化の特質である義理人情や情緒、きめ細やかな技術を伝えるコミュニケーション手段として注目されよう（アクション・プロポーザル②**歌舞伎文化都市参照**）。また、世界に目を転じれば、一九〇〇年の万国博覧会に合わせて開設された駅舎を再利用したパリのオルセー美術館も、古いものを昔の形のまま留めておくのではなく、新しい要素と組み合わせて全く新しいものにしていく例である。

図表66　愛宕グリーンヒルズと青松寺

もう一つは、自国の文化を外国の文化と融合する国際的なカルチュラル・ミックスである。江戸時代に至るまでの日本文化は、中国大陸や朝鮮半島の文化を融合したもの、明治以降の日本文化は、欧米の文化を融合したものであった。そして、近年のグローバル化により外国の文化との接触・融合の範囲と深さが増している中で、時代を先取りした国際的なカルチュラル・ミックスが一層求められているのである。

文化を創る社会の仕組み

カルチュラル・ミックスを通じて新日本文化を創造する上では、それを支える社会の仕組みを再考する必要がある。そのためには三つの視点が重要である。

第一に、人々の意識そのものが文化を創っていくという点である。つまり、日本がこれまで培ってきた文化の良さ・特性を再認識することである。おおむね、日本人は日本や東京の持つ歴史や伝統、そして、芸術・文化、自然への自己評価を厳しくしがちである。また、蓄積した歴史的な文化のストックが大きいとかえってそのストックを尊重せず、関心が払われなくなるという見方もある。こうしたことから分かるのは、グローバル化の進展によって自らの文化を相対化して認識しやすくなっている状況にあって、新しい時代に向けた出発点として日本がこれまで培った文化を自らがあらためて認識することの重要性である。

第二に、人々の日常生活、つまり、ライフスタイルが文化を創っていくという点である。江戸・東京における文化をふり返ると、武家社会でありながらも江戸の街の人口の半分以上を占める町人たちがわずか江戸の二割弱の土地に住み、彼らが実は文化の担い手となっていた。また、明治以降も、それが市民や個人に受け継がれていった。つまり、江戸・東京の文化は、欧州文化における王侯貴族や、米国文化における富豪によって一定部分が育まれてきたのと異なり、武家社会でありながら町人の日常生活、つまり、ライフスタイルの中で育まれてきた部分が大きいと考えられるのである。それを見れば、近代以降の工業化による経済成長の時代のライフスタイルはきわめて画一的であったといわざるを得ない。その反省にたてば、現在から未来に向かっては、豊かで多様なライフスタイルを取り戻すことが急務である。

第三に、それでも政策的な枠組みが文化を創っていく側面もあるという点である。確かに、欧州では王侯貴族、米国では富豪が文化の創造に一定の役割を果たしてきた。こうした文化の担い手の歴史の流れの中で、現在でも、欧州では文化予算が、また、米国では文化寄付が文化の創造における担い手としての役割を引き継いでいる。例えば、フランスでは国民一人当たりの文化予算が日本の四倍であり、また、米国では国民一人当たりの文化寄付が日本の三倍を超えている。日本では、工業化一本やりの経済成長重視の中で、文化の重要性は必ずしも認識されてこなかった。しかし、新しい時代の方向を迎える中で文化の重要性が高まっている。日常のライフスタイルにおける文化、そして、非日常的な芸術・文化の存在、その両面において、文化の創造に一層の政策的な意図を付加することが必要とされるのである。

(2) ライフスタイルを育む都市空間を造る
ライフスタイルを育んだ都市空間

カルチュラル・ミックスを通じて新日本文化を創造する上で重要な役割を果たすのは、豊かなライフスタイルの存在である。そのライフスタイルは、現実には、都市空間の中でつくられていく。東京の歴史をふり返れば、近代化の扉を開けた明治以降、新しいカルチュラル・ミックス、そして、新しいライフスタイルが、商業・文化集積やビジネス街としての都市空間から生まれ出てきた。

そしてその主役は時代とともに変遷してきた。初めに、明治初期の新橋・銀座である。国際港・横浜に繋がる新橋駅が開設されると、商業・文化の中心は、江戸時代の浅草・日本橋から新橋・銀座へと移った。銀座の煉瓦街が欧米文化を取り入れ、新しいライフスタイルを生み出す都市空間となったのである。

次に、東京駅が開設された後の丸の内・大手町である。一丁ロンドンや一丁ニューヨークと呼ばれたように、米国の発展の中で、欧州のみならず、大正期には米国の影響も受け始めていた。

さらに、戦後の青山通りとその周辺である。戦後復興の中で、原宿周辺に米国流モダンが移植されるとともに、経済成長が東京都心の西へのさらなる発展をもたらす。東京オリンピックの都市整備の主役となった青山通り沿いが新しいライフスタイルを生み出す都市空間となった。特に、表参道は明治神宮の参道であると同時に、戦後に欧米文化を積極的に移入したエリアであり、日本文化と欧米文化を空間的にカルチュラル・ミックスした場所として象徴的である。

そして、オリンピックで基盤が整備され、国際化が進む中で新しい時代に向けた赤坂・六本木が登場する。世界都市東京論が展開された一九八〇年代後半から、東京は、職住近接を指向する東京で働く外国人を念頭において新たな都市空間づくりが行われた。その象徴がアークヒルズであり、その延長線上に、二〇〇〇年代に入ってからの六本木ヒルズや東京ミッドタウンなどの街並みが現れたのである。

職住バランスとライフスタイル

東京の都心の空間構成は、明らかに江戸時代のそれとは異なることに気づく。それは、江戸時代の都市空間が職住近接で住む人と働く人にともに共有されたものであったのに対し、明治以降に新しいライフスタイルを育んだ都心の空間は必ずしも居住空間を目指したものではなく、そこを訪れ、働く、その時代の先端の人々のための都市空間であった点である。実際、銀座では当初、職住近接の都市空間を目指したものの実現しなかったし、丸の内・大手町は初めからビジネス・センターであった。戦後の工業化の中で、郊外居住による職住分離の都市空間と長時間通勤に代表されるライフスタイルが一般的となり、都心部は業務・商業に特化し、住宅を郊外にシフトしたため、通勤に多くの時間を割かねばならない状況の中で人々のライフスタイルは必ずしも十分に豊かで多様性のあるものとはいえなくなったのである。こうして、経済成長指向の中で、伝統文化とともに豊かなライフスタイルもまた失われたのである。

「出勤日の生活時間の構成（男性）」を『データブック国際労働比較（二〇〇七年版）』により見ると、日本人の生活時間の特性が明らかになる。まず、特徴的なのは、勤務時間が長いことである。米国、英国、ドイツ、フランス、日本の五ヶ国の平均五五六分に対して、日本は六一六分で、他のいずれの国をも上回っている。反対に余暇・交際時間は平均が一七八分であるのに対して日本は最短の一三五分であり、中でも家族と一緒に過す時間（二七分）、家族または私的交際時間（三分）の短さが際立っている。

豊かなライフスタイルを育む上では、職住分離よりも職住近接の方がよい。そのためには勤務地から一定時間以内の場所に一定以上の広さの住居が一定の年収倍率の範囲内で確保できることが望ましい。こうしたことは、金融やビジネスサービスなどの知識産業に従事する人々の存在がそのイメージを代表するニューヨーカーのライフスタイル、豊かな文化資源を日常生活に生かしたパリジャンやパリジェンヌのライフスタイルをみれば、明らかである。そこに昼も夜も住む人々が存在することでその都市空間が独自のアイデンティティをもつことになり、それがまた人々のその都市空間への関与を高めるからである。

つまり、ニューヨークやパリの街並みが輝いているのは、そこに住む人々のライフスタイルが輝いているからなのである。また、芸術の都パリにおいて外国人も楽しめる様々なパフォーミング・アートが集積しているのは、外国人が見に来るという事実の前に、パリに住む人々が日常的に楽しむだけの余裕があるからこそなのである。職住近接の都市空間に向うことで、豊かなライフスタイルの実現が一層促されることとなり、新日本文化の創造に繋がることが期待できるのである。

一九九七年以降、東京都の人口は久しぶりに転入超過となり、都心居住者数に回復がみられるようになった。しかし、全体でみれば、依然として職住近接の都市空間というには程遠い状況が続いていることもまた事実である。都心五区（千代田区、中央区、港区、新宿区、渋谷区）の居住人口を国勢調査でみると、一九四〇年の一四二万人をピークに、一九九五年にはその五〇％の七一万人まで減少している。つまり、二〇〇五年の水準は依然としてピーク時の五九％しかない（図表67）。そもそも大家族制で一軒に複数の世帯が住みついていた時代と、核家族化が進んでしまった時代とを比べるのに難しさはあるが、引き続き職住近接の都市空間の形成が求められることにちがいはない。

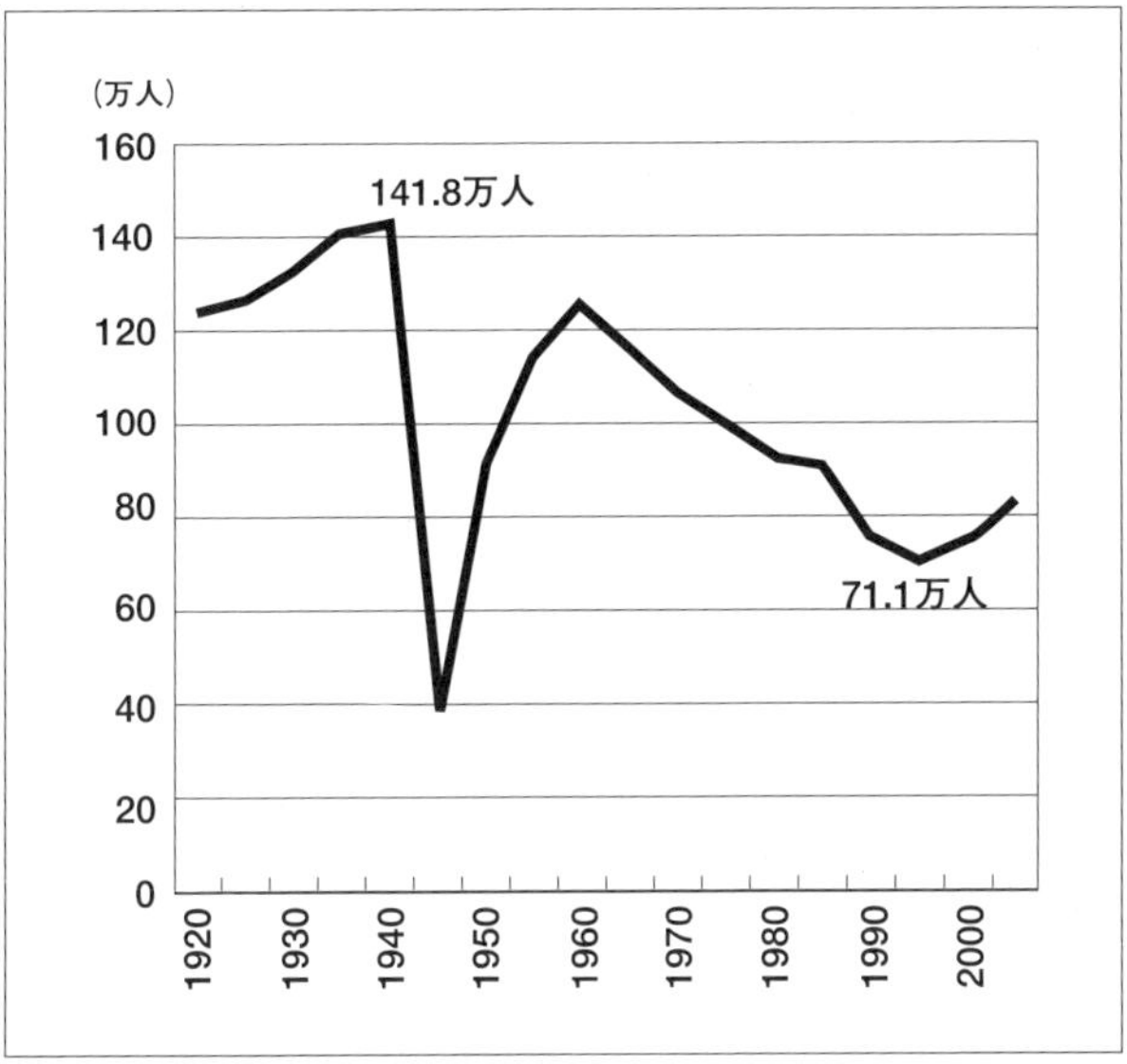

図表67　都心5区の人口の推移　（出所）国勢調査

都市空間における日常と非日常の演出

都市空間に魅力を生みだすには、日常と非日常の空間が相互に刺激しあうように組み込まれていることが重要だといわれてきている。その留意点を五つ示そう。

第一に、日常的な都市空間の創造である。江戸時代の長屋や工業化の時代の戸建住宅とは異なり、都心における職住近接の都市空間が実現されていく中では、マンションに代表されるような高層住宅棟が林立する地域が増えていく。ここには地縁をベースとした伝統的なコミュニティとは異なった、建物全体が垂直方向でつながる建物内コミュニティがまず存在し、そのグループそれぞれが地縁全体のコミュニティ構成メンバーとなる。そこには日常生活を営む新しいタイプのまとまりとしてのコミュニティが形成されなければならないのである。

図表 68　コペンハーゲンのチボリ公園　写真提供：スカンジナビア政府観光局

第二に、非日常的な都市空間の創造である。戦後の工業化の時代、都心において業務地化が進む中で、江戸時代の都市空間において形づくられていた伝統的な日常と非日常の空間と活動の秩序が崩れていった。江戸時代、日常の中心が町屋であれば、非日常の中心は緑溢れる寺社であった。そして、寺社での縁日やお祭りが非日常のハレ舞台であり、また、春の桜や夏の花火がコミュニティの存在にさらなる彩を添えていた。戦後の工業化の時代、都心の業務地化と同時にこうした秩序は崩れる中で、山手線の主要なターミナルでは、江戸時代のはたごや遊郭の集積が新たな恒久的な商業・文化集積へと変貌していった。昭和期に急速に郊外化が進んでいく中で、職住分離の長距離通勤を前提としたライフスタイルが広がり、こうしたターミナルが非日常の都市空間を提供するようになっていったのである。

これから都心部で職住近接の魅力ある都市空間を造っていくためには、日常と非日常の秩序を新たな形で生みだしていかなければならない。都心における非日常の都市空間の一例としてコペンハーゲンのチボリ公園がある（図表68）。八ヘクタールの緑豊かな空間に遊園地、劇場が配された公園が一八四三年に開設されている。中央駅の近くに立地し、場所的には、東京でいえば日比谷公園あたりに遊興施設があるイメージである。後楽園の遊園地と庭園、それに上野の公会堂や美術館、博物館が一体になったようなものである。

最近、東京で生まれつつある非日常としては、複合機能型の再開発プロジェクトであろう。例えば、六本木ヒルズでは、オフィスや住宅といった日常活動のための空間とともに、商業施設や美術館、劇場、広場などが配置されているほか、日本庭園、屋上水田まである。タウンマネジメントにより季節や平日・週末、あるいは、時間によって変化を生み出され、日常性と非日常性が相互に刺激し合うように演出されている。また、ハレとケの織りなす魅力の中で、伊勢神宮のお木曳きが行われたこともそれを象徴している。

第三に、都市空間に関する日本人独特の感性であろう。日本人は白黒の決着をつけたがらない中間領域を非常に大事にするといわれている。これは、都市空間についても当てはまる。「日本人の空間認知は、特定の建物や街路のパターンという点と線でなされるのではなく、人々の活動という時間的推移と空間の接点を面的に捉えることによってなされるのである」（市川宏雄『文化としての都市空間』二〇〇七年、三九ページ）と説明されているように、都市空間に対する日本人の感性は、街路や建物の構造を通じて明快な都市計画を目指す欧米の基準とは必ずしも同一ではないのである。

第四に、アクティブ・シニアと呼ばれる新しい高齢者の存在である。長寿化の中で、高齢者像が変化してきている。新しい時代の高齢者像は、時間的、経済的な余裕から、美術館やコンサートの鑑賞などを率先して楽しむ傾向にある。こうしたアクティブ・シニア層は、都心の非日常的な都市空間や活動の主たるユーザーとして注目する必要がある。

第五に、工業化の時代に失われたもうひとつの非日常である、身近な緑の存在である。江戸時代、江戸名所図会に「尤も景勝の地」と詠われたのは、標高二六メートルの愛宕山であった。今でも、東京都心の地図を見れば、皇居をはじめとして、神宮と外苑、新宿御苑、代々木公園など、山手線の内側にはそれなりの緑が残されている。問題なのは、東京が拡大し人口三五〇〇万人の巨大な都市圏が形成されていく中で、失われていった多数の雑木林や屋敷林である。しかも大都市圏計画で示されたグリーン・ベルトの形成にも失敗し、身近な郊外の緑が急速に失われていった。

パリやロンドンなど多くの都市では、都心から二〇～三〇分の移動で広大で豊かな緑を味わうことができる。パリではイル・ド・フランスの緑やロワールの川辺、ロンドンではグリーン・ベルトがほど近い。二〇〇七年に発刊されたミシュラン社の観光ガイドブックで、東京近郊の観光地である高尾山が、富士山や日光と並んで、必ず訪れるべき観光地として三つ星クラスとなったことにフランス人から見た郊外の緑の重要性が見て取れる。これからの東京では、時間をかけて都心周辺における緑を回復していくとともに、郊外に残された農地の活用も含め、身近な郊外の緑を取り戻す努力が切実に必要である。

（3）都市空間の耐久性・持続性・ユニバーサル性を高める

こうした豊かなライフスタイルを育む都市空間を創っていく際には、災害リスク、環境制約、高齢化といった東京が直面する課題に対する解決策を同時に提示していく必要がある。

災害リスクの中で最大のものは、いうまでもなく地震リスクである。東京が必然的に持たざるを得ない地震リスクへの対応を明確にメッセージとして表明することは、東京が国際的な集在・居住都市として世界にアピールする上で不可欠である。こうした地震リスクに対してどのように都市空間の耐久性を高めることができるのであろうか。例えば、企業活動については、ＢＣＰ（事業継続計画）の考え方が広まりつつある。都市についても同様の視点が必要であろう。ハード面での耐震性、耐火性に加え、ソフト面でも、震災時や復興時を中心に対応力を高めていくことが必要である。実際に大地震が発生した場合、その対応次第で、その後の東京の魅力、国際的な地位が規定されることは間違いないのである。

環境問題への対応については、地球全体の課題としてのＣＯ２の削減と、大都市固有の課題としてのヒートアイランドがある。こうした課題に対応するための都心の都市空間のあり方については、ロンドン市による『ロンドンプラン―グレーター・ロンドンの空間開発戦略―』（青山佾訳、二〇〇五年）で示されている取り組みが一歩先を進むものとして参考になる。そこでは、環境を意識した持続性ある都市空間づくりを目指しており、都市の郊外化の問題点とともに、都市域のコンパクト化、都心における高層建築物の意義が述べられている（アクション・プロポーザル③環境共生都市参照）。

高齢化への対応については、誰でもどこでも不自由を感じずに活動できるユニバーサル性の高い都市空間を造ることである。二〇数年後に東京の高齢者は全人口の三割を超すことが予想される中で、こうした都市空間を提供できなければ、世界のフロントランナーとしての役割を担えるはずがないであろう。近年、バリアフリー化が目覚しく進んでいるが、歩道や鉄道などの交通インフラに加え、バスや鉄道車輌そのもの、また、商業施設やコンサートホールなどの文化施設だけでなく、人々の手助けといったソフトに至るまでバリアフリーの対応を進めることが望ましい。

これまで見てきたとおり、新しい時代に打ち克つ都市空間は、これまで培った都市空間の考え方とは根本的に異なったものとなる可能性がある。災害に対する耐久性、環境についての持続性、高齢者に優しいユニバーサル性を備えることで、東京が世界の諸都市のフロントランナーとして課題解決の指針とお手本を示さねばならない。

（4）文化の受発信プラットフォームとして世界と日本を繋ぐ

これまで新日本文化を創っていく際の都市空間のあり方について論じてきた。つまり、新日本文化を創るためには、意識、ライフスタイル、政策的な枠組みといった社会全体の取り組みが必要であり、中でも、文化を育むライフスタイルを実現する上では、職住近接で、かつ、日常と非日常が演出される都市空間が必要であるということである。また、そうした都市空間は耐久性、持続性、ユニバーサル性を備えることが前提条件となるという点である。こうした新日本文化を創っていくプロセスにおいて、東京は、世界、そして日本国内から文化を受信するとともに、同時に新しい日本文化を発信する役割を担うこととなろう。

これまでも江戸・東京は一貫して新しい日本文化を醸成し、国内外に向けて発信するプラットフォームとしての機能を担ってきた。江戸では、参勤交代などによって全国の地方文化が集中し、既存の江戸文化との融合の中で、新しい江戸文化が醸成され、そうした新しい江戸文化が再び地方へ発信されるという過程を繰り返してきた。その後近代化の扉を開け、工業化を遂げ経済大国へと邁進する中でも、東京は地方文化と外国文化を受け入れることで、新しい日本文化を創り、同時に、集中立地するメディア企業群によって、それを国内外へ発信してきたのである。新しい時代を迎え、そうした役割は一層高まっている。世界からも、日本国内からも文化の受発信のプラットフォームとしてなくてはならない存在として認識されるよう、アンテナを張り、また、積極的な発信活動を行うべきである。

3　［指針3］新しい時代に打ち克つ産業を育てる　―新たな価値の創造―

第三の指針は、創造性を発揮して新しい時代に打ち克つ産業を育てることである。グローバル化、ＩＣＴ化、ナレッジ・カルチャー（知識・文化）産業化という新しい時代を迎え、東京都心部が再び産業創造の場としての役割を増している。ＩＣＴ・ナレッジ・カルチャー産業を創造し、新しい時代に打ち克つために、東京はどのように取り組むべきだろうか。

(1)　産業創造の場としての東京

工業化の時代の初期、東京は産業創造の拠点であった。実際、石川島播磨重工の前身である石川島造船所は一八五三年に石川島で、東芝の前身である田中製造所は一八七五年に銀座で誕生しているのである。その後、二〇世紀初頭には都心の南部及び北部で産業が発展し、戦後においても、ソニーの前身である東京通信工業が一九四六年に日本橋の白木屋の一角で創業するなど、東京は産業創造の場であった。

しかし、戦後の高度経済成長の中で、工業等制限法などの工場分散政策によって、都内での産業活動は制限された。一方で、東京圏としては産業活動を活発化させ、産業構造の転換とその高度化や国際化への

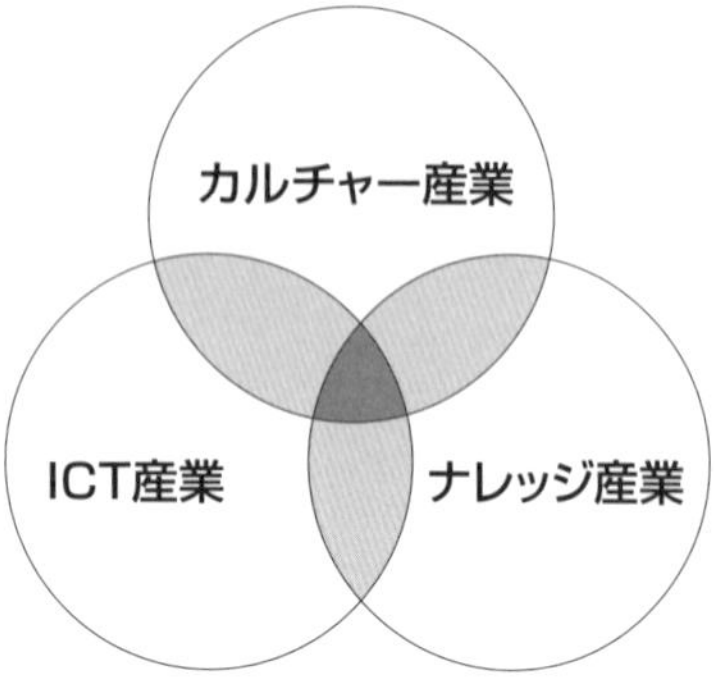

図表 69　産業の創造

順位	都市	スコア
1	ロンドン	806
2	ニューヨーク	787
3	香港	697
4	シンガポール	673
5	チューリッヒ	666
6	フランクフルト	649
7	ジュネーブ	645
8	シカゴ	639
9	シドニー	636
10	東京	625

（出所）City of London "Global Financial Centres Index 2"（2007年9月）

図表 70　国際金融センターの競争力

対応において日本経済の牽引役としての役割を担ってきた。このように、東京圏が経済成長のセンターとなる中で、東京都心部は、画一的な事務処理に代表される業務管理を担い、工業化の時代において創造性が必要とされる技術革新などは、郊外の研究所や工場で行われる状況が続いたのである。

そして現在、新たな時代を迎え、ＩＣＴ・ナレッジ・カルチャー産業の育成が必要となる中で、産業創造の場は、再び都心へと戻りつつある。どのような取組みが必要となるか、特にどのような都市空間が必要とされるかを念頭に置きながら、それぞれの産業について考えていきたい（図表69）。

(2) 新しい時代に打ち克つ産業を育てる
ナレッジ産業：国際金融センターを目指す

人々が持つ知識（ナレッジ）の重要性が増す中で、金融・保険や法律・会計・税務などのビジネス・サービス産業などのナレッジ産業が経済を牽引するセクターとして注目されている。こうした産業の集積について、東京は、ロンドン、ニューヨークなどの世界主要都市と比較して遅れをとっていることは否めない。端的には、ロンドン市が国際金融センターの競争力を比較した『グローバル・ファイナンシャル・センター・インデックス2』（二〇〇七年九月）において、ロンドン、ニューヨークばかりでなく、香港やシンガポールの後塵をはいし、東京が第一〇位となったことにあらわれている（図表70）。

その最大の理由は、フォーリン・ポリシー誌（二〇〇六年一一一二月号）に掲載されたATカーニー社のグローバル・インデックスによって日本が第二八位に位置づけられたように、日本の経済社会のグローバル化への適応が進んでいないことにある。そのため、巨額の国民金融資産を持ちながら効率的な運用ができない、また、巨大な金融資本市場を持ちながら国際標準に適わない、という課題を長年打開できずにいるのである。

国際金融センターを標榜することは、ナレッジ産業の基盤を整え、新たな付加価値を生み出す方策のひとつとして重要である。その際、世界から革新的人材を獲得することに加えて、東京において革新的人材を育成する仕組みもまた考える必要がある。近年、ＭＢＡや金融教育など専門職大学院が創設されていることは、そうした新しい時代に向けた方向性を示すものとして評価されようが、それで十分とはとてもいい切れない状況にある。こうした産業の発展余力は大きく、今後、時間をかけて抜本的に取り組んでいく必要がある（アクション・プロポーザル①国際金融都市参照）。

ところで、工業化の時代、グローバルに接する空間は、主として港湾と工業地帯であったといえよう。その後、一九八〇年代後半になると、日本企業の多国籍化と金融機関の東京集中を背景に、グローバル化に対応する都市空間として、オフィス、ホテル、コンベンション施設、国際空港などの必要性が論じられた。新しい時代においても、資本と労働力の国際間移動（サスキア・サッセン、『グローバル・シティ』、一九九一年）という点で、ファンダメンタルズは変わっていない。しかし、その必要性はますます増している。それは、この二〇年間に、国際金融・資本市場の発展・統合が一層進み、世界的に金融やビジネス・サービスなどのナレッジ産業が拡大したからである。そのため、革新的人材の国際移動が常態化する中で、グローバル・コネクティビティ（国際的なアクセスの良好性）とリバビリティ（良好な職住近接環境）という二つの視点から都市空間が厳しく選別されるようになったのである。したがって、国際金融センターを標榜する上では、こうした視点を持って都市空間づくりを進めなければならない。

ICT産業：ユビキタス社会を創る

ＩＴ（情報技術）化が進展し、コミュニケーションの手段と役割が増す中で、ＩＣＴ産業が生活やビジネスの中に深く浸透しつつある。東京を世界的視野でみると、情報産業を創造していく世界的な拠点のひとつと認識されている。例えば、リチャード・フロリダは、東京は、最先端の家電製品の開発で世界のリーダーであり、アニメ産業をリードし、映画、ミュージック・ビデオ、ビデオ・ゲームの製作で先進的な拠点としての役割を担っている（前掲書、二〇四ページ）と考えている。こうした傾向は、日本のＩＣＴの米国、欧州、アジアなどに対する優位性に表れている。技術領域ごとにみると、入力領域では、電子タグ、ＩＣカード、出力領域では、ディスプレイ、ネットワーク、モバイルネットワーク、高速・大容量メモリ、バッテリなどが世界で最も優位性の高い分野である（総務省『ネットワークの現状と課題に関する調査』二〇〇四年三月）。こうした優位性を踏まえて、東京が新たなＩＣＴ産業を創造していく上では、明らかにユビキタス社会の実現がキーワードとなる。

こうした産業についてインキュベーションを促すためには、具体的に東京の中にいくつかの拠点をつくっていくという考え方が必要であろう。なぜなら、インキュベーションには情報交換や分業化などによりある種の集積のメリットがあるためである。その際の留意点は、郊外の研究所というよりもむしろ、職住遊学といった様々な役割を担う都心と近接・統合している都心の方がよいと考えられることである。こうした産業については、直感・感性を含めた創造性（クリエイティビティ）が要求され、二四時間ベースで、知的生産や知的交流が行われる都市空間が求められるからである。

ニューヨークのシリコンアレーやサンフランシスコのマルチメディアガルチなどは、若者に人気のある商業・文化集積に近い大都市の都心に位置している。

さらには、インキュベーションには、簡単には起業まで至らないというリスクが伴うことから、家賃や不動産価格など不動産コストが低く抑えられていることが必要である。もちろん大企業であれば、全体収益の中で、リスクを許容できる範囲が大きいため、研究所が開設されることもあるが、スタートアップ企業の場合には、そのような許容力はない。そこで、不動産コストの低い建物の存在がインキュベーション地区としては重要な意味を持つのである。実際、シリコンアレー、マルチメディアガルチでも空いた倉庫地区の活用が目立っている。東京をみても、過去に不動産価格の低い地区がインキュベーションを担ってきた点が興味深い。表参道周辺の住宅地に点在する繊維関係の小さな事業所がファッション産業を支え、幡ヶ谷から始まったＩＴ産業が渋谷のビットバレーとして集積し、また、西武線及びＪＲ中央線沿線のアニメ製作所がジャパンクールを生み出してきたのである。

職住遊学といった様々な機能が近接し、しかも、不動産コストが低く抑えられているという点で、工業化時代に培った東京の商業・文化集積とその周辺地域は依然としてインキュベーションを促す高い潜在力を備えているといえよう。

カルチャー産業：新日本文化を担う

直感や感性といった創造性（クリエイティビティ）を活用するカルチャー産業を三つのカテゴリーに分けて考えてみたい。

第一に、芸術・文化そのものを創造し、提供するカルチャー産業である。これまで見てきたように、日本においては、料金の高さを一因として文化活動に対する参加が少ない。そのため、米国における民間からの文化寄付、フランスにおける政府からの文化予算などを参考に文化への参加コストを低減する社会的仕組みが必要とされよう。つまり、文化をめぐる資金の流れを変えていくことが文化活動に対しての参加、そして、文化を担うカルチャー産業の創造に寄与すると考えられるのである。

また、文化産業の創造については、ある種のクラスターの存在がその前提となる点にも留意する必要がある。芸術・文化を創造するための活動を、教育―開発―生産―流通―販売という諸段階で捉え、それぞれの振興とともに、各段階の連携を深めることが必要となろう（吉本光宏、『ニッセイ基礎研調査月報（一九九〇年四月号）』、「今こそ芸術文化のインフラストラクチャー構築を」）。その際、国際的な接触・融合が文化の成熟に寄与するという視点も重要である。ニューヨークの例をみると、ブロードウェイの劇場街のようなパフォーマンスを提供する施設に加えて、ジュリアード音楽院など教育機関が多数存在し、世界から多くの人々が参加している。このように芸術・文化がカルチャー産業として発展することで、世界の人々が東京を訪れる魅力のひとつとなろう。

第二に、いわゆるポップ・カルチャーを製品に具現化するカルチャー産業である。一九八〇年代まで経済大国としてのイメージが強かった日本が、アニメなどの新しい文化を様々な製品に具現化することによって文化大国としての新しいイメージを得つつあるとフォーリン・ポリシー誌（二〇〇二年五―六月号）

の「グロス・ナショナル・クール」（ダグラス・マグレイ）で論じられた。こうした点を発信できるのは、他でもなく東京であり、その魅力を探求するために海外から訪れる人が増えている現実がさらなる期待となる。

第三に、日本の伝統的な文化を工業製品に組み入れるカルチャー産業である。新しい技術に日本の文化を具現化する試みとして「新日本様式」と呼ばれるものがある。これは、革新的な技術や文化表現、デザインなどの相互の融合から生まれる新たなオリジナリティを日本の良さとして世界にアピールするものである。

こうした製品は、世界の人々に手にとってもらえることで、日本の魅力を間接的に伝えるという発信力がある。実際、工業化の時代を振り返ると、電機製品や自動車は、日本の持つ効率性や正確・迅速性といった魅力を世界の人々に伝えてきた。新しい時代の製品は新しい日本文化を具現化して新しい日本の魅力を世界の人々に伝える役割をこれからも依然として担うのである。

（3）産業創造の拠点として世界と日本を繫ぐ

これまで新しい産業を創造していくことの課題について論じてきた。戦後の工業化の時代、産業創造の拠点として世界と日本を繫いでいたのは主として太平洋沿岸の三大工業地帯に立地する工場や研究所であった。そこで開発された技術を用いてつくられた工業製品が輸出されることによって日本の産業メカニズムが機能していた。八〇年代に入ると産業の主役は第三次産業に移行し、その基盤の集積が大きい東京の魅力が世界に伝えられていくようになった。これからの新しい時代においては、その延長として東京の都心に立地するＩＣＴ・ナレッジ・カルチャー産業がさらなる世界と日本を繫ぐトリガーとなることが予想される。そうすることで、東京が東アジアを代表する国際金融センターとなったり、ＩＣＴや文化を訴求するクリエイティブ・センターとなるのである。

ところで、ある一定の地域の経済発展が一国全体の経済を浮揚させることについては、これまでも開発経済学の分野において論じられてきた。例えば、一国において各地域が均衡して発展するモデルを示した二〇世紀半ばの開発経済学者、ラグナー・ヌルクセの「均整成長論」に対して、ドイツ出身の経済学者、アルバート・ハーシュマンの「不均整成長論」は、むしろ特定地域の成長拠点の重要性を説いた。すなわち成長拠点の存在が地域と国家全体の成長を引っ張るという考え方である。こうした視点は、新しい時代において不可欠な考え方であろう。つまり、東京においてグローバル化、そして、インキュベーションに対応した都市空間を整え、ＩＣＴ・ナレッジ・カルチャー産業の創造を促すことが、日本全体の経済を牽引することに繋がるのである。

4　独自の個性を発信するグローバル・フロントランナーを目指す

国際的な集在・居住都市となる、新日本文化を創造する、新しい時代に打ち克つ産業を育てる、という三つの指針について論じてきた。ニューヨークらしさ、ロンドンらしさ、パリらしさ、といったときにそれぞれの都市について共通して持たれるイメージがあるとすれば、それが、その都市の個性、その都市らしさである。東京は、これまで培った魅力に加えて、こうした三つの指針によって実現される新しい魅力を創り出すことで、新しい東京らしさ、新しい東京の個性を創らねばならない時期にきている。また、そうしなければ、世界のトップを走るフロントランナーとして生き残ることはできない。

魅力は誰のためのものか、そして何のためめかを改めて問わねばならない。今から二〇年前に礼賛された東京は何が優れていたのか。そして現在、東京の何が揶揄されているのか。東京の強さ、弱さを冷静に分析し、国際的視野をもって答えを出すことが、今、切実に求められている。危機感をもったまま事態を座視していると、東京がパッシングされるばかりでなく、世界が東京を無視する「東京ナッシング」は遠からず現実のものとなるであろう。既存の概念にとらわれることなく、あらゆる可能性と柔軟な対応への模索こそが、東京を起死回生へと導くことのできる超都市戦略を描き出す早道である。

アクション・プロポーザル

アクション・プロポーザル① 国際金融都市

東京は、国際金融センターを目指さなければならない。債権国となった一九八〇年代半ば、そして、金融ビッグバンが叫ばれた一九九〇年代半ばにも東京は国際金融センターを目指した。しかし、バブル崩壊や金融危機によって十分な成果を挙げることができなかった。現在でも、世界最大の債権国、巨額の国民金融資産という条件は変わらない。同時に、多くの資金を持ちながら効率的な運用ができない、また、巨大な金融資本市場を持ちながら国際標準に適わないという課題も打開できずにいる。こうした現状を打開することで展望が開けてこよう。国際金融センター化は、新しい時代の到来に向き合う格好の方策である。それは、グローバル化する資金と革新的人材を惹き付け、情報技術を駆使して新しい金融商品を生み出し、そして、国際金融業という人々の知識を活用するナレッジ産業の主役を育てるからである。一九九〇年代に入って加速した金融のグローバル化を牽引した多くの国際金融センターは、自国の市場を国際標準に適合させるとともに、その資金運用能力によって世界の資金を惹き付け、国際金融業を主軸とする都市戦略を実現してきた。ロンドン、ニューヨークに加えて、東アジアではシンガポールや香港がその機能を高め、さらに、上海の猛追が視野に入る中で、国際金融センターとしての東京の将来は、今やその意思と覚悟にのみかかっている。国際金融センターを目指す東京は、都市空間の面でも、相応しい環境を整える必要がある。国際金融・資本市場の発展・統合が一層進み、革新的人材の国際移動が常態化した今日では、グローバル・コネクティビティ（国際的なアクセスの良好性）とリバビリティ（良好な職住近接環境）という二つの視点から都市空間が一層厳しい選別の眼にさらされている。東京は多様性という培った魅力を活かし、従来の中心業務地区（ＣＢＤ）を職住近接型のエリアに向けて一層拡張しながら、国際金融センターとしての都市空間の魅力を高めていくべきであろう。

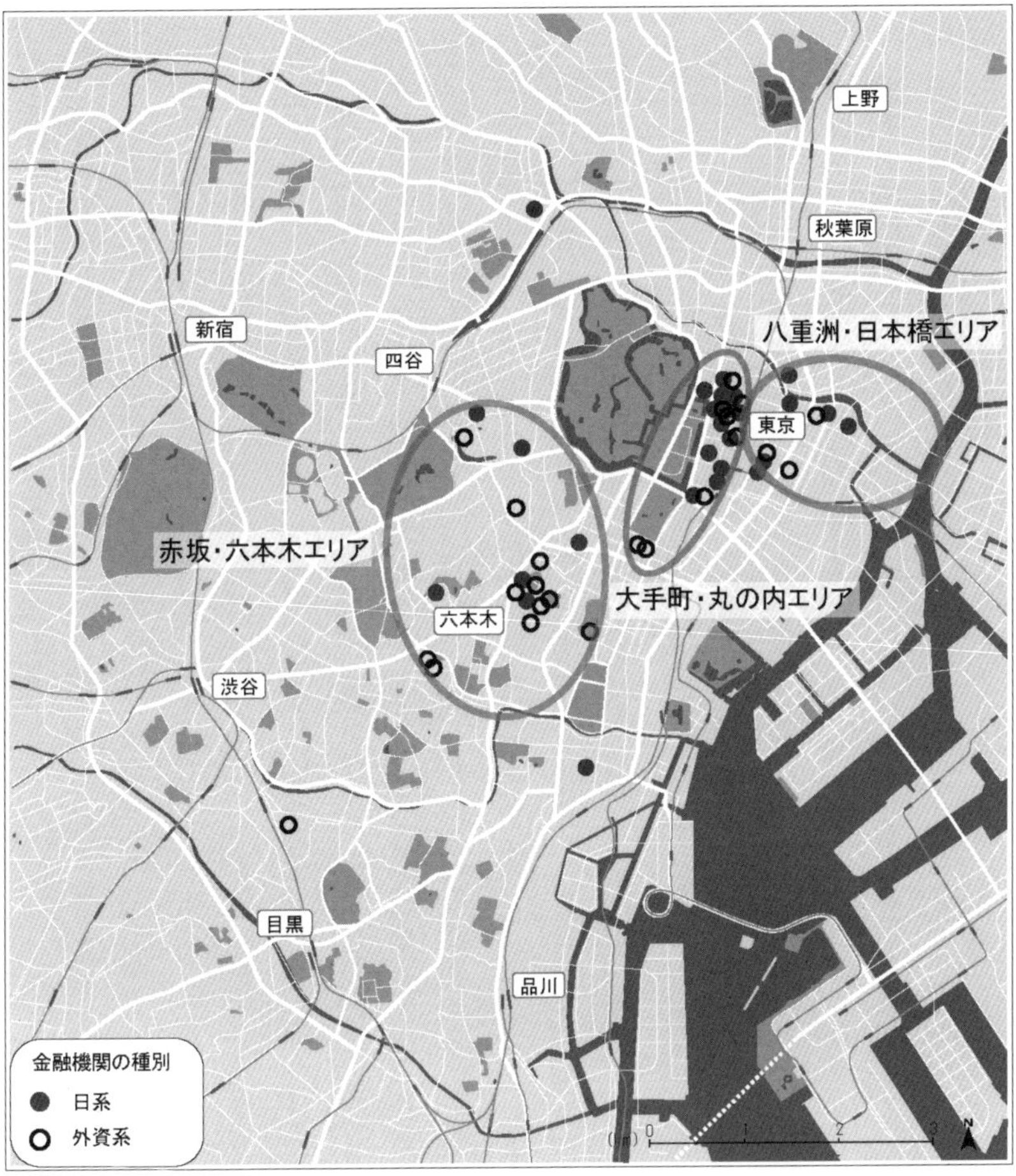

（出所）金融審議会資料等

図表 71　東京の金融機関
東京の金融センターは、明治以来日本橋エリアに置かれてきた。しかしながら、金融資本市場を国際基準に適合させるとともに、資金運用効率を向上することや、グローバル化する資金と革新的人材を惹き付け、情報技術を駆使し新しい金融商品を開発することなど世界的なレベルでその需要が高まっている。グローバル・コネクティビティとリバビリティを備えた都市空間を創造する必要に迫られており、そのためには大手町・丸の内エリア、赤坂・六本木エリアも金融センターとしての育成が不可欠になりつつある。

アクション・プロポーザル② 歌舞伎文化都市

東京は、歌舞伎文化都市を目指さなければならない。ニューヨークのブロードウエイは、世界一のパフォーマンスの場であるが、実はその舞台に上がることを目指す人々の群が背後に存在している。そのエネルギーが独自の文化の発信力を持ち続ける秘訣である。東京でそれを行うのであれば、その最有力候補は歌舞伎である。歌舞伎は、四〇〇年余に及ぶ歴史の中で常に革新を遂げることで伝統を守ってきた代表的な日本文化の一つである。また、歌舞伎の文化的価値は、パリ公演やニューヨーク公演などに見られるように世界的にも高い評価を獲得している。歌舞伎は、江戸時代の人々のライフスタイルや文化、そして、都市空間を素材に、日本文化の特質である義理人情や情緒、きめ細やかな技術を伝える格好のコミュニケーション手段である。芸術の都パリにおいて外国人も楽しめる様々な文化が集積しているのは、パリに住む人々が日常の生活の中で文化を楽しんでいるからである。東京でもそうしたライフスタイルを確立したい。近年、歌舞伎役者の隈取りをモチーフとした防犯ステッカーが「動く防犯の眼」として都内を走る車両に貼られるなど、歌舞伎が人々の生活に再び浸透しつつある。まず、多様な時間、多様な場所での鑑賞機会を提供することで歌舞伎を東京のライフスタイルに一層溶け込ませ、さらに、外国人に対しては、ワンストップで歌舞伎を通じて江戸・東京文化を理解できる環境を整えたい。そこで、歌舞伎シアターネットワークを提案する。ハブは、銀座・新橋である。外国人にもわかりやすく歌舞伎文化が理解できるよう歌舞伎インフォ・センターを設置する。そして、銀座から扇状にシアターネットワークを展開するのである。北方面は浜町の明治座、西方面は半蔵門の国立劇場など歌舞伎シアターが既に設置されている。今後は、南方面にもう一つ歌舞伎シアターが設置されるとなおよい。さらに、歌舞伎を学びたい外国人を受け入れる歌舞伎スクールなどの設置も視野に入ってくるとよい。

（出所）「ぴあ MAP ホール・劇場・スタジアム全国版」等

図表 72　東京の古典芸能

日本の伝統的な文化を代表するパフォーマンスアートは、相撲と歌舞伎である。これからの東京の国際化にあたっては、この歌舞伎を軸として多様な時間、多様な場所で歌舞伎鑑賞の機会を提供し、外国人がワンストップで歌舞伎文化を理解できる拠点を整備することや、銀座・新橋をハブとして歌舞伎シアターネットワークを形成する一方、六本木地区にも新たな拠点の整備が必要である。

アクション・プロポーザル③　環境共生都市

東京は、先進技術を駆使した環境共生都市を目指さなければならない。東京は、工業化の時代に、公害問題を克服するとともに、石油危機を乗り切ることで世界有数のエネルギー効率を達成した環境共生都市である。現在の東京のエネルギー効率はニューヨークやロンドンを既に大きく上回り、地球温暖化への対応が求められる新しい時代において、二酸化炭素排出の少ない低炭素型の環境共生都市としてフロントランナーの地位を目指す格好のポジションにいる。三五〇〇万人を抱える世界有数の巨大都市圏である東京が低炭素社会を実現できれば、広く世界に範を示すことができよう。環境にやさしい社会の仕組みづくりやライフスタイルを実践し、また、それを支える環境技術の開発を進めることで、東京を地球環境問題のセンターとして世界に訴求し、環境に関する国際コンベンションの開催地や国際共同研究開発の拠点と認知されるとともに、環境をテーマとした国際観光客を誘致することも考えられよう。低炭素社会を実現するためには、大都市固有の環境問題であるヒートアイランドに対策を講じることもまた重要である。ヒートアイランド現象の緩和によって空調などのエネルギー消費が減少し、低炭素社会の実現に寄与すると考えられるからである。具体的な方策としては、臨海部から都心へ向う風の道の確保、大規模緑地のネットワーク化、屋上や小中学校の校庭をはじめとする緑化、オープンスペースや水辺の確保などにより気温を上昇させない都市空間を形成することが必要である。こうした環境にやさしい街づくりの先行事例は、『ロンドンプラン』に示されている。そこでは、持続可能で模範的な世界都市を創造する上で果たす都市域のコンパクト化や都心における高層建築物の役割が述べられている。かつて江戸は、環境にやさしい循環型都市であり、その独自のコンセプトが海外から訪問した人々を驚かせた。新しい時代においても世界に範を示すべきだ。

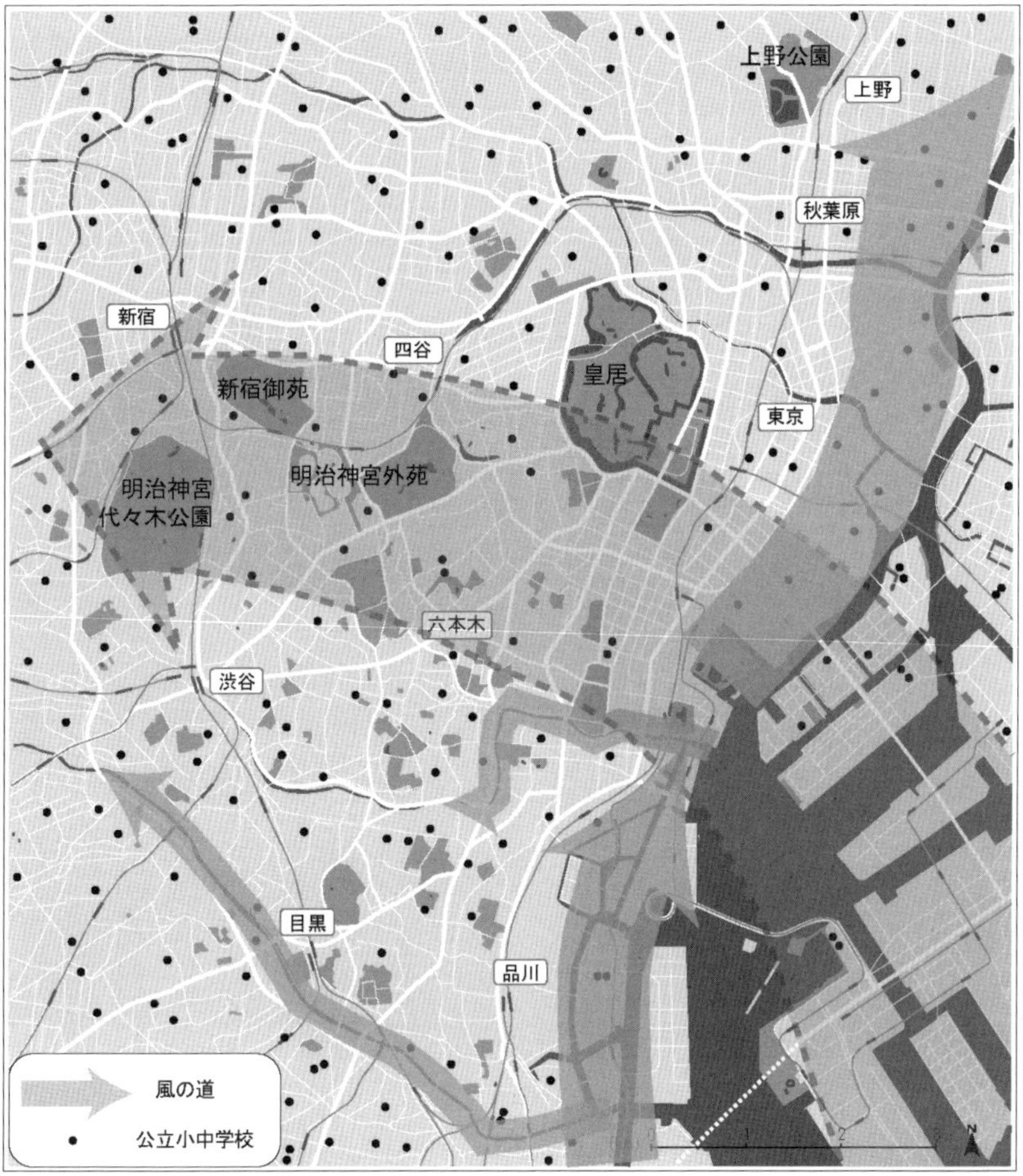

（出所）東京都資料等

図表 73　東京の風の道と校庭芝生化
東京がこれから、世界の範となるような環境都市を目指すためには、エネルギー効率の高い低炭素社会を構築することは言うまでもなく、具体的に東京湾から都心内部への風の道の確保、数百ある小中学校の校庭芝生化等によりヒートアイランド現象の緩和などを実証する。これによって、東京を地球環境問題のセンターとして世界に訴求していく。

アクション・プロポーザル④　オリンピック都市

東京は、オリンピック開催を目指さなければならない。工業化の時代の真っ只中に開催された前回のオリンピックのテーマが「発展」であったとすれば、新しい時代の到来を迎えた今回のオリンピックのテーマは「共生」である。二〇一二年のオリンピック開催を決めたロンドンについては、『ロンドンプラン』を策定し、移民を中心とした低所得者の住むまちの活性化を狙っている点を明確にしたことで、強敵であるニューヨーク、パリをおさえて開催を勝ち取ったという側面もある。二〇一六年の開催を目指す東京にとっては、日本人のホスピタリティやライフスタイル、独自の文化や伝統、世界に誇る先進技術などを活かして環境共生都市を世界にアピールすることが鍵となろう。東京都は五つのテーマを掲げている（二〇〇六年六月）。

第一に「世界一コンパクトな大会」である。都心の半径一〇km以内に二八中二六の競技施設、選手村、メディアセンターなどを配置し、オリンピックの新基準を提示する。

第二に「先端技術を駆使した大会」である。安全対策、テロ対策など、様々な分野に最新の技術を導入し、来訪者に万全のセキュリティと快適な滞在を保障する。

第三に「環境を最優先した大会」である。既存施設を有効活用、みどりと水の都の復活などとともに、太陽光発電や燃料電池自動車など最先端の環境技術を総動員して、環境負荷を徹底して抑制する。

第四に「もてなしの精神に溢れ、日本文化を堪能する大会」である。日本人ならではのホスピタリティや江戸で培われた他人を思いやる伝統を発揮し、選手、関係者、観光客等を温かくもてなす。

第五に「オリンピック運動を大きく前進させ、有形無形の財産を次代に継承する大会」である。オリンピックの精神を、都市の発展にもスポーツの振興にも浸透させ、次の世代に確実に継承する。

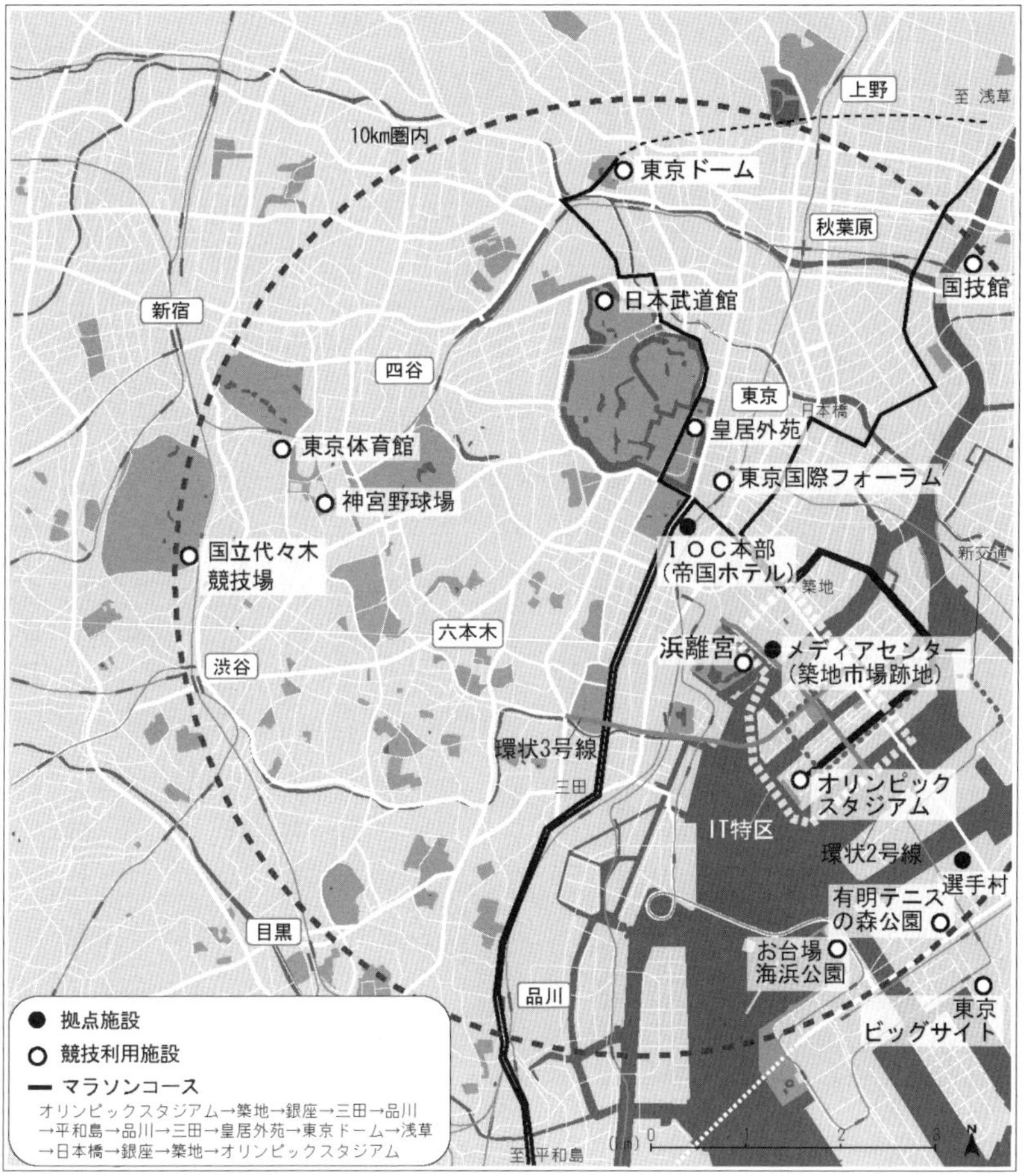

（出所）東京都資料等

図表 74　2016 年東京オリンピックの施設配置計画

10 年以内に迫ったオリンピックの開催は、東京都心の構造を整序するチャンスでもある。世界に誇る先進技術を活かして環境共生都市をアピールし、世界一コンパクトな大会を実現することによって日本古来のもてなしの精神に溢れ、日本文化を堪能する機会の実現が可能である。

アクション・プロポーザル⑤　国際大学都市

東京は、世界に比類のない国際大学都市を目指さなければならない。

東京の都心八区には、短大・大学の学部・大学院の学生が二六万人、専修学校・各種学校の生徒が十二万人、計三八万人の学生・生徒が学んでおり、それらの学生・生徒を支える六・五万人の教職員が働いている。世界に比類のない量的な集積であるとともに、最近においては、大学院を中心に大学等の機能強化・都心回帰が進んでいる。東京を、国際的に競争力があり魅力のある都市にしていくために、東京都心に集積していて今大きな変化を迫られている大学を有効に活用し、「創造性に富んだ国際的に魅力のある世界都市」、「世界に比類のない大学都市」を形成する。

（一）世界に比類のない創造的環境の創生…世界の若人等が集い学ぶ大学都市で、独創的な芸術・文化、先端的な科学・技術等が生み出される素地が形成される。そのような素地を育むような創造的な環境を創生する。大学の教員を核にして、若年の学生や社会人の学生、熟年の学生、それに留学生等多様な人々が大学に集い学ぶ中で、新しいエネルギーが生まれ、創造的な環境が創生される。

（二）世界に比類のない高度な「知」のネットワークの形成…それぞれの大学の機能を充実することにより、国際的な水準を有する数多くの高度な「知」の拠点を形成する。都心大学の五つの役割、「国際的な研究・交流拠点」、「政策研究のメッカ」、「社会人教育、リカレント教育の場」、「東京の文化・情報を担う「知」の拠点」、「産学連携の都市型クラスター」をそれぞれの大学が分担して、特色のある拠点を形成する。それらの高度で、特色のある「知」の拠点をネットワークして、世界に比類のない大学都市を形成する。

（三）大学のキャンパスを活用した水と緑のネットワークの形成…大学のキャンパスは、東京都心の水と緑のネットワークの重要な一環を形成すると共に、東京都心の重要な防災拠点である。

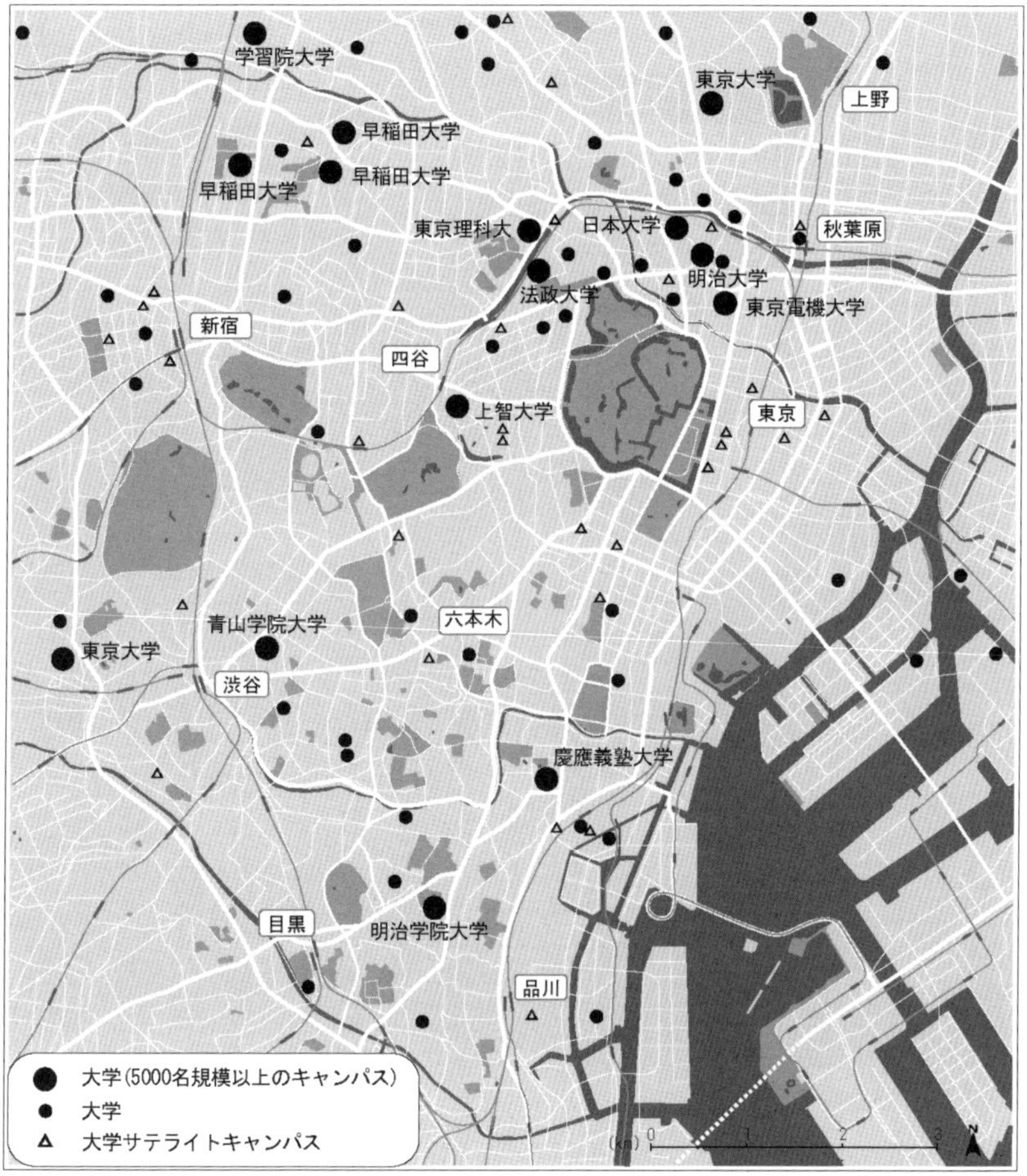

（出所）「大学一覧」等

図表 75　東京の大学配置

これからの世界のキーワードは「知」である。その受発信をいかに行なえるかで都市のポジションが決する。38 万人の学生・生徒を有する世界に比類のない大学の集積があり、これを活用することによって、世界の若人等が集い・学ぶ創造的な環境を整備することが可能である。多様な大学集積をつなぎ、「知」のネットワークを形成するのも夢ではない。

おわりに

効率性や多様性といった工業化時代に培った東京の魅力は、主として、そこに住み、また、訪れる日本人を対象としていた魅力であったといえよう。そして、日本は、国としては、輸出した工業製品によって広く世界に知られながら、日本という国そのものや東京という都市そのものについては、世界に知られようという意欲はあまりなかったかもしれない。

こうした当時の外国人から見た日本のイメージを著したＴＩＭＥ誌の『模索する大国日本』（一九八三年）が興味深い。そこでは「国際的な注目と懸念と驚嘆とを一身に集めているこの国は、一体どういうところなのだろうか。称賛はされながら愛されず、技術を芸術に、商業を宗教に変えてしまったこの国民は、どんな人たちなのだろうか。その特質は、それぞれ相矛盾している。民主主義と階層組織。形式と混沌。束縛された無限。協調的な自由企業。非情なまでの儀礼。肥満した力士と小さくたわめた木。とりわけ、偏狭な集団でありながら、孤立への恐怖にとりつかれているという矛盾がある。」と論じられている。

それから二〇年以上を経て、新しい時代を迎え、日本は日本という国そのもの、東京は東京という都市そのものを世界の人々に理解してもらう必要がある時期を迎えたのではないだろうか。そうした観点から、本書では、新しい時代が到来する中、東京がグローバル・フロントランナーとなるために、第一に、国際的な集在・居住都市になる、第二に、新日本文化を創る、第三に、新しい時代に打ち克つ産業を育てる、という三つの指針を提示してきた。

そこで、具現化を進める上で留意すべき点を五つ挙げよう。

第一に、日本が失ったと言われる一九九〇年代初頭からの一〇年を過していた間の世界の変化、そして、スピードの上昇である。それは、先進国のロンドンやニューヨーク、そして、パリばかりではなく、東アジアの上海やシンガポールも含まれる。世界での時代の変化にキャッチアップするためには、スピード感のある変わる力が求められることになる。

第二に、将来に向けて、経済・社会・技術条件の長期展望を持つことである。そのためにはアンテナを張り続けなければならない。

第三に、日本が世界において占めるスケール観を意識することである。言語や金融に端的に見られるように、日本は、単独で国際標準を設定できるほど大国ではないが、既存の国際標準をそのまま受け入れざるを得ないほど小国でもない。したがって、アンテナを張って、行動を起こせば、国際社会で主導的な立場を得ることができるのに対して、内向きになれば、知らず知らずのうちに国際社会の中で取り残されてしまう。このジレンマを抱えていることを強く認識しておく必要がある。

第四に、イノベーション（社会的革新）とインクルージョン（社会的包容）を同時に意識し、それらを実行できる新しい時代の東京を担う人材を育成することの重要性である。こうした人々が数多く出現して、はじめて東京は世界の諸都市に範を示すフロントランナーとなることができる。

そして、第五に、東京の人々の意識と覚悟を新しい時代に向けて変革していくためには、東京の潜在力と課題を十分に認識した上で、未来への仮説としてのビジョンを提示することが必須となるという点である。

本書がそうしたビジョン作成のための一助となり、また、新しい時代の東京を担う人々へのメッセージとなれば幸いである。

出版にあたっては、資料の分析から取りまとめまで広範にわたる事務局スタッフの献身的な努力があったことを記して感謝したい。また、出版を快く引き受けて頂いた都市出版株式会社の高橋栄一社長にも感謝したい。

二〇〇八年三月二〇日

福川伸次
市川宏雄

本書は、特定非営利活動法人都心のあたらしい街づくりを考える会に設置された魅力検討委員会の活動に基づいてまとめられたものである。

この法人は、様々な分野の知識・経験をもつ者が協力し、特定非営利活動促進法に掲げる街づくりの推進に係る活動を行い、東京都心地区を重点に、広範な視点から好環境の街づくりの提案をし、啓発・政策提言等を行うことにより、豊かで魅力的な都市空間の形成及び地域の活性化に貢献し、ひいては東京、日本の魅力増進に寄与する、21世紀の世界都市モデルとなる街づくりを誘導することを目的としている。現在、都市構造等について街づくりの技術的・専門的側面から調査検討を行う都市構造検討委員会と、都市の魅力向上について国際性・文化性等の側面から調査検討を行う魅力検討委員会の二つの委員会が設置されている。

特定非営利活動法人 都心のあたらしい街づくりを考える会

設立	平成16年10月
会長	伊藤滋（早稲田大学特命教授）
理事長	福川伸次（財団法人機械産業記念事業財団会長）
委員会活動	都市構造検討委員会（18名）
	魅力検討委員会（20名）
事務局	財団法人日本開発構想研究所

魅力検討委員会

(委員長)	福川 伸次	財団法人機械産業記念事業財団会長　元通商産業事務次官
(副委員長)	青山 佾	明治大学教授
	明石 康	日本紛争予防センター会長
	石井 宏治	株式会社石井鐵工所取締役社長
	市川 宏雄	明治大学教授
	大賀 典雄	ソニー株式会社相談役
	越智 隆雄	衆議院議員
	柿澤 弘治	元外務大臣
	栗山 昌子	財団法人エイズ予防財団副会長
	黒川 和美	法政大学教授
	竹中 平蔵	慶応義塾大学教授
	中川 雅治	参議院議員
	成戸 寿彦	元東京都技監
	野中 ともよ	NPO法人ガイア・イニシアティブ代表
	畠山 向子	財団法人畠山記念美術館館長
	廣瀬 勝	帝京平成大学教授
	藤井 宏昭	国際交流基金顧問
	森　稔	森ビル株式会社代表取締役社長
	森　浩生	森ビル株式会社専務取締役
	安田 幸子	

■著者紹介

森稔（もり・みのる）
森ビル株式会社代表取締役社長。1934年京都府生まれ。東京大学教育学部卒業。1959年、森ビル設立と同時に取締役就任。常務取締役、専務取締役を経て、93年より現職。アークヒルズ、六本木ヒルズ、表参道ヒルズ等東京を代表するプロジェクトを手がける。現在、中国で上海環球金融中心の建築が進行中。94年スウェーデン王国「北極星勲章」、2003年「名誉大英勲章CBE」受章。

青山佾（あおやま・やすし）
明治大学公共政策大学院教授。1943年東京都生まれ。東京都庁に入庁し、経済局、高齢福祉部長、計画部長等を経て、99年から2003年までの4年間、東京都副知事として、石原慎太郎知事のもとで危機管理・防災・都市構造・財政等を担当。04年から現職。専門は、都市政策・危機管理・日本史人物伝。著書『自治体の政策創造』『東京都副知事ノート』『小説後藤新平』等多数。

栗山昌子（くりやま・まさこ）
財団法人エイズ予防財団副会長。1937年東京都生まれ。国際基督教大学教養学部卒業。東京家庭裁判所調停委員、アジア婦人友好会理事長を歴任。国立感染症研究所医学研究倫理審査委員会委員。88年マレーシア国より日本との友好促進への尽力に対し「カサトゥリア・ヌガラ勲章」を授与。94年合衆国シェナンドー大学より人文科学名誉博士号を授与。著書に『マレーシアの魅力』サイマル出版会がある。

黒川和美（くろかわ・かずよし）
法政大学政策創造研究科教授。1946年岐阜県生まれ。横浜国立大学経済学部卒業。慶応義塾大学大学院経済学研究科博士課程修了。法政大学経済学部特別助手、助教授、教授を経て2008年4月より現職。92～93年ジョージメイスン大学公共選択研究所客員研究員。公共経済学、経済政策論、都市計画、まちづくり、財政等中央・地方の審議会委員等多数。著書『地域金融と地域づくり』『黒川和美の地域激論』等多数。

■編著者紹介

福川伸次（ふくかわ・しんじ）
財団法人機械産業記念事業財団会長。1932年東京都生まれ。東京大学法学部卒業後、通商産業省へ入省。通商産業事務次官、神戸製鋼所代表取締役副社長、副会長、電通総研研究所長、電通顧問を経て現職。現在産業構造審議会、中央環境審議会委員の他、地球産業文化研究所顧問、稲盛財団副理事長、日本産業パートナーズ取締役会長等を務める。著書『活力ある産業経済モデルへの挑戦』『産業政策』『日本への警告』等多数。

市川宏雄（いちかわ・ひろお）
明治大学専門職大学院長、公共政策大学院ガバナンス研究科長・教授。1947年東京都生まれ。早稲田大学理工学部建築学科、同大学院を経て、ウォータールー大学大学院博士課程修了。Ph.D.。国際開発センター、富士総合研究所等を経て現職。東京をはじめ先進国の大都市問題・政策分析、途上国の地域総合開発にも数多く参画。専門は、都市政策、都市地域計画。著書『文化としての都市空間』『図解東京都を読む事典』等多数。

グローバルフロント東京
魅力創造の超都市戦略

2008年4月30日印刷
2008年5月12日第1刷発行
2008年6月18日第2刷発行

編著者――福川伸次・市川宏雄
発行者――高橋栄一
印刷／製本――三報社印刷株式会社
発行所――都市出版株式会社
〒102-0071 東京都千代田区富士見1-5-8　大新京ビル3F
電話03(3237)1705
振替00100-9-772610

ISBN4-901783-31-9　C0031　¥1905E